权力、国家和太空

——太空行为体的概念化、衡量和比较

Power，State and Space：

Conceptualizing，Measuring and Comparing Space Actors

[奥]　马尔科·阿里贝蒂（Marco Aliberti）

[意]奥托里诺·卡佩里（Ottorino Cappelli）　著

[澳]罗德里戈·普拉伊诺（Rodrigo Praino）

王鲲鹏　吴文堂　高永飞　黄　剑　译

中国宇航出版社

·北京·

著作权合同登记号：图字：01－2024－4885 号

图书在版编目（CIP）数据

权力、国家和太空 : 太空行为体的概念化、衡量和比较 = Power, State and Space: Conceptualizing, Measuring and Comparing Space Actors / (奥) 马尔科·阿里贝蒂 (Marco Aliberti), (意) 奥托里诺·卡佩里 (Ottorino Cappelli), (澳) 罗德里戈·普拉伊诺 (Rodrigo Praino) 著 ; 王鲲鹏等译. -- 北京 : 中国宇航出版社, 2025. 3. -- ISBN 978-7-5159-2514-1

Ⅰ. E864

中国国家版本馆CIP数据核字第20255N2U83号

责任编辑　舒承东　张丹丹　　**封面设计**　王晓武

出版发行　中国宇航出版社

社　址　北京市阜成路 8 号　**邮　编**　100830
(010)68768548

网　址　www.caphbook.com

经　销　新华书店

发行部　(010)68767386　(010)68371900
(010)68767382　(010)88100613 (传真)

零售店　读者服务部　(010)68371105

承　印　北京厚诚则铭印刷科技有限公司

版　次　2025 年 3 月第 1 版
2025 年 3 月第 1 次印刷

规　格　787 × 1092

开　本　1/16

印　张　10.5

字　数　256 千字

书　号　ISBN 978-7-5159-2514-1

定　价　98.00 元

本书如有印装质量问题，可与发行部联系调换

前　言

欧空局《2025 年议程》明确阐述了欧洲的雄心壮志，即在 2035 年，欧空局成立 60 周年之际，成为与美国、中国和俄罗斯并驾齐驱的航天强国*。不可否认，在利用太空进行基础科学研究以及通信、地球观测、气象和导航等领域的下游应用方面，欧洲大陆已经名列前茅。但是，在其太空征程的大部分时间里，它从未充分利用太空的多维战略价值，也没有在获取全域活动领导自主权方面进行投资。这就是我们今天面临的挑战。

与其他任何旅行一样，为了在这场伟大征程中正确引导我们的前进方向，有必要了解我们目前所处的位置以及到达目的地的要求，并在这一过程中追踪每一步的进展和可能遭遇的障碍。

这本书被纳入施普林格出版社的《太空政策研究》丛书，是这方面最受欢迎的作品之一，因为它提供了一种创新和发人深省的方式，让我们了解欧洲目前在国际太空舞台上的地位，并理解欧洲大陆跻身航天强国行列的可能轨迹。

除了对太空力量（Spacepower）和航天强国（Space Power）概念的学术讨论有所贡献之外，本书还提供了一个宝贵的工具包，为欧洲和其他太空行为体（Space Actor）应对未来挑战所需的决策提供信息。本书提出了一套丰富的指标体系，专门用于在多维背景下对太空行为体进行衡量和分类，清楚地表明了需要在哪些方面采取行动，以有效发挥欧洲的太空力量潜力。

本书所阐述的多维太空力量方法与欧空局《2025 年议程》中提出的优先事项相一致。该议程认为，只有通过建立自主且具有竞争力的进入太空能力并实现商业化，在从太空探索到安全通信等许多关键领域推进欧洲的领导地位，才能释放欧洲的太空潜力。从载人和机器人探索领域开始，欧洲不仅需要继续成为主要国际合作倡议的首选伙伴，还需要发展独立执行载人航天飞行任务的能力。正如最近的《太空革命》报告所明确指出的，这一点事关重大。一项大胆的探索计划“将激发和革新整个欧洲经济，远远超出航天领域，并激励一代欧洲人建设未来”。

欧洲还需要对前沿的世界级空间科学任务和突破性空间技术的研发工作进行强有力的持续投资，这将使欧洲处于全球创新的前沿。天基太阳能电站的 SOLARIS 筹备倡议就是这些突破性进展的一个鲜明例子。同样，欧洲需要保持并进一步巩固其在地球观测和气象

---

* 为了做比较研究，在本书中，欧洲被视为一个概念性的国家。——译者注

学（哥白尼哨兵扩展任务和新一代哨兵计划）以及全球导航卫星系统（伽利略二代和基于近地轨道的PNT）方面的现有领导地位。所有欧洲利益相关方应联合起来，共同开发安全通信卫星系统IRIS²，以确保公共和私人用途的安全通信，并在这一日益增长的市场中占有一席之地。

同样重要的是，欧洲需要确保阿里安6运载火箭能尽快首飞，使织女星-C运载火箭恢复服役，同时为一个全新的、更具竞争力和可重复使用的发射系统铺平道路，从而保持欧洲进入太空的自主权。同样，欧洲也需要成为国际太空可持续发展和在轨服务市场的先锋。在开展尖端太空业务的同时，欧洲还需要加强太空活动的安全性，特别是在空间天气监测与运行服务、小行星偏转以及避免碎片碰撞服务领域。

更广泛地说，欧洲需要加强在太空商业化方面的努力，并确保我们的行业有能力在蓬勃发展的全球太空市场中占据更大的份额。

这些都是未来十年的关键任务，其中，时间的把握至关重要。如果欧洲想在21世纪30年代中期成长为太空领域的全球领导者，与美国、俄罗斯、中国以及其他著名的太空伙伴并驾齐驱，今天就需要采取正确的步骤和决策。欧洲载人和机器人太空探索高级咨询小组最近告诫欧洲："欧洲必须认识到，需要迅速采取行动，赶上和超越竞争对手，并根据欧洲的价值观塑造未来。无所作为的代价将远远超过为将欧洲打造成为一个强大而独立的太空行为体而进行的必要投资。"

凭借其传统、专业知识、专有技术和具有竞争力的工业能力，欧洲完全有潜力成为一个航天强国。至关重要的是，欧洲要成为一个航天强国，必须紧跟正在发生的"太空革命"步伐，因为这场革命将对整个经济和社会产生巨大的乘数效应。然而，要实现这一目标，需要真正的政治意愿和最高政治层面的大胆愿景。无论是太空领域还是其他任何领域，每一个伟大的成就都需要这样的愿景和政治承诺。经分析，本书详细指出了我们的优势、劣势和一些具体方法，从而使我们离实现这一艰巨任务更近了一步。我们可以提高我们相对于其他主要太空行为体的地位。

欧空局已准备好迎接挑战，并致力于在塑造和实现欧洲在太空方面的雄心壮志发挥作用，激励、探索和实现欧洲的政治、社会和经济目标。现在，欧洲最高层的政治家们有责任走到一起，共同打造一个宏伟的欧洲愿景，将太空和欧洲推向新的高度。

欧空局局长　约瑟夫·阿思巴赫

巴黎

致　谢

作者衷心感谢众多个人和组织，他们的贡献使得这本书得以问世。

在财务方面，本研究获得澳大利亚政府通过国防部的拨款支持。需要强调的是，本文所表达的观点纯属作者个人见解，不代表澳大利亚政府或国防部的立场。这笔拨款是通过竞争获得的，并由太空力量与政策应用研究会（SPPARC）负责管理。SPPARC由位于澳大利亚阿德莱德的弗林德斯大学商政法学院主办，汇集了弗林德斯大学在空间政策领域的深厚专业知识、奥地利维也纳欧洲空间政策研究所（ESPI）的专业力量，以及意大利那不勒斯东方大学在政治学方面的传统优势，形成了一个充满活力的研究联盟。三个机构的研究人员都积极参与了这一为期三年的国际研究合作。

在学术方面，作者在欧洲政治研究联合会（European Consortium of Political Research，ECPR）2021年年会（8月30日至9月3日）上，在罗德里戈·普拉伊诺（Rodrigo Praino）主持的题为“国家、社会与太空”的小组讨论中，讨论了本书中提出的一些观点。作者衷心感谢其他与会人员的精辟评论，包括柏林赫尔蒂学院的卢恰纳·钦戈拉尼（Luciana Cingolani）、查普曼大学的安德烈亚·莫勒（Andrea Molle）和罗马大学的安德烈亚·瓦卡罗（Andrea Vaccaro）。

作者衷心感谢马泰奥·卡佩拉（Matteo Cappella）和弗朗切斯科·玛瓦亚·维拉尼（Francesco Maria Villani）在整个项目过程中给予的持续而宝贵的支持，没有他们在收集数据和执行本研究中对比评估方面的宝贵奉献和最有价值的帮助，本书就不会以现在的形式存在。此外，我们还非常感谢博士生埃娃·帕洛（Eva Palo）在收集相关政治学文献方面提供的帮助。

更广泛地说，作者衷心感谢整个ESPI团队，感谢他们收集了大量的硬数据，特别是赫尔曼·卢德维格·默勒（Hermann Ludwig Moeller）、马蒂厄·巴塔伊（Mathieu Bataille）、中川由美（Yui Nakama）和费雷奇塔·帕万德（Ferechta Paiwand）提供了有益的意见和反馈。

此外，作者还要特别感谢那不勒斯东方大学和弗林德斯大学的同事们提供的宝贵帮助，尤其是维尼修斯·格德斯（Vinicius Guedes）、贡萨尔维斯·德奥利韦拉（Gonçalves de Oliveira），他们提出的重要建议进一步提高了研究质量。

最后，作者向在编写本书期间，遵循查塔姆研究所规定接受访谈的所有专家和利益相关者表达诚挚的谢意，感谢众多人士对本书进行了审阅并提供了建设性的反馈。特别感谢那些匿名的国际专家，他们完成了“衡量太空力量”的调查，为研究报告中的专家评估提供了依据。尽管需要维护他们的匿名性，但我们还是要向他们表示衷心的感谢，并相信他们会感受到这份谢意。

当然，对于书中可能存在的所有错误、不足和不准确之处，作者将独自承担全部责任。

目　录

第1章 导 论

今天，印度正式宣布自己成为航天强国。此前，全球仅有美国、俄罗斯和中国实现了这一成就，而印度则成为第四个实现这一壮举的国家。——纳伦德拉·莫迪（2019）

欧洲是一个重要的航天强国：其航天领域在2019年的营业额达到了740亿欧元，占据全球市场的15%至20%。——约瑟夫·鲍雷尔（2022）

探索浩瀚宇宙，发展航天事业，建设航天强国，是我们不懈追求的航天梦。——习近平（2022）

NASA现在是一个进行低地球轨道活动的后勤机构，我将把NASA从这种主要服务的限制中解放出来。取而代之的是，我们将聚焦其太空探索任务。在特朗普政府的领导下，佛罗里达和美国将引领人们踏上星辰之路。——唐纳德·特朗普（2016）

在冷战的巅峰时期，成为航天强国几乎成了所有渴望跻身超级大国行列国家的必备条件。当时，只需拥有一个载人航天计划，就足以宣称自己在航天领域的强国地位。尽管这种地位更多具有象征意义而非实质成就，但它依然至关重要。如今，太空及与太空相关的活动已成为日常生活中更为重要的实质性部分，航天技术在越来越多的领域中发挥着不可或缺的辅助作用。随着太空重要性的实质性提升，一系列象征性里程碑事件的出现也只是时间问题。事实上，在经历了漫长的停滞期之后，各国再次积极投身于太空活动，这无疑彰显了太空在21世纪日益凸显的重要性，并对政治、商业和技术竞争等多个领域产生了深远影响。近年来，标志性事件不断涌现，如美国于2019年末成立太空军，以及2020年5月由一家私人公司进行首次载人发射，中国于2020年12月在月球表面插上中国国旗等。在未来，人类将重返地球的天然卫星——月球，其中肯定包括首位登月女性的这一历史性时刻，以及人类首次雄心勃勃地踏上火星等象征性突破，这些壮举预计在未来一二十年内实现。

随着越来越多的国家启动本国的太空计划，他们纷纷要求加入或重返国际“太空俱乐部”（Paikowsky，2017），但一个国家怎样才算得上是航天强国，在很大程度上仍然是一个见仁见智的问题。例如，印度于2019年3月进行的一次备受全国赞扬和国际谴责的反卫星试验后，印度总理纳伦德拉·莫迪宣称，由于该试验的成功，印度已成为一个精英航天强国（路透社，2019）。据报道，在《2021中国的航天》白皮书发布之前，中国提出了探索宇宙，并建立强大的航天工业的愿景，致力于加快航天强国建设（中国国家航天局，

2022)。* 在2016年美国总统竞选中，唐纳德·特朗普承诺将确保美国“引领人们踏上星辰之路”。在欧洲，《2022年战略指南》发布后不久，欧盟外交与安全政策高级代表约瑟夫·鲍雷尔宣称，由于欧洲在全球航天产业中的重大市场份额，欧洲具有重要的航天强国地位（Borrell，2022）。

尽管过去十年太空政策和政治研究领域已经积聚了显著的研究动力，但学术界对于航天强国的定义以及哪些国家有资格获得航天强国的地位仍未达成共识。可以说，这一难题主要源于“power”一词概念的微妙性、固有的政治性以及存在的争议性。实际上，“power”是一个具有挑战性的概念，它在不同学科和子学科的学术文献中，存在着众多各异且往往相互矛盾的定义①。同样关键的是，“power”作为一种物质属性（涵盖一系列手段和资源）与其作为地位象征的双重性尚未得到明确解决——这种强大的实际地位，并不仅仅基于一个国家拥有的士兵、金钱、导弹或卫星的数量。

因此，尽管这一概念表面上不言自明，但在其内在含义和构成要素方面仍有许多悬而未决的问题。太空权力（power in space）的特征是什么？一个国家获得了一定程度的太空力量是否就自动跻身航天强国之列？评判一个国家是否拥有这种地位的基准又是什么？如何界定航天强国与“次级”航天国家的界限？应该如何考量这些差异？尤为关键的是，如何实证衡量太空力量，并明确哪些国家拥有航天强国地位。

截至目前，没有一种有效且全面的方式来概念化、衡量和比较太空力量。尽管学者、从业者和政治家们经常深入讨论有关太空力量和航天强国的概念，但据我们所知，他们不仅没有达成共识，而且提出的大多数概念都缺乏必要的衡量基础，更谈不上进行彻底的比较分析。

在本书中，我们提出了一个关于太空力量的独创概念，这一概念考虑了两个维度之间的相互作用：决策自主性和执行能力。然后，我们运用这一新颖的概念框架构建了一个衡量模型，通过在能力维度和自主性维度上衡量太空力量，实现了该概念的操作化。最后，我们收集了11个太空行为体的实证数据（即澳大利亚、巴西、加拿大、中国、欧洲、印度、以色列、日本、韩国、俄罗斯和美国），并对每个行为体的太空力量进行了比较分析。最终，我们能够在一个名为“太空力量矩阵”（spacepower matrix）的二维矩阵中定位每个行为体的位置（见图1-1）。

对实证数据（empirical data）的分析表明，只有美国、中国和俄罗斯成为名副其实的航天强国。但即便在这个排他性极强的“国家俱乐部”内，仍存在可以通过实证衡量的明显差异。实际上，虽然美国是这三个航天强国中最有能力的，但中国和俄罗斯则呈现出更高的自主性。这三个航天强国各有千秋，因此，在处理不同的太空相关问题时，都能各自发挥优势。其余8个太空行为体我们建议称之为“实力型航天国家”（Primed Spacefaring

---

*在翻译本书过程中力求准确表达原著的本意，其内容仅代表原著作者的观点，不代表译者完全认同其观点。——译者注

① 作为参考，请参见道丁编辑的《权力百科全书》（2011），其中包含了由来自17个国家的157位作者撰写的381个条目。

Nations)。换句话说，它们是具有巨大潜力的太空行为体，在不同程度上可以并应该有望达到航天强国的地位，但由于各种原因仍然未能达成。基于我们的框架进行实证分析可以揭示其中一些原因，并且对于那些旨在制定战略和发展技术以增强其国家太空力量的从业者和政策制定者而言，这将是一个有价值的工具。归根结底，我们工作的首要贡献在于将太空行为体的概念化、衡量和比较这三项任务统一起来，并重点关注由此产生的政策影响。

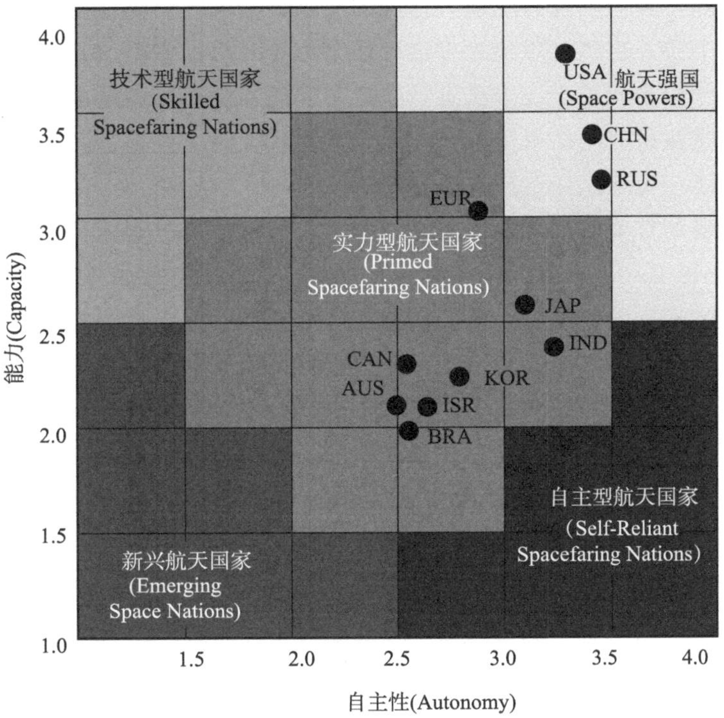

图1-1　太空力量矩阵

1.1　太空力量：能力和自主性

本书提出的概念框架从两个不同的学术领域中汲取见解，即航天强国（space power*）的研究和强国（state power*）的文献。在这两个领域，当前主流学术研究往往将“power”视为单一维度的概念，主要表达为能力[②]。例如，政治学文献在探讨国家建设时，往往侧重于力量的强制性行政维度，即政府实施政策和执行法律的能力。然而，在此过程中，它往往忽视了国家的政治维度，即国家能够自主确定主权意志并将其转化为公

* space power亦可译为太空强国，state power有国家权力、国家力量之意。——译者注。

② 这里提出的概念框架首先是由政治学家奥托里诺·卡佩里开发的，作为国家建设比较研究的启发式工具（Cappelli，2010）。随后，太空政策分析师马尔科·阿里贝蒂对其进行了调整和改进，以作为太空力量概念化和比较测量的指南（Aliberti等，2019）。

共政策决策的能力，独立于甚至违背不同利益集团的意愿（Barkey 和 Parikh，1991：525）。然而，一个国家在面对国内外力量干预时所能保持的政治自主性是定义现代国家权威的关键③。一个政府实体如果只能执行其他地方做出的政策决定，按照现代标准来说是不能被视为“国家”的。要获得“强国”的地位，一个国家必须具备一定程度的政治自主性。因此，强国是一个多维度的概念，“国家性质”（stateness*）应由两个同样关键的维度来衡量：政治自主性和行政能力。

以此为出发点，我们发现有关航天强国的文献所呈现的局限性与有关强国的研究惊人地相似。从概念上讲，这些文献绝大多数以能力为导向，却在很大程度上忽视了太空事务中政治自主性这一根本问题。在方法上，缺乏明确的共识，不清楚应该衡量什么以及如何从比较的角度衡量该研究的结果。在操作上，其为政策制定者提供有用信息和指导的能力有限。

造成以上问题的首要原因是忽视了太空力量与航天强国之间的区别，这一区别是由大卫·勒普顿（David Lupton）在 30 多年前（1988）提出的，但在后续研究中没有得到一致遵循。在勒普顿理论的基础上，我们认为太空力量是一种定性和定量的衡量标准，基于两个基本维度的相互作用而定：一是国家在太空相关事务中的自主决策权；二是国家在政治、外交、军事、经济或社会领域实施其政策决策并实现相关目标的物质能力。此外，我们建议将自主性和能力进一步划分为硬和软两个子维度。硬子维度可以通过客观数据进行衡量，包括硬能力（包括物质资产和技能，使整个空间活动的运作成为可能），以及硬（或技术的）自主性（在必要时确保任务独立性所需的资源和专业知识）。软子维度则通过向专家组进行专项调研来衡量。它们包括软能力（指在国家政策、基础设施和活动中灵活利用和整合太空资产和专业知识的能力）以及软自主性（或政治自主性，即一个国家能够独立制定国家太空战略和政策，不受外部或内部不同利益团体干扰的能力）。最终，这些维度和子维度的组合导致了太空行为体的多样化分类。只有那些在能力和自主性方面都达到高水平的国家才能被认定为航天强国。其他行为体被归类为新兴航天国家和航天国家，后者又被进一步细分为技术型航天国家、自主型航天国家和实力型航天国家。

可以说，我们框架的创新特点之一在于引入了自主性维度。实际上，无论是“硬”（技术）还是“软”（政治）的自主性，都是将权力解释为地位不可或缺的条件。不管是在社会学、政治学领域，还是在太空研究领域，如果不能解决一个根本问题，即能否独立地确定自身利益并就追求这些利益做出战略决策，我们就无法完全理解任何中心或权力。通过这种方式，我们的研究填补了当前对太空力量和航天强国的理解中理论和实证上的空白。在理论上，它指出了太空力量是一个多维概念，是“硬”和“软”能力与“技术”和“政治”自主性之间复杂交织的结果。在实证上，它为收集和处理大量难以获取的太空力量数据奠定了基础，并为将多个指标汇总到一个全面的衡量模型和涵盖全球最活跃的太空

---

③ 关于国家自主权的文献非常丰富。作为参考，请参阅迈克尔·曼恩（1984）的开创性著作。相关更广泛的概述，请参见第 2 章。

* stateness 亦有国家地位之意。——译者注。

行为体的深入比较评估提供了可能。这使我们能够借助客观（“可观察”）和主观（“专家打分”）数据来衡量太空力量，并利用这些数据来识别航天强国，将其与其他类型的太空行为体区分开来。

本研究的基本目标是帮助不同国家的学者、航天专业人士和决策者从实证衡量和战略层面理解如何提升一个国家相对于其他从事空间活动行为体的相对地位。通过应用上述框架，我们能够了解一个国家成为航天强国所需的条件是什么。具体而言，本书旨在显著提高太空政策和太空战略讨论的质量和数量，为航天国家如何提升其作为核心太空战略行为体的相对地位提供见解，从而指导国家能力的发展、规划和维持，以塑造其在该领域的地位和作用。

最后且同样重要的是，本书致力于支持基于实证的决策制定。因此，作者希望研究中包含的信息、数据和资料能够为那些制定政策战略和为决策实体提供建议的人员提供有益的参考。

1.2 本书大纲

这本书分为三个主要部分。在第 1 章导论之后，第 2 章构建了衡量太空力量和比较太空行为体的一般概念框架。基于航天强国是强国的一种形式假设，本章首先对关于国家的学术文献进行了批判性回顾，并将强国的概念分解为两个核心维度，即能力和自主性。本章指出，国家能力的概念过于“专横”，过分依赖执行力和可量化的硬数据，这往往掩盖了自主权这一本质的政治概念，而自主权与政策过程的决策层面有关，在实证评估方面更具挑战性。然而，一个无法自主决策的政治实体，无论其多么强大或者表面上多么显赫，都不符合“国家”的定义。本章接下来转向有关航天强国的文献，其概念上主要侧重于能力，而往往忽视了在太空事务中政治自主性这一根本问题。在方法论上，这些文献对要衡量什么以及如何从比较的角度衡量这项工作缺乏明确的共识。在操作层面，其为决策者提供有用信息和指导的能力有限。为了纠正这种情况，第 2 章设定了两个目标：一是重新构建能力概念，二是开发一种方法，从概念和实证上衡量国家在空间政策领域的自主性。本章最终得出结论，只有在太空事务中具有相当程度的自主性和能力（高水平的太空力量）的行为体，才能被视为航天强国。

第 3 章提供了一种实施所描述的概念框架的方法。具体而言，它详细描述了如何将航天强国分解为两个核心维度，即能力和自主性，以及如何进一步将其分解为硬能力、软能力、硬（或技术）自主性和软（或政治）自主性等四个子维度。对于每个子维度，本章详细描述了构成指标，并对基础衡量模型提供了详细解释。具体而言，硬能力和硬自主性子维度的指标分数基于多个专业来源检索的定量数据，而软能力子维度的指标则来自世界各地主要航天强国专家的定性评估，这些专家专门为本研究设计和实施了一项调研。这些数据随后被整合成一个太空力量的综合指数，并以一个非层次化太空行为体矩阵的形式呈现。

第 4 章讨论了研究的实证结果。它侧重于比较不同太空行为体在能力和自主性这两个核心维度及其相关子维度上的表现。所选国家在过去十年一直是航天领域中最活跃的，并且引起了媒体、从业者和学者的广泛关注。这些国家包括澳大利亚、巴西、加拿大、中国、印度、以色列、日本、俄罗斯、韩国、美国和欧洲。基于衡量结果，本章对分析对象在上述两个维度的多维、非层次化太空力量矩阵中的地位和相对位置进行了比较和衡量。该矩阵显示了每个太空行为体在特定时间点的相对位置，并有助于解析它们在太空行为体多维分类中的发展轨迹，具体分为：1）航天强国（完全自主且有能力的行为体）；2）技术型航天国家（能力相当强但自主性不足）；3）自主型航天国家（相对自主但能力不足）；4）实力型航天国家（能力和自主性都比较强）；5）新兴航天国家（尚未达到令人满意的自主性和能力水平）。

第 5 章总结了研究的所有主要发现，提供了一些额外的思考，并对未来的研究指明了一些方向。

通过独创性的分类方法和基于大量难以获取的数据进行深入对比分析，我们希望本书能够为学者、航天专业人员和决策者提供一个有价值的分析工具包。该工具包将有助于审视和分析不同国家的太空战略雄心，以及实现这些目标所需的方法和资源。

参考文献

Aliberti, M., Cappella, M., & Hrozensky, T. (2019). Measuring Space Power: A Theoretical and Empirical Investigation on Europe. Springer.

Barkey, K., & Parikh, S. (1991). Comparative Perspectives on the State. International Review of Sociology., 17 (2), 523 - 549.

Borrell, J. (2022). Space and defence: protecting Europe and strengthening our capacity to act. European External Action Service. https://www.eeas.europa.eu/eeas/space-and-defence-protecting-europe-and-strengthening-our-capacity-act_en. Accessed on 30 August 2022.

Cappelli, O. (2010). Pre-Modern State-Building in Post-Soviet Russia. In Hill, R. and Cappelli, O. (Eds). Putin and Putinism. Routledge.

Cillizza, C. (2020, 27 May). 12 truly amazing Donald Trump quotes on space. CNN. https://edition.cnn.com/2020/05/27/politics/trump-spacex-rocket-astronauts-elon-musk/index.html (Accessed on 20 August 2022).

CNSA (2022). China's Space Program: A 2021 Perspective. The State Council Information Office of the People's Republic of China. China National Space Administration. http://www.cnsa.gov.cn/english/n6465645/n6465648/c6813088/content.html (Accessed on 20 August 2022).

Dowding, K. M. (ed.). (2011). Encyclopaedia of Power. SAGE.

Lupton, D. E. (1988). On Space Warfare: A Space Power Doctrine. Air University Press.

Mann, M. (1984). The Autonomous Power of the State: Its Origins, Mechanisms and Results. European Journal of Sociology, 25, 185 - 213.

Paikowsky, D. (2017). The Power of the Space Club. Cambridge University Press.

Reuters (2019, March 27). Modi Hails India as Military Space Power after Anti-Satellite Missile Test. https://www.reuters.com/article/us-india-satellite-idUSKCN1R80IA (Accessed on 20 August 2022).

第 2 章　太空行为体的概念化：关于太空的国家与权力

本章提出了一个全面且跨学科的概念框架，旨在动态地比较太空行为体，同时考虑它们的技术、工业和政治特征，以及它们如何成为或未能成为航天强国“俱乐部”成员的发展轨迹。该框架主张航天强国是强国的一种形式。它认为，一个国家要获得航天强国的地位，必须具备一定程度的太空力量，这是一个包括两个主要属性的多维概念：能力和自主性。自主性指的是国家独立于或违背国内外不同利益的意愿，自主确定太空相关利益并制定国家太空战略。能力则与国家在政治、外交、军事、经济或社会等领域追求这些利益并能否执行其战略有关。这两个维度的结合形成了一个多层次的太空行为体分类体系，包括航天强国、航天国家和新兴航天国家。航天国家又进一步被细分为三个子类：技术型航天国家、自主型航天国家和实力型航天国家。

2.1　航天强国作为强国的一种形式

在过去的 20 年中，冷战后所谓的“历史的终结”（Fukuyama，1992）很快就被大国（和较小国家）之间日益激烈的竞争所取代。与此同时，探索、开发和控制太空的斗争对政府、军方和商界变得越来越重要。与这些变化相呼应，航天强国的概念在全球学术辩论、军事理论和公共政策领域变得日益流行。然而，尽管该概念表面上似乎不言自明，但目前尚无被普遍接受的航天强国定义，更遑论有一种全面的理论来解释其实际含义和影响。因此，围绕该概念仍有一些问题未得到解决，而将一个国家定义为航天强国的关键特征目前尚不清晰，几乎无法正确区分航天强国和“次级”航天国家，甚至难以确定一个国家如何成为航天领域的强国。这种困难主要源于“power”这一概念本身的多义性，正如政治学、社会学和国际关系文献中所揭示的不同且往往相互矛盾的概念所表达的那样（Dowding，2011）。对我们而言，关键在于“power”作为一种物质属性（即各种手段和资源）和“power”作为一种地位（即实际上的强大国家）之间尚未解决的二元性。

诚然，早期关于航天强国的文献中，当勒普顿（1988）提出区分太空力量（一个国家利用太空追求国家目标的能力）和航天强国（拥有这种能力的国家）时，为这个问题提供了一个有前景的视角。但是，这个思路在随后的著作中被忽略了，人们通常不加区分地使用这两个术语，用来指代太空行为体和这些行为体可能拥有的太空能力的集合，尽管程度是各异的。此外，勒普顿本人也并没有在概念上阐明太空力量的基本组成部分究竟是什么，以及它们在形成航天强国过程中的作用。具体而言，他未能明确回答除了简单的“能力”之外，要使一个有能力的太空行为体成为一个名副其实的航天强国还需要哪些条件。

为了整理这一复杂的问题，本章将借鉴勒普顿的做法，在讨论将一个行为体视为航天强国所需的属性时使用“太空力量”这一术语。我们将关注如何区分航天强国和实力较弱的太空行为体，换句话说，即如何评估太空力量并据此界定不同的地位。在这方面，我们认为太空力量不应被视为一个简单的一维概念，即主要关注国家在航天领域追求特定政策目标时所需的物质能力。相反，我们建议对太空力量进行更复杂的定义，还要纳入关键的政治自主性维度，即国家决定其欲达成目标的能力。我们对太空力量概念的运用升级了勒普顿的观点，因为它确定了两个不同但紧密相关的组成部分或维度，即政治自主性和执行能力。它还强调国家（或欧洲这样的超国家实体）必须具备一定程度的自主性和能力，才能获得航天强国的地位①。对于其他组合的国家，比如能力强但自主性弱（或反之），将导致不同的地位，但是都与作为一个成熟、强大的航天国家的实际水平不相符。

最后但同样重要的是，我们的框架基于航天强国和强国之间的平行关系。实际上，在这两种情况下，主流文献往往主要将“power”理解为能力。例如，在国家建设方面的大多数研究中，焦点几乎全放在如何建立有效的行政架构，使其能够实施政策并执行法律。在此过程中，他们往往忽视了自主性的政治维度，即国家具有独立制定国家目标和做出政策决策的主权，这些决策“独立于甚至违背不同利益方的意愿”（Barkey 和 Parikh，1991：525）。然而，相对于国外和国内权力的自主性是定义现代国家权威的关键②。一个需要执行其他利益方的政策决策的管理实体，按照任何现代标准都不符合“国家”的定义。换句话说，强国是一个多维概念，任何试图定义和衡量它的努力都应该考虑政治自主性和行政能力这两个同样重要的组成部分之间的相互作用。我们认为，航天强国的概念也适用于同样的情况，我们将其描述为强国的一种形式。我们的出发点是，只有国家才具备手段、动机和合法性来掌握整个权力范围，包括首要的权力——独立定义国家战略利益、做出具有约束力的决策以及权威性地实施这些决策的权力。因此，尽管非国家、私人行为体可能在太空政策领域拥有一些权力的物质属性，但只有国家才能达到一定的决策自主性和执行能力水平，从而获得航天强国的地位。

可以说，我们框架的一个创新点在于引入自主性维度。正如我们所定义的那样，自主性包括“硬”（技术层面）和“软”（政治维度）两个方面③，这是解释“权力”作为地位不可或缺的先决条件。在社会学和政治学以及太空研究领域，如果不解决这个基本问题，即它能否独立确定自己的利益并制定追求这些利益的战略决策，就无法完全理解任何权力。

2.2　强国：能力和自主性

当代有关国家的文献中最显著的特征之一是围绕“强国”概念的混乱。我们认为，这

① 欧洲在这里被认为是一个单一的国家。关于这一问题的审议事项见第 4 章。

② 有关相关文献的回顾，参见本章中的第 2.2 节和第 2.3 节。

③ 关于“硬”和“软”自主性之间的区别，参见第 3 章和第 4 章。

很大程度上源于对国家性质（stateness）的两个基本维度——国家能力（state capacity）和国家自主性（state autonomy）——的混淆。

国家能力，在过去的30年中已成为最受关注的维度，涉及一系列使国家能够执行法律、实施政策和实现目标的物质和组织资源以及技术。正如下一节所述，对能力概念的过度延伸和最终理解的“专横”——尤其是过度关注在一定程度上可以通过硬数据来衡量的国家执行能力——使国家自主性的概念变得难以理解，有时甚至是棘手的，这个概念往往与主权的概念密切相关。一个执行能力有限的国家可能被称为弱国或失败的国家，但一个执行非自身决定的实体在任何现代标准下都不能被视为一个真正的“国家”。忽视这一因素只是反映了过去几十年来“去国家化”的情绪。确实，尽管最近“国家建设”的口号随处可见，但人们普遍忘记了“国家性质”本身，这个概念以具有政治和决策自主权为核心。无论政权类型如何，这确实是“现代国家”与我们在国际上所说的“附庸国”或附属国，以及在国内所称的“被俘国”之间的根本区别。换句话说，为了真正“使国家回归”，强国必须在概念上被理解为与政治行政实体相关的多维度的地位，这种地位与拥有一定程度的决策自主权和行政能力的政治行政实体有关，而且这种自主权和行政能力是可以被衡量的。

2.2.1 国家能力：一个“专横”的定义

人们普遍认为，国家能力的概念往往倾向于将国家的不同维度混为一谈，并跨越不同领域，涵盖了国家的一系列“密切相关的属性，如实力、脆弱性、失败、效力、效率、品质、合法性、自主性、作用范围”等。因此，它被概念上的混乱所围绕，且“仍然是一个缺乏明确定义和量化的概念”（Hanson 和 Seigman*，2021：2；Cingolani，2013，2018；Vaccaro，2022）。这种错误的扭曲和过度延伸的概念（Sartori，1970）也是“专横的”，因为它试图全面涵盖国家的性质，并将其简单地等同于强国。这是以牺牲国家自主性这一关键维度为代价的，该维度被错误地纳入了能力的概念中，并在其中某种程度上“被掩盖”。为了对国家性质和国家力量进行严格评估和衡量，有必要区分能力和自主性，然后研究它们之间的相互关系。

2.2.1.1 一个错误的、过于宽泛的概念

国家能力由两种类型的指标来衡量：一种基于各类统计资料的客观硬数据，另一种基于软数据，即从调查或专家评估中汇编的数据④。当使用第一组指标时，由于这些指标与财富水平密切相关，会引发一些常识上的反对意见，例如“为什么我们希望中等收入国家在高速公路质量方面与富裕国家相同呢，而不考虑其治理水平”。此外，还可能提出更实

---

* 章末文献为 Sigman，原著写法有误。——译者注。

④ 用于衡量国家能力的客观指标产生两套衡量标准。第一套包括：（a）宏观经济措施，如国内生产总值和人均收入；（b）公共服务和社会福利统计，如中等教育、公共住房和医疗保健设施等；（c）与基础设施的范围和质量有关的数据，包括邮政服务、电信、道路和高速公路网络等。第二套客观指标侧重于一个国家履行基本政府职能的能力，例如：（d）保护边界和发动战争，通过军费开支和武装部队服役人口比例等因素衡量；（e）维护法律和秩序，通过警察部队的规模和预算以及犯罪率和凶杀率衡量；（f）征税，通过税收收入占国内生产总值的百分比等指标衡量。

质性的反对意见。事实上，人们观察到“那些看似评价颇为有效的国家，可能只是因为足够富裕，才得以在保持一定低效率的同时，仍然处在可接受的水平”；另一方面，较贫穷的经济体不太可能提供高水平的福利服务和基础设施，“无论国家是否有能力对其进行监管”（Enriquez 和 Centeno，2012：143）。总之，关键在于这些不是（或不仅仅是）衡量国家能力的指标；它们还涉及其他方面，这使得定义和衡量的工作变得更加复杂。

至于涉及国家性质基本方面的指标，如军事实力、执法和征税能力，也存在许多需要解释的问题。例如，征兵的范围和限度与地缘政治背景密切相关，武装部队人口比例较高的国家通常处于永久性的战争准备状态，无论是出于进攻目的还是防御目的（Enriquez 和 Centeno，2012：144）。这引发了一些自相矛盾的问题，例如，与美国这类实行志愿招募政策、军队人数相对较少但更职业化的由文官控制的国家相比，埃及这种强制大规模征兵的军事控制的国家是否应被视为在战争或保卫领土方面具有更大的能力？关于“法律和秩序”指标，犯罪率和凶杀率的数据与衡量人权和法治等指标的数据有何关系？一个虽然暴力但能够有效镇压犯罪的警察国家，是否会比一个对警察活动施加更严格限制但犯罪率更高的自由国家更有能力？最后，关于征税能力，税收方面的硬数据很少告诉我们，何时税收相对于 GDP 而言算是“过高”。因此，人们可能会想知道，征收国内生产总值更高比例税款的国家，是否应被视为比那些征收较低百分比税款的国家更具能力，还是说前者实际上是在过度征收，甚至是直接掠夺？此外，税收收入的减少可能是由于国家财政征收能力下降，也可能是执政党实施了强有力的减税措施。这反过来可能会对国家未来提供优质服务、福利和基础设施的能力产生不利影响。在这种情况下，关于税收水平和提供公共服务的数据所反映的就不是能力问题，而是政治优先事项的抉择。通过分析这些研究人员如何试图使用硬数据来衡量国家能力等这些难以捉摸的概念，可以发现数十个类似的实例。

面对这类挑战，分析师和学者通常转向调查或定性专家评估，这些评估通常被称为“软数据”。这种方法允许对变量进行更仔细的概念性探讨，为受访者解释每个指标的衡量目的，从而更加深思熟虑地回答客观上复杂的问题。然而，这种方法也可能引出更广泛的概念和方法论，帮助我们更好地识别概念扭曲和过度延伸的问题，揭示了我们所称的“国家能力”概念的“专横”性质。

首先，部分指标在制定和承诺提供的内容方面过于模糊。例如，世界银行的政府效能指数（Government Effectiveness Index）中的一个指标旨在衡量“政策制定和执行的质量”，但将其作为一个指标是一项相当艰巨的任务（Kaufmann 等，2010）。此外，有几个指标在假设国家能力及构建对比方法时存在错误。其中一些指标具有过强的规范性，并涉及政权类型而非国家能力。在这些情况下，基本定义通常反映了民主政权的特定特征，使得许多非西方国家难以纳入比较框架。例如，世界银行提供的一些指标，如发言权、问责制以及法治，实际上是西方自由民主的度量标准。同样，和平基金会发布的国家脆弱性指数（State Fragility Index，FSI）中的两个指标——国家合法性（衡量人们对政府“开放性和代表性”的看法）和人权与法治（旨在识别“威权统治”等方面）——也存在类似问题。这些指标传达了一种误导性的印象，即一个没有代表性的专制政权与一个低能力的国家有内在的联系。尽管其管理者强调该指数“并不一定要对民主治理进行评判”，但实际上它们确实在这样做，而非衡量国家能力（和平基金会，2022）。正如恩里克斯（Enriquez）和森特诺（Centeno）（2012：136）所主张的，“能力不应该是一种规范性概念”——一个国家利用其能力来追求“好”或“坏”的目标，“并不是否定该国能力的现实证据”。萨缪尔·亨廷顿（Samuel Huntington）（1968：2）在半个世纪前生动地表达了这一概念，当时他写道：“美国、英国和苏联有不同的政府形式，但在所有三个体制中，都由政府管理……在许多其他情况下，政府根本没有执政权力。”亨廷顿对国家能力（“一个管理国家的政府”）的解释非常简单：政治当局的决定“将通过政府机构来实施”的可能性。

与西方标准的规范方法截然不同，存在一种专门为非西方国家独特情境定制的指标。例如，上述提到的国家脆弱性指数中就包含一个名为“武力垄断”的指标，旨在衡量“军队是否受文职人员的控制”（和平基金会，2022）。这是所有国家中关乎国家性质的一个重要方面，在大多数指标中却被莫名其妙地忽视，因此通过比较 179 个国家来解决这个问题似乎是有希望的。然而，描述该指标所采用的二元语言未能充分揭示军队在西方社会中可能通过文化因素、组织利益和官僚谈判等方式对文职领导人产生更微妙的影响⑤。因此，西方国家往往集中在评分榜前列，进一步区分它们的可能性有限。

这些衡量方法存在的一个最严重的问题是对国家能力的构成要素缺乏明晰性，特别是在不同的历史或文化背景下进行衡量时。这一点在衡量官僚质量和腐败时尤为明显。

关于官僚制度，世界银行的政府效能指数中有一个衡量公务员“独立于政治压力”的指标。哥德堡大学开发的政府质量指数也提出了一个“官僚质量”的指标，旨在衡量是否有一套“招聘和培训公职人员”的机制，以及公务员是否“在某种程度上独立于政治压力”⑥（Teorell 等，2020：367）。这些指标基本上都将技术熟练、政治独立的官僚机构视为国家能力的基本组成部分，它们是“韦伯式”（即韦伯的层级官僚制理论）官僚主义概念的基本支柱。*

然而，这似乎忽略了任何政治精英，包括通过选举产生的合法决策者，都需要确保官僚的忠诚。正如塞达·斯科茨波尔（Theda Skocpol）（1985：16）所说的那样，“熟练且忠诚的官员”的可用性是国家权力的基本支柱之一。韦伯（Weber，1994［1919］）本人描述了政党政府的一个基本特征，即通过分配官位或采取其他方式施加压力来参与国家机构的目标和安排。官僚“随心所欲”地为国王、总统或市长服务的古老观念与政治精英的需求密切相关，他们需要确保这些人忠于自己，并能及时有效地执行他们的决策。赋予政治精英随时解雇公务员的权力也是对官僚的一种控制机制，使他们能够替换那些阻碍决策或不遵守指令的人。这毕竟是 19 世纪美国安德鲁·杰克逊时代赏罚制度的经典辩护理由

⑤ 在下一节中，我们将简要探讨军民关系，以及它们如何影响国家自主性，而不是能力。

⑥ QoG 指数评估官僚机构的实力和质量，重点是当政府更迭时，官僚机构是否有实力和专业知识“在不剧烈改变政策或中断政府服务的情况下执政”。

* 所谓“官僚”，是指专门化的职业管理人员，并不含有中文语境中通常所含的贬义。——译者注

(Fukuyama，2014：109)。整个 20 世纪，在美国和其他西方国家，官僚机构的政治忠诚应通过党派赞助的理念已经逐渐（尽管不完全）被拥有一支有能力且有经验的官员队伍的理念所取代，这些官员更重视对法律和程序的遵守，而不是政治派别。但在许多没有经历类似政治发展轨迹的国家中，政治精英确保“政府管理”的主要方式仍然是通过个人关系和政治联系来控制政府的权益。总之，一个依赖于政治的官僚制度并不一定能表明国家能力的缺乏。相反，它可能有助于确保国家能力，正如亨廷顿所言，政治决策“将通过政府机构实施”。

对于国家能力研究中广泛采用的腐败衡量标准及相关概念，如世袭制和裙带关系，也可以提出类似的观点。大多数参与制定国家能力指数的组织都会涉及此类主题，包括哥德堡大学下属的政府质量研究所和民主多样性研究所（Coppedge 等，2020）。其中，使用最广泛的衡量标准是透明国际的清廉指数（CPI）（透明国际，2022）。但与官僚自治的情况一样，将腐败与国家能力的不足等同起来也存在严重问题。首先，这一基本假设可能是不真实的，或者充其量是被夸大了的。研究表明，当腐败被用来“收买不服从”，诱使官员不仅违反法律，而且违背上级期望时，它确实会削弱国家能力。但在其他情境中，腐败可能被非正式地制度化，“由国家领导人系统地跟踪、监督和给予，作为一种非正式的支付，以换取合法性。”这种集中化的腐败（或“国家强化的贪污”）对于强化等级制度和为官僚服从提供基础至关重要。它甚至可能反映了国家领导人与其下属之间的非正式“契约”的履行（Darden，2008：41）。这一论点在很大程度上解释了为什么俄罗斯和印度等腐败率相对较高的国家也表现出明确的治理能力，并取得了高水平的增长和政治稳定。那些默认腐败会削弱国家能力的衡量方法无法全面反映这些情况。

其次，也是对我们的主题最重要的一点，一些作者根据腐败影响国家权力的维度进行了区分。根据稍后将要审视的研究（见第 2.3 节），行政或“轻微”的腐败影响国家确保法律执行和政策实施的能力；而“严重”的腐败或“国家被控制”则影响国家的自主性，因为商业化和有效私有化是公共决策的本质，包括立法、监管和司法的特权（Hellmann 和 Kaufmann，2000）。同时，再次强调分析能力和自主性之间的区别对于概念化和衡量国家权力以及国家弱点至关重要。

这种思考方式使我们得出对国家能力概念过度延伸的核心问题的最终结论，即我们认为国家自主性概念被合并和忽视了。在这里至关重要的是决策和执行之间的区别。迄今为止审视国家能力的比较衡量方法倾向于认为，所有国家“都想要做出决策”（并且以相同的强度希望如此），而决策的成功或失败取决于物质资源的可用性、国家制度设计的水平、组织结构或国家工作人员的技术管理能力，简而言之，即取决于国家的实施和执行能力。那么，这个假设是否正确？国家给出的决策又是什么？这是否反映了国家精英的政治和意识形态优先事项？但关键在于，这些国家精英在多大程度上拥有进行这些决策所需的政治独立性，更不用说实际执行它们的能力了。面对来自不同利益集团的潜在反对，他们又能在多大程度上将自己的优先事项转化为连贯的法律、法规和实施方案？从另一个角度来看：是否存在不同的利益集团，反对与自己目标不一致的国家决策和结果？它们又是如何运作的？它们是否仅限于削弱国家能力，扭曲已出台政策的实施，或者它们认为具有潜在破坏性的现有法规的执行？还是说，不同的利益集团会以决策过程本身为目标，推动颁布它们喜欢的政策和有利于它们的法律法规？它们使用什么手段来达到这些目的？我们又该如何衡量它们行动的有效性？最后，问题来了：这些不同的利益从何而来？它们是产生于社会内部（通常是私营企业部门），还是出现在国家机构内部（如官僚机构、军队或国有企业），抑或是位于外部（如其他国家、国际金融机构或跨国公司）？

这些有关国家决策权（或缺乏决策权）的问题应与有关国家行政能力的问题分开提出，避免仅从结果角度来仓促地衡量国家权力。要做到这一点，首先必须从概念上将国家权力的两个相互关联的组成部分分开，然后分别制定不同的实证衡量方法。最终，可以将这些衡量标准结合起来，通过它们的交集来界定“强国”。这就是本书采用的方法。

2.2.1.2 重新衡量国家自主性

(1) 国家自主性与国家能力简史

在现代欧洲国家形成的早期，主要面临的挑战是在国内和国际上确立主权。正如英国哲学家托马斯·霍布斯（Thomas Hobbes）（2017 [1651] ）在《利维坦》中所述：“auctoritas facit legem”：法律并非来自任何自然或神圣的源泉，而是来自君主的权威，若没有君主的权威，法律只是一纸空文，不具备约束或强制的力量。因此，国家的成功建立取决于早期国家缔造者发动战争、确保秩序和征税的能力——依赖于逐渐获得的暴力垄断权（Tilly，1975）。这为建立一个政治上自主、行政上有能力的公共权力机构奠定了基础，它被赋予制定和执行具有约束力的决策的权力。这一实体的目标是实现高度的权力集中和与社会隔绝。尽管现代国家并非人为刻意创造，但很少有人否认，政治自治是16世纪左右欧洲新兴权力结构中的基本先决条件（Finer，1997）。事实上，国家的建立是一个漫长且充满动荡的过程。

然而，到了19世纪，出现了两种不同的政治思想——自由主义和马克思主义，他们都表现出强烈的反国家主义思想的观点。自由主义者认为国家的自治和与社会的隔绝是导致专制主义的主要威胁，并着重通过宪政、法治和问责制来“约束君主”。在新世纪初，极权主义独裁政权的崛起证明了对利维坦卷土重来的担忧是有道理的，随后法西斯主义在第二次世界大战中的失败推动了自由主义的反国家主义情绪与民主理想相结合，成为“自由世界”的指导思想。因此，在主流的自由民主思想中，国家自治的概念变得不受欢迎。与此同时，马克思主义也从不同的角度反对独立于社会的自主国家的概念。该流派认为，国家只是阶级统治的工具。在资本主义社会，它服务于资产阶级，在社会主义社会，它将成为建立无产阶级专政的工具（在俄国革命后，布尔什维克奉行了这一原则）。然而，马克思主义者坚信，由于社会主义革命的成功和阶级的废除，国家将失去其存在的理由，并将逐渐“消亡”。总体而言，马克思主义者和自由主义者都认为能力和自主性是国家权力的不同组成部分。尽管两者都将国家视为一个强制权威和行政能力的集中体，但国家权力绝不能（对于马克思主义者来说）或不应（对于自由主义者来说）独立于社会民众所产生的力量和利益而存在。

自 20 世纪 60 年代以来，自由主义者先前的规范性方法逐渐演变成对自由民主实际运作的写照。利益集团自由主义或“多元化”理论的倡导者摒弃了国家作为独立政治行为体的理念，取而代之的是政治制度的概念，即一个将社会需求和压力（输入）转化为政府决策（输出）的“黑箱”。“国家”被同化为一个更广阔的舞台，在这个舞台上，价值得到协商，资源得到分配。这使得从概念上和经验上探索国家权力本身的空间受到限制。与此同时，新马克思主义思想浪潮出现，承认在通过福利和再分配政策调解资本和劳动关系的国家中存在一定程度的自主权。然而，这种自主性被视为“相对的”和暂时的，是阶级矛盾平衡的结果。

具有讽刺意味的是，在 20 世纪后半叶，来自右翼和左翼的反国家主义思想汇聚在一起，为新自由主义铺平了道路。新自由主义是一种推崇社会高于国家的哲学，主张自由化、放松管制和私有化。在苏联解体和冷战结束后，全球化运动兴起，进一步将新自由主义的削弱国家议程推向台前。这在所谓的“华盛顿共识”的去国家化议程中达到了顶峰。直到 20 世纪 90 年代末，在后共产主义私有化失败和亚洲金融危机的双重推动下，建立有效国家的需求才重获动力。这些因素凸显了能够规范市场、保护财产和契约以及促进发展的机构的重要性。因此，以国家建设为口号的所谓“后华盛顿共识”应运而生。

然而，与现代欧洲的历史经验相反，当代国家建设者将焦点仅集中在国家能力上，对于建立一个可以在国内或国际上行使主权的新“利维坦”没有兴趣。他们所要建设的国家只是政策实施的工具，缺乏干预政策制定过程所需的内在意愿和政治自主性。因此，国家能力的衡量标准主要着眼于政策结果，而忽视或低估了与决策有关的政治因素。在全球经济表现优先于政治主权的秩序中，投入是固定的，且源于国家无法控制的外部渠道。这种方法导致能力概念变得“专横”，国家执行外部决策的能力被误认为是国家本质属性的根本品质。因此，关于国家及其权力的研究仍然被局限在一个概念性的铁笼中。

（2）国家自主性的恢复

20 世纪 80 年代和 90 年代，当新自由主义和全球化开始蔓延时，新国家主义学派的学者们为“让国家回归”做出了积极尝试。这一时期，关于国家的新研究开始崭露头角，一场激烈的辩论在“不为人知的地方”展开，新国家主义的支持者和批评者各显神通。在此期间，国家自主性（或缺乏自主性）的概念重获动力，并在概念化方面取得了丰硕成果。随后的 20 多年里，这些成果在政策实践中被主流的定量分析所掩盖。因此，我们今天回顾这一时期的研究，旨在寻求打破国家能力概念被束缚的灵感。这些研究表明，能力和自主性是国家权力的两个不同维度，而国家权力本身只能作为这两个维度的交叉点来衡量。

新国家主义学派的宣言是《让国家回归》（*Bringing the state back in*），这本论文集出版于 1985 年，旨在分析国家自主权力的运作机制（Evans 等，1985）。在该书的引言中，塞达·斯科茨波尔将自主性定义为“国家制定和追求目标的能力，而这些目标不仅仅反映社会团体、阶级或社会的要求和利益”，相反，自主性指的是“实现官方目标的能力，尤其是在强大的社会群体实际或潜在的反对之下，或是在顽固的社会经济环境面前”（1985：9）。因此，在这两个定义中，国家与社会的关系都是至关重要的，因为国家有责任提供“部分利益”无法提供的集体商品。这就要求国家从比“嵌入市场的私人行为体”更广泛、更包容的角度来运作。另一方面，社会内部存在着强大而分裂的力量，这些力量一心想掌控国家机器的一部分，以实现自己的目的（Rueschemeyer 和 Evans，1985：68，56）。因此，对于任何参与国家构建和国家性质（stateness）建设的公共权力机构而言，从这些力量和目的中建立自主权都是至关重要的。

围绕这一主题展开了丰富而广泛的讨论，可以通过简要审视三位作者的观点来概括，这三位作者提出了三种截然不同但又相互关联的模型来概念化和衡量国家性质，当然，他们都强调自主性是其概念核心。

（3）国家性质连续体

乔尔·米格达尔（Joel Migdal）的《强社会与弱国家》一书致力于剖析非洲和亚洲现代化进程中的失败。该书批评了“满怀希望的现代化领导者”以及国家中心论者的共同“幻想”，即认为国家可以像“新雕刻家手中的凿子”一样用来塑造社会。这种幻想将“国家的自主性和能力问题”视为无须质疑的既定事实（Migdal，1988：4，XVI）。因此，该研究的主题是在国家与社会对立的框架下看待“国家能力或国家能力的缺乏”。实际上，米格达尔对强国的定义是以国家官员利用国家机构“使社会成员按照他们的意愿行事”的能力为前提的。相反，社会力量则被定义为“一些社会成员能够［成功地］反对国家领导人，有时与国家官员达成意想不到的妥协，甚至有时夺取国家部分权力”的能力（Migdal，1988：9）。社会的反抗能力直接对国家的自主权构成挑战。米格达尔引用 Badie 和 Birnbaum（1983：35）的话强调，只有当国家有能力“对社会环境采取行动，并自主地强加有别于社会系统本身所产生的私人目标的集体目标”时，国家自主性才会表现为“有形的现实”。当国家领导人被证明“无法或不愿”克服社会对其的抵制时，就会出现相反的情况（Migdal，1988：9）。

米格达尔（1988：XVI）认为，新国家主义者要么把欧洲的国家自主性概念直接套用到非西方国家，要么完全否定国家的存在，“谈论无国家或非国家社会”。相反，米格达尔使用“国家性质”这一概念，将其作为一个从弱国到强国或从强国到弱国的连续体。米格达尔（1988：260）引用梅廷·赫伯（Metin Heper）对内特尔（J. P. Nettl）最初概念的综述，强调国家性质是一个程度问题，在不同政体或历史时期各不相同，“这取决于国家在多大程度上独立于社会民众，指定并保障社会的主要目标”（Heper，1985：86）。图 2-1 展示了米格达尔关于国家性质连续体的简单模型。

图 2-1　米格达尔关于国家性质连续体的简单模型

尽管在术语上可能存在一些混淆，但米格达尔的基本观点是明确的⑦：国家和社会处于不断的冲突之中：虽然一个强大的国家可以“取代或利用”相互竞争的力量来塑造社会，但在一个强大的社会中，这些力量也可以通过抵制国家的命令，甚至“制定违背国家领导人的意愿和目标的规则”来削弱国家⑧。尽管这种观点极为两极分化，但它有助于我们根据既有思路形成关于国家能力和自主性的概念。最后但同样重要的是，用一个连续体来描述不同程度的国家性质，有助于将变量置于一个以衡量为导向的框架内，从而在概念上不偏向社会或国家任何一方，而是从现实经验的角度出发来看待国家与社会的关系。

（4）国家性质三角形

与此相关的另一项研究是《嵌入式自治》，这是一本探索创建发展型国家最有效方法的颇具影响力的著作。作者彼得·埃文斯（Peter Evans）（1995：12 ）将国家比作一套机器，可以按照不同的理想-典型模式运作，其中最普遍的两种模式代表了国家-社会关系连续体的两极。一端是“韦伯式官僚机构”模式，其特点是选择性招聘和职业发展模式，从而形成有效隔绝于社会之外的具有凝聚力和连贯性的结构。这种极端的、可能是专制的国家自治形式大致相当于米格达尔的强国家（strong state），与政府的能力有关。然而，实际情况恰恰相反，孤立的国家获取社会情报的能力有限，同时让外部的私人行为体参与治理过程也有限。在连续体的另一端，是一种由高度渗透的国家结构组成的模式，它完全沉浸在社会关系网络中，但这种社会关系网络本质上是有权势的利己主义者之间的个人联系，而不是社会群体与作为组织的国家之间的联系。当这种个人联系成为凝聚力的唯一来源时，个人利益最大化就会优先于对集体目标的追求，从而严重限制了国家“超越私人利益”的能力（Evans，1995：12）。这不禁让人想起米格达尔描绘的强社会（strong society）。

为了平衡这两个极端，埃文斯提出了“嵌入式自治”的概念，它结合了国家内部的官僚凝聚力和外部的社会联系。在这一模式中，国家结构拥有充分的公民自主性和一致性，同时“嵌入到一系列具体的社会联系中，将国家与社会联系在一起，并为目标和政策的持续协商和重新协商提供制度化渠道”。埃文斯认为，只有当嵌入性和自主性相结合时，一个国家才能被视为“发展型”国家，才有能力参与和引导产业转型。然而，作者得出结论认为，只有极少数国家（如韩国）的行政体系与这一理想类型十分相似。大多数国家被认为是“部分且不完全接近嵌入式自治的中间情况”，巴西和印度就属于这一类（Evans，1995：12）。

根据后一段话，如果介于两者之间的情况不被视为嵌入式自治的例证，那么嵌入性就不是一个天平上的中间地带。相反，它代表了三角图形中的第三极——是对从国家完全融

---

⑦ 由于米格达尔没有提供国家能力和国家自主性之间明确的概念区别，他的术语可能有一些歧义。他使用了术语“能力”，这似乎可以与“力量”互换，这个概念有时包括自主性，而在本书的其他部分，“国家的自主性和力量”被视为不同的元素。

⑧ 这些相互竞争的社会力量包括“家庭、宗族、跨国公司、国内企业、部落、赞助人与客户”（Migdal，1988：31）。

入社会到与社会完全隔绝的简单连续体而言的“其他政治形式”。这是对米格达尔基本线性模型的一个有益的修正，因为它允许对国家权力这一概念的复杂性和事实变化进行更精细的衡量。图 2－2 展示了我们对埃文斯模型的解读。

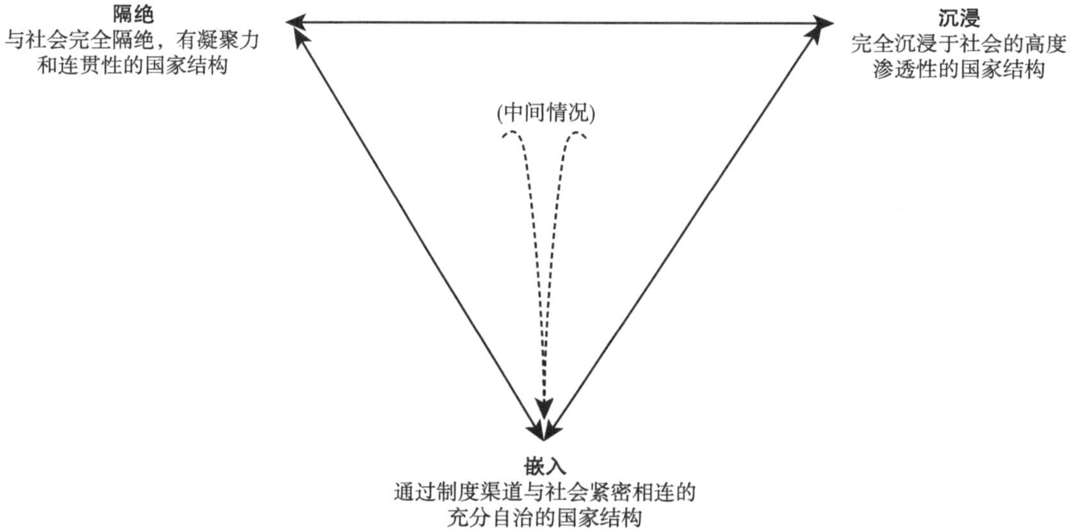

图 2－2　彼得·埃文斯的“国家性质三角形”

（5）国家性质矩阵

出生于英国的社会学家迈克尔·曼恩（Michael Mann）在一篇开创性的文章中系统阐述了“国家自主权力”这一关键问题（Mann，1984），这篇文章是他四卷本《社会权力的来源》（The Sources of Social Power）的开篇之作。他在此文中区分了强国的两个维度，即“专制权力”和“基础权力”，这与国家的（决策）自主性和（执行）能力之间的区别颇为相似。基础权力是“国家（无论专制与否）实际渗透到社会民众，并在整个领域内执行政治决策的能力”[⑨]。专制权力指的是“统治精英无须与民间社会团体进行常规的制度化协商，即可采取一系列行动的能力”（Mann，1984：188—189）。

在此基础上，曼恩建立了一个国家性质的双条目表或“矩阵”（见图 2－3），这是我们工作的主要灵感来源。基础权力维度大致等同于我们所指的国家能力概念。关于另一个维度，曼恩的定义可能过于极端。他将其定性为专制权力，即由国家精英做出决定，无须与社会协商，这给模型增加了不必要的压力。或许，将其称为“决策自主权”更为合适，而将“专制”保留在一个连续体中的最高点。在这个连续体中，不同程度的自主权可以用“高”“中”“低”等不同术语来限定。在我们对曼恩矩阵的改编中，我们沿着这一思路前进，与吕舍迈尔（Rueschemeyer）和埃文斯（Eavns，1985：61）观点一致，认为“国家

⑨　在《社会权力的来源》（Mann，1993：59）的第二卷中，加入了“专制与否”一词的定义。

自主是有效的国家行动的先决条件”[10]。

		基础权力	
		低	高
专制权力	低	封建的	官僚的/民主的
	高	专制主义者/世袭的	专制的

图 2－3　迈克尔·曼恩的国家性质矩阵（Mann，1984：191；1993：60[11]）

尽管存在一些问题，但曼恩的概念仍提供了一些有价值的见解。首先，它与我们在米格达尔、埃文斯和新国家学派的著作中发现的关于国家-社会关系的冲突观点不谋而合，只是侧重点有所不同。其次，它强调了决策自主权和执行能力是国家权力的两个独立但又相互关联的方面，而这一点在后来将国家能力视为一个综合性概念时会被忽略。第三，曼恩的框架强调了“衡量”这些维度的必要性，将每个维度都置于从低到高的连续体中。与米格达尔的线性模型和埃文斯的三角形模型相比，这无疑是一个进步，因为它将这两个维度相交的空间合理地划分为四个象限，每个象限都有自己的类型定义。

在我们的概念框架中，我们考虑了迄今为止研究中提出的所有方法建议。这些建议包括：国家-社会关系的差异程度有助于衡量不同国家的性质（Migdal，1988；Nettl，1968）；根据空间位置而非线性尺度衡量个别案例（Evans，1995）；以及国家权力的两个基本维度的交叉产生了不同的国家权力类型（Mann，1993[12]）。但是，与上述方法相比，我们的方法既具有雄心壮志，范围也更聚焦。一方面，它试图超越国家与社会交叉点的局限。虽然我们确实分析了社会力量，特别强调了经济行为体的作用，但我们也考虑了两个能够影响或掌控公共决策的“非社会”行为体：一个位于政体之外，包括外国；另一个在国家体系内部运作，即国内军队。因此，我们对国家性质的理解不仅包括国家与社会的关系，还包

[10] 没有必要深入研究曼恩矩阵的细节，在这里只是作为一个方法论的灵感，但有一点值得考虑。所提出的类型表明，“官僚的/民主的”国家具有较高的基础权力，较低的专制权力。这是因为这种类型的国家“由其他公民社会团体控制，一旦他们做出决定，就可以通过国家的基础设施来强制执行”（Mann，1984：191）。这可能意味着，官僚民主国家在社会手中确实是一种“工具”，这是真正的决策权所依赖的地方——正如多元主义者和马克思主义者就利益集团、社会阶层和国家之间的联系所争论的那样。这与关于美国“国家捕获”和游说的文献（如下文第 2.3 节所述）以及我们的调查结果一致，在太空政策领域，美国显示出一个非常高的能力指数，而在自主性指数中得分最低（见第 4 章。）

[11] 请注意，在 1984 年的文章中，表格中各栏的标题是“基础设施协调”，而在 1993 年的书中，标题变成了“基础设施力量”。此外，在 1984 年，曼恩使用了“帝国 ”一词来定义位于高专制权力和低基础设施权力之间的象限。不过，他明确指出，其中的权力配置“与韦伯和本迪克斯等作家使用的世袭国家一词相对应”。随后在 1993 年，曼恩又用“帝国主义/专制主义 ”来表示同一象限。我们将这些定义合并为“专制主义者/世袭的”。

[12] 我们有意选择不将达伦·阿塞莫格鲁（Daron Acemoglu）和詹姆斯·罗宾逊（James Robinson）在《狭窄走廊》（The Narrow Corridor）（2020）中提出的精彩叙述纳入分析评论。在他们的著作中，作者构建了一个矩阵，将“国家的力量”和“社会的力量”作为轴。他们认为，当这两支力量以同一股力量拉动时，一个国家可以进入或留在走廊里——一个允许实现、维持或促进自由的中间地带。本质上，这需要采用米格达尔的二分状态/社会方法，并以矩阵的形式来表示它。与作者的研究目标一致，这主要是作为自由概念的直观表现，而不是作为一个概念化和衡量地位的工具。

括国际关系和军民关系（下文将详细阐述）。另一方面，我们的方法范围较窄，因为我们的重点在于衡量国家性质和评估国家权力。因此，对社会和其他影响因素的全面研究超出了我们的分析范围。我们对社会和其他影响因素的关注是有限的，这意味着我们主要关注的是它们对国家自主权力的制约作用。

在此基础上，我们建立了一个框架，将自主性概念从能力的“专制”中分离出来，使我们能够将自主性和能力概念化为不同但又相互关联的国家性质维度。然后，我们构建了一个可用于不同国家的比较度量标准，并将其绘制在一个二维平面上。这样，我们就可以将衡量结果叠加到矩阵的类型象限上，直观地显示每个国家在特定时间点相对于其他国家的位置。这一点至关重要，因为虽然将国家归类于某一特定类型能提供宝贵的概念信息，但了解其在象限中的位置也为我们提供了不容忽视的分析信息。我们的方法如图 2－4 所示。

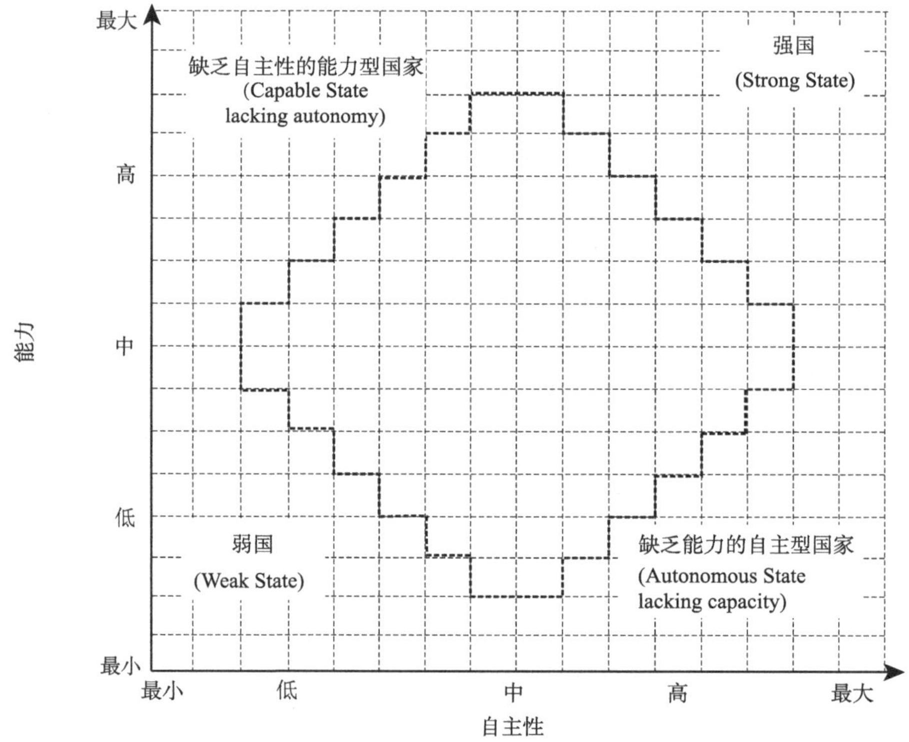

图 2－4 国家性质的能力-自主性矩阵

与曼恩开发的矩阵一样，低/高自主性和低/高能力相互交叉，形成宏观区域或具有相关类型的象限。然而，我们的方法更为灵活，避免了将不同的现实情况强加于僵化的概念类型中。这两个维度都被视为介于最低点和最高点之间的连续体，允许在两者之间有多个位置，这就允许有细微差别和有区别的定义。例如，“弱国”通常出现在低能力和低自主性的宏观区域，处于这两个维度最低交叉点的国家将被定义为“失败”国家，而接近中点的国家则是濒临变化的混合体。同样，位于矩阵右上端的“强国”（Strong State）——即位于最大能力和最大自主性的交叉点——很可能是“专制的”，但同一象限内低于该点的国家可被视为有效国家。另一方面，处于最大能力和最小自主性交叉点的有能力国家似乎更像是外部势力手中的“工具”。此外，许多实证案例预计会处于象限虚线所确定的中间位置。这些仅部分接近理想类型的中间案例不应让我们感到挫败，相反，它们可能是最值得关注的案例。因此，总的来说，我们的选择是避免对现实施加过于严格的概念约束。在以衡量为导向的方法中，一个国家在象限中的位置无论是在中心、边缘，还是在中间波动，都会对衡量其地位、计算其轨迹以及预测其未来变化产生重要影响。在确定了空间位置之后，还需要进行大量的解释工作。因此，下一节将重点探讨国家权力中“被遗忘的核心”，即自主性维度。

2.2.2　国家自主性：被遗忘的核心

作为国家权力的一个构成维度，国家自主性的概念包含两个不同的子维度。第一个子维度在本书中被称为“硬”（或技术）自主，它关乎一个国家的物质自给自足，即不依赖外国而运作的能力，并有可能实现完全的自给自足。第二个子维度被称为“软”（或政治）自主，它描述的是一个国家在确定国家利益并独立行动时，甚至能对抗来自国内外竞争利益的能力，这种能力有可能走向专制的极端。第 3 章将讨论技术层面的问题，技术层面的问题最好从具体政策角度来界定。在本节中，我们将重点讨论政治子维度，概述相关研究，探讨国家在多大程度上能够免受或受到外国以及国内行为体（主要是军方和私营企业）的影响。这些研究广泛分布于各个学科；它们很少使用理论术语，也很少致力于制定国家自主性的衡量标准。然而，如果把这些研究综合起来看，就能说明政治自主或缺乏政治自主是理解和衡量国家权力的一个关键因素。

2.2.2.1　定义：行为体、决策、领域

要从比较角度衡量国家的政治自主性，就需要制定概念上合理的指标，以确定：1）国家自主性在哪些领域得到维护或受到挑战；2）谁有可能挑战国家自主性，如何挑战以及为什么挑战，即“影响因素”及其资源和作用方式。

为了落实第一个问题，我们区分了国家活动的两大领域——外部决策（即对外决策）和内部决策——并重点关注这些决策是如何做出的，而不是其性质、内容或范围。

• 外部决策指决定国家在国际舞台上的政治行动。具体而言，我们关注国家在以下方面的自主权：1）加入国际协定、条约和组织；2）在参与多边论坛或组织时选择行动方针（如投票、否决和结盟）；3）决定是否遵守国家正式做出的国际承诺，包括具有法律约束力的法律和规范（如条约），或更灵活的机制（如法规、指导方针、最佳实践、行为标准或技术标准）。

• 内部决策涉及国内决策，具体侧重于国家在以下方面的自主权：1）制定重大国家政策；2）制定政策实施的执行方案；3）选择政策实施和方案执行的合作伙伴，其中包括资源分配和激励措施，如公共合同、公私合作伙伴关系、国内外合作安排等。

关于第二个问题，各种类型的影响力主体（agent of influence）有可能对国家自主性

构成重大挑战。这些势力也可分为外部势力（外国）和内部势力（国内），并可根据其利益和资源是否植根于国家体制进一步加以区分。具体分类如下：

• 外部影响力主体包括外国和跨国公司⑬。前者的重要性不言而喻，因为威斯特伐利亚主权的基本原则规定，一个国家应能够不受其他国家及其同级机构行为体的影响。然而，20 世纪末的全球化运动极大地改变了这种以国家为中心的方式，因为出现了巨大的跨国公司，它们拥有动摇、俘获甚至取代国家以推动自己的利益和议程的资源。

• 内部影响力主体包括军队和国内企业，无论是私营企业还是国有企业。私营企业在这方面的影响显而易见，而且已经得到了广泛的研究：有影响力的经济势力的利益完全游离于公共领域之外，它们总是试图阻碍或削弱国家在决策方面的自主权。反过来，国家抵制和抗衡这种影响的能力对于在国内维护主权至关重要。军队和国有企业（SOE）的角色更为复杂，因为它们具有混合性质。一方面，它们是国家的重要组成部分，其领导人构成了一个与政治（文官）精英紧密联系在一起的技术官僚机构，他们对政治（文官）精英负责。另一方面，军队和国有企业都可能发展出自己的组织利益和优先事项，这些利益和优先事项源自它们的职能领域（武力和经济），并可能与负责管理和指导它们的国家精英所定义的“总体利益”相冲突。在这种情况下，两个行为体都可能成为“从内部”影响国家的强大力量。

表 2 - 1 概述了上述所有内容。

表 2 - 1　决策类型、影响力主体和决策领域

	外部领域	内部领域
决策类型	加入国际协定、条约和组织；在多边论坛上选择行动方针；遵守法律、规范和标准	制定重大国家政策；制定实施方案；选择业务合作伙伴
影响力主体	外国；跨国公司	军队；国内企业（国有、私营）

揭示各类国家决策与影响力主体之间复杂的影响关系是一项具有挑战性的任务。表 2 - 1 可能表明，外部影响力主体往往集中于国际决策层面，而内部影响力主体则集中于国内决策，但实际情况要复杂得多。国家既可以施加影响，也可以被影响，其主权可能受到来自外部和内部的威胁，进而影响到两个领域的决策。一个国家在对外决策（例如建立国际联盟和同盟）和对内决策（一个极端的例子是外国支持的“政权更迭”）中，可能会证明其相对于其他国家的自主性甚至主导地位。但在国内决策领域，同样的国家可能会受到国内影响力主体（如军队和国有企业）的影响。此外，虽然一个国家的军队和企业通常不会直接影响其他国家，但它们可以通过诱导外国政府代表其行事来间接施加影响。总之，分析一个国家的政治自主性及其挑战因素需要采取多维度的方法，这使得分析任务变得非常

⑬　这当然是一种简化。在这一级别运作的有影响力的完整名单，至少应包括主要的国际机构和组织，如国际货币基金组织（IMF）、世界银行和世界贸易组织（WTO），以及独立的全球民间社会参与者，如非政府组织。我们之所以选择将这些行为者排除在我们的分析之外，不仅是基于简化的好处，而且主要是因为它们对太空部门的权力分析相对缺乏相关性。

复杂。

在下文中，我们将开始为这项工作奠定基础。因为在本书中，我们使用了一项调查来衡量诸如太空政策领域的国家自主权（或缺乏自主权）等定性问题（见第 2.3 节），所以我们在此需要做的是，为我们向选定专家组提出的问题提供理论依据。为此，我们将从更广泛的强国层面入手，太空力量是强国的一种具体表现。我们将证明有大量的经验材料和学术分析支持提出这些问题，以确定和衡量作为强国组成部分的国家自主性。随后，我们将转向有关太空力量的文献，研究如何将这些成果应用于我们特定的分析领域。

2.2.2.2　挑战国家对外决策的自主权：胁迫与利诱

我们将国家在对外决策方面的自主权定义为在国际舞台上独立做出政治行为的能力。然而，这具备挑战性。约瑟夫·奈（Joseph Nye）(2004：2) 认为："有几种方法可以影响他人的行为。可以用威胁来胁迫他们；可以用金钱来利诱他们；或者吸引和拉拢他们，让他们按你的意愿行事。"国际交往中往往交织着这三种方法，但出于分析目的，有必要对它们加以区分。在这里，我们将不讨论第三种方法，约瑟夫称之为"软实力"，因为它无处不在，但难以捉摸。我们将重点关注胁迫和利诱，它们代表了"硬实力"的两个方面[14]。因此，衡量国家自主性的标准可以是，一个国家可以在多大程度上不依赖于外部行为体（有能力在外部领域利用利诱或威胁来挑战其决策权威的行为体）的意愿来确立自己的政治行为。考虑到实施这种挑战所需的资源，这些潜在的"影响者 "通常是其他国家，不过，正如后文将要探讨的那样，当触及其他行为体的关键利益时，它们也可能间接地加入战局。

(1) 国与国之间的互动：贿选行为

1991 年，正值第一次海湾战争升级的关键时期，美国向联合国安理会提交了一项决议，授权对伊拉克部署武装部队。为了获得支持票或弃权票，美国承诺向安理会轮值的四个发展中国家提供财政援助，而反对该决议的五分之一国家则面临每年援助被削减的惩罚。此外，美国还试图购买常任理事国的选票。它承诺会说服科威特和沙特阿拉伯向濒临解体的苏联提供硬通货，"以偿还其商业债权人逾期未付的款项"(Eldar，2008：17)。

此事非同小可，由于问题的极端重要性，美国直接或通过其附庸国和总部设在华盛顿的国际金融机构调动了大量经济资源。但在国与国的交往中，购买选票是一种常见的做法，涉及一系列问题和组织背景。大量文献将利诱视为一种利用贿选来实现国际权力关系的手段。就我们的目的而言，购买选票是一种有用的工具，可以用来举例说明一国（买方）在多边组织内采取行动时对另一国（卖方）的政治自主权提出的挑战。这种做法的一个众所周知的例子就是联合国大会（UNGA）上的"以援助换选票"。几十年来，美国一直是这方面的主要玩家（Bueno de Mesquita 和 Smith，2007；Carter 和 Stone，2015；Palmer 等）。事实上，"战略性利用外援"是美国的古老理论，美国经常利用双边援助协

[14] 请注意，对于奈（以及我们）来说，权力的两面从根本上都是强制性的，因为它们是基于命令而不是说服，尽管它们都结合了大棒和胡萝卜。在其军事形式中，胁迫通过武力和威胁以及提供保护（如建立联盟）来发挥作用。在其经济形式上，它可能需要实施制裁和提供付款，后者的范围包括从援助基金到直接的贿赂（Nye，2004：8，31)。

议作为政治惩罚、奖励或激励措施，以影响议会的投票行为。而受援国则往往要么被动地屈从压力并接受贿赂，要么主动向出价最高者出售选票（Alesina 和 Dollar，2000；Alesina 和 Weder，2002；Woo 和 Chung，2018）。这种做法可以追溯到冷战时期。

美国等国还通过贸易援助资金来增强对联合国安理会（UNSC）中来自第三世界的非常任理事国的影响力。美国在临时席位国家的任期内将对其的援助增加了一半以上，使安理会成员资格更具吸引力，不得不对美国感恩戴德。美国还通过其可以施加影响的联合国机构（如联合国儿童基金会）以及世界银行间接提供额外资金，同时采用国际货币基金组织的"贷款换选票"战略（Dreher 等，2009a，b ；Kuziemko 和 Werker，2006）。

Vreeland（2019：212）对这些研究结果进行了总结：

有关布雷顿森林机构的学术研究，揭示了强国利用这些旨在解决宏观经济失衡和经济发展问题的组织的资源来收买受青睐的国家的现象。事实上，国际货币基金组织和世界银行的资金流向了在联合国有特定投票行为的国家，这意味着选票是可以买卖的。

最后一个例子涉及世界贸易组织（WTO）中使用的策略，该组织的投票系统基于一致同意而非多数票。由于每个国家都有否决权，因此，如果不采用非正式手段，就不可能达成共识。这些交易和结盟的手段包括"选票交易""轮流投票"和"强制招标"等。分析人士发现，这些交易都是在闭门会议上进行的，会议上会施加不同形式的压力，从涉及抵押付款的简单利诱，到胁迫策略和直接威胁，包括拒授优惠贸易协定或阻止从国际货币基金组织获得贷款（Eldar，2008：27，29）。

总之，学者们收集了大量关于国际组织和论坛中购买选票行为的统计和轶事证据，值得注意的是，他们在提及购买选票行为时通常会使用贿赂的措辞。事实上，如果这种行为发生在国内，毫无疑问会被视为腐败，而腐败在大多数国家都是违法的（Vreeland，2019）[⑮]。此处无意深入探讨这一问题，只是要强调，将贿选视为非法行为会使它显得"特殊"——不仅偏离法律规范，而且偏离"正常"本身。相反，正如约瑟夫所说，"利诱"是一种常见的行使权力的方法。在许多社会文化背景下，它可能并不被视为非法或不正常，事实上，它在国际关系中普遍存在，甚至是被一些在国内禁止这种做法的国家所采用。尽管如此，我们在此只需指出，当国家以这种方式利用财富时，它们就充当了影响者的角色，削弱了其他国家在国际舞台上独立决定自身政治行为的能力。在下文中，我们将看到，在涉及军事问题时，利诱可以与"威胁"结合，硬实力的两个方面有时可以同时发挥作用。我们还将说明，当这种情况发生时，实施威胁的国家的国内军事机构也会加入影响力博弈。从根本上说，这意味着在国际关系中看似掌握主导权的政治精英在国内可能没有同等程度的政治自主权，尤其是在影响其军队利益的事务中。

---

⑮ 一些法律学者建议，联合国应该采取正式的规则来禁止购买选票，因为这与应该构成国际秩序基础的良好治理原则相冲突（Gillespie，2004：104）。然而，其他人强调，国际社会并没有对购买选票表示担忧，因为买方和卖方国家都有兴趣保持这种做法合法化（Lockwood，2013：100）。还有一些人认为，购买选票有好处，因为它将资源从富人重新分配给贫穷国家，并作为"福利最大化"的机制（Eldar，2008：16）。正如 Pamela Karlan（1999：1711）所主张的那样，由政府官员投票是一项公共职能，而不仅仅是一项私人权利，也不应该被商品化。这一原则适用于国内和国际情况：以经济利益换取决策权，相当于出售国家主权。

（2）军事影响：美国反对国际刑事法院的案例

决定是否加入国际条约和组织，以及是否履行相关的正式义务，是衡量国家自主权的关键所在。这些问题在美国抵制国际刑事法院（ICC）的努力中发挥了重要作用。21 世纪初，美国通过诱导其他国家不加入或不遵守《罗马规约》这一国际条约来达到这一目的。虽然美国确实为此施加了经济压力，警告说它将拒绝向不与自己保持一致的国家提供发展援助，但它的策略也带有威胁意味，威胁要取消军事援助和支持。虽然这种做法不是直接的军事威胁，但仍可被视为间接威胁，因为许多目标国家依赖美国的军事援助来抵御战争或叛乱的侵扰。若被美国晾在一边，他们可能会遭遇战败，甚至国家崩溃的后果。这体现了 Nye 提出的“权力的第一面孔”概念。

国际刑事法院于 1998 年根据《罗马规约》成立，旨在调查和起诉被指控犯有战争罪和其他危害人类罪的个人。美国前总统克林顿此前一直支持国际刑事法院，他在 2000 年 12 月 31 日任期的最后一天签署了该条约。不过，他同时也表达了“深深的保留意见”，因为美国国内越来越怀疑国际刑事法院可能会被政治化，危及部署在海外的美军以及美国的国家主权。随后由共和党控制的国会没有批准该条约，2002 年 5 月，布什总统致函联合国秘书长科菲·安南，表明美国“未签署”该条约。

尽管美国持反对态度，《罗马规约》还是于 2002 年 7 月生效。此后不久，美国国会通过了《美国军人保护法》，禁止美国政府与国际刑事法院合作，并禁止美国政府向批准该规约的国家提供军事援助或协助。但也有一些国家例外，尽管它们已成为国际刑事法院的成员国，但仍同意与美国签订《双边豁免协议》（BIA），承诺不向该法院移交美国公民。从本质上讲，双边豁免协议旨在使《罗马规约》失效，签署国承诺在涉及美国军队时不遵守《罗马规约》的规定（Kelley，2007：575）。这直接威胁到其他国家的政治自主权，甚至是主权。正如人权观察组织执行主任在致美国国务卿科林·鲍威尔将军的一封公开信中所谴责的那样：

> 许多国家，包括美国的亲密盟友，都是在受到威胁和胁迫后才签署《双边豁免协议》的。一些国家政府的官员公开表示，这些协议违背了他们的国际条约义务、国内法律，在某些情况下甚至违反了他们的宪法。一些国家是在其外交官口中的“难以承受”的压力（包括不仅要削减军事援助，还要削减人道主义援助和经济援助的威胁）面前才签署这些协议的。（Roth，2003）

事实证明，较富裕和对美国军事援助依赖较少的国家更有可能拒绝签署《双边豁免协议》，这并不奇怪。欧盟成员国、加拿大、澳大利亚和日本都没有签署《双边豁免协议》。面对盟友的孤立，美国试图通过向北约成员国和其他重要的非北约反恐战争伙伴提供“国家利益豁免”来减少损失。获得豁免的大多数属于经合组织（OECD）中的民主发达国家（Nooruddin 和 Payton，2010）。简而言之，在强大外国实体的挑战下，某些国家能够保护自己的政治自主，而另一些国家则不能，只能屈服于压力[16]。

尽管如此，美国在国际刑事法院问题上的激进立场至少部分反映了广泛的军事关切。在“9·11”事件后，美国在中东发动一场广泛且备受争议的反恐战争，而国务卿由一位四星上将和前参谋长联席会议主席担任（这一点很不寻常）。在这种情况下，军方的关切尤其具有影响力。正如一份军事杂志所报道的那样：

美国对国际刑事法院的军事反对既在意料之中，也颇具影响力……五角大楼在美国参议院有强大的支持者，任何谈判达成的条约都必须提交给参议院征求意见并获得批准……美国参议院外交关系委员会（特别是国际行动小组委员会）认为，国际刑事法院是“自国际联盟以来对国家主权构成的最危险威胁”（Hull，2012：61）。

美国的军民关系问题已被广泛研究，并在文献中有所记载。从本质上讲，尽管军队被视为“国家的一部分”[17]，并主要服务于国家利益，但其立场可能并不总是与文职精英的立场一致。此外，与任何组织一样，军队也有自己的既得利益需要维护，内部凝聚力需要加强。当这些利益受到威胁或感知到威胁时，军方就会充当独立的影响力量。这种力量的有效性在很大程度上取决于掌权的文职精英在政治和文化上与军方立场和利益的契合程度。因此，军方和文职精英之间看似共生的关系，实则总是在合作与对抗模式之间摇摆不定。国际刑事法院的情况就说明了这一点。正如我们所见，克林顿总统尽管有所保留，但确实签署了《罗马规约》，而布什政府则采取了明确的敌对立场。奥巴马总统与国际刑事法院合作，悬赏逮捕在非洲被起诉的逃犯，而特朗普总统则重拾敌意，对调查布什时代在押恐怖分子遭受酷刑情况的国际刑事法院人员实施制裁。值得注意的是，2023 年 3 月，当拜登政府暗示要与国际刑事法院合作起诉“俄罗斯总统普京在乌克兰犯下的战争罪行”时，五角大楼因担心开创起诉美国人的先例而几乎公开反对这一想法。华盛顿出现了官僚内讧，国防部和军方领导人反对向该法院提供援助，而“包括情报机构、国务院和司法部在内的其他政府部门”则表示赞成（Savage，2023）。

最终，国际刑事法院的案例揭示了一个错综复杂的局面，多个角色参与了这场相互影响的博弈。首先是国际社会的大多数成员，他们支持被视为对美国主权构成威胁的国际刑事法院。其次是美国政府，它挑战其他国家的主权及其国内法律和宪法。最后是美国军队，他们认为国际刑事法院威胁到他们的威望和安全，并在国内对本国政府施加影响，间接影响外国的政治自治。这证实了我们的假设，即在衡量国家自主性时必须考虑军队的作用。接下来，我们将探讨另一种能够对内外部决策施加直接和间接影响的国内行为体——商业公司。

---

⑯ 值得注意的是，这种情况和之前研究的购买选票案例之间有一个有趣的相似之处。事实上，美国政策制定者向外国政府提供军事和发展援助的前提是这样做“将增加美国对外国或国内政策的影响力”（Sullianetal，2011：277）。在我们的术语中，在这两种情况下，后者的核心地位都受到了质疑。

⑰ 相关文献很多，但值得注意的是，它的两个不可动摇的支柱仍然是 Samuel P. Huntington 的《士兵与国家》（1957）和 Morris Janowitz 的《职业士兵》（1960）。

(3) 商业影响：日本捕鲸三角区案例

国际捕鲸委员会（IWC）于 1946 年由多国共同创立，是一个国际环保自愿组织，其使命是确保鲸鱼种群得到妥善保护，促进捕鲸业的有序发展。经过约 40 年的运作，国际捕鲸委员会于 1982 年对所有鲸鱼种类和种群实施了暂停商业捕鲸的禁令，该禁令至今仍有效。日本是该禁令最强烈的反对者之一，数十年来一直试图利用其官方发展援助计划（ODA）来购买国际捕鲸委员会立场较弱成员的选票，从而推翻该禁令。东加勒比国家经济脆弱，是日本贿选策略的主要目标。一项研究表明，由于接受了日本的 ODA 资金，这些国家在 IWC 表决中始终站在日本一方（Strand 和 Tuman，2012）。

这个众所周知、研究颇多的案例引发了人们对国内外影响因素之间的相互作用以及内外部决策领域相互依存关系的深入思考。虽然区分这些领域是一种有用的分析工具，但重要的是要认识到它们之间的内在联系可能比预期的要更紧密。

事实上，国际捕鲸委员会中的贿选情况表明，虽然日本相对于弱小国家而言，似乎是外国影响力的主导者，但日本政府本身却容易受到与有影响力的政府官员关系密切的强大游说集团的影响，该集团被称为“捕鲸三角”。该集团由日本水产协会的既得利益者领导，“不仅影响，而且指导国家的捕鲸政策”（Kagawa - Fox，2009：401；Morikawa，2009）。这个短语暗指日本的传统“铁三角”，即“政府官僚、政客和大企业之间的密切关系”，他们因共同利益而团结在一起（Kagawa - Fox，2009：403），amakudari（意为“从天而降”）的制度化进一步巩固了这种联系。这是日本版的“旋转门”现象。这些人“在影响一个部委方面可以像政客一样强大……［因为］他们有机会接触到目前在职的官僚，而这些官僚以前是他们在部委中的下级，仍然容易受到以前上级的影响和说服”（Mulgan，2000；Kagawa - Fox，2009：404）。通过非正式的人际关系建立起来的内部网络，控制着“捕鲸三角”的商业利益得以从幕后影响国家政策。

有趣的是，在运用这一模式研究日本在国际捕鲸委员会中的行动时，两位研究人员使用了国家自主性的表述，具体来说就是缺乏国家自主：

> 日本政府的一些部门享有自治权，但农林水产省（MAFF）和外务省（MOFA）很容易受到渔业部门中具有凝聚力的团体的压力。确凿的证据表明，农林水产省和外务省的现任官僚与该部门退休同事之间的密切联系促进了共识的形成，使政府政策更能满足该部门的要求。日本的经济衰退也削弱了国家的自主权［相对于有影响力的商业团体，包括那些“利润丰厚的捕鲸市场”］（Strand 和 Tuman，2012：410，fn. 3）。

这些国内权力变化与其国际影响之间的相互作用（如利用发展援助来确保在国际捕鲸委员会中的投票权），说明了当商业公司的作用凸显出来时，国家自主性的概念变得更加复杂。

(4) 结论

首先是国内政策与外交政策之间的联系，即一国的影响力主体通过影响本国政府的政策议程，间接影响外国的行为。例如，军方已被视为推动美国威胁外国违反《罗马规约》承诺的幕后推手。同样，渔业协会也是日本在国际捕鲸委员会采取贿选策略的幕后团体。

其次，明确国内和国外领域的区别，强调一国在全球舞台上的主导地位并不等同于在国内拥有高度自治权。像美国和日本这样在国际上强大到足以收买或胁迫其他国家的全球和地区强国，在国内可能很容易受到来自国家内部力量（如官僚或军事压力）或外部力量（如大企业的压力）的影响。

再次，国家的自主性和脆弱性是相对而非绝对的概念，在不同的决策领域也各不相同。在一些政策领域，“国家的某些部分”可能拥有高度自主权，而参与其他政策决策的其他“部分”，则可能被强大的外来利益集团所俘获。之所以会出现这种情况，是因为不同的政策领域会涉及不同的行为体，他们拥有不同的利益、资源和对政府的影响力。

最后但同样重要的是，我们应该认识到财富与权力之间关系的重要性，这种关系可以影响一个国家的国内政策和外交政策。这一点在国际“买票”中显而易见，富国通过发展援助来诱使穷国出售主权。在国内层面，以日本为例，强大的私人利益集团能够控制国家或国家的“一部分”，从而有效地主导特定政策领域的公共决策。现在，我们通过回顾有关商业公司对国家自主权构成国内挑战的主要文献，来探讨最后一条结论。

2.2.2.3 挑战国家在内部决策中的自主权：财富与权力的关系

本节从国家角度出发，探讨国家精英在多大程度上可以独立于国内商业公司的利益或违背其利益做出战略性政策决策。反之，亦将探讨企业在多大程度上可以影响甚至俘获公共决策，从而使其利益凌驾于公共利益之上，以及国家如何应对。因此，我们关注的重点是公共政策决策过程中国家与企业的关系，这涵盖了从战略目标的制定到监管决策的通过（包括实施方案），再到产业合作伙伴的选择和公共资源的分配等环节。简而言之，我们试图找出样本国家在国家自主权和企业影响力方面的异同。这里需要注意一些问题。首先，我们的出发点是假定“对企业有利的事情并不是（或不一定是）对国家有利的事情”，国家的利益仍应由公共当局来决定。因此，我们将商业公司视为有可能挑战国家自主权的影响力主体。其次，根据约瑟夫·奈关于“利诱”是硬实力的基本资源定义，我们假定财富是经济行为体可利用的主要政治资产。因此，我们的核心研究问题是：在制定战略性公共政策时，财富扮演什么角色？当涉及财富与权力之间的关系时，特定国家在弱国-强国的连续体中处于什么位置？此外，本次研究选择的国家是本书用于衡量太空领域强国的样本之一。样本包括 11 个国家，它们都是过去十年中在太空领域最为活跃的国家（见第 4 章）。这些国家包括：1）大部分“全球西方”国家，包括美国及其在欧洲（整体）的盟友、以色列和太平洋地区的几个国家（澳大利亚、日本和韩国）；2）金砖国家（BRICS）中最强大的新兴经济体（俄罗斯、中国、印度和巴西）。在下文中，我们将重点讨论这两类国家中相对具有代表性的三个国家——美国和两个金砖国家：印度和俄罗斯，前者是一个有点不完美的民主国家，后者是一个专制国家，本身也远非完美。

(1) 金砖国家的财富与权力

金砖国家都有一段以国家控制为主导的内向型工业发展的历史，并根据其所处的共产主义（中国）、后共产主义（俄罗斯）或“不完全民主”环境（印度、巴西、南非）的不同，采用了不同的国家发展模式。然而，随着全球化政策的推进，如自由化、私有化和去国有化，以国家为中心的性质逐渐减弱，更多地倾向于维护本国公司和跨国公司的利益。若国家存在非人性规范和法治薄弱、裙带关系和腐败盛行的情况，经济增长和政治稳定可以通过相互关联的庇护网络而不是韦伯式国家的法治机构实现。因此，文献有时将存在这种问题的政治经济制度称为“裙带资本主义”。裙带资本主义的概念指的是这样一种经济结构：与政治有关联的企业从政府那里获得优惠待遇，包括对其资产的保护，以换取政治领导人分享这些资产所产生的收益。由此产生的企业与国家之间的互动在政府俘获（企业通过向公职人员提供非法利益来制定有利于自身的国家法律、政策和法规）和国家与企业深化合作之间摇摆不定，模糊了公私界限，揭示出国家可能比表面看起来更容易受到外部压力的影响。这在不同的国家有不同的表现形式。

印度

1997年全球金融危机之后，“裙带资本主义”被视为亚洲的一大弊端（Haber，2002：xi），相关文献将其视为印度企业与国家关系的一大特征。印度学者强调，印度版的裙带关系具有寡头和家族式的特点（Varma等），且深深植根于印度社会。此外，印度的裙带关系历史悠久，适应政治和经济环境变化的能力相当强。根据印度学者的研究，其起源可追溯到前殖民时代，而该模式的核心“即使在今天也基本保持不变”（Khatri和Ojha，2016：63）。

事实上，独立后第一个时代（1947—1991）的国有经济被描述为一种裙带社会主义（Mazumdar，2008）。它植根于国家的极端监管权力，导致大企业家族专注于“管理政府”，以获得准垄断性利益（Varma等，2016：162）。20世纪90年代，随着经济向更加自由化和全球化方向转变，裙带资本主义应运而生。私有化和国家法规的放宽在这一转变中发挥了关键作用，为“与决策者有特权关系的企业提供了大量获得利益的机会”（Mazumdar，2008：13）。这实际上导致了国家的“合法化分割”（Khatri和Ojha，2016：62）。

在这种文化和制度背景下，企业通过赞助网络和幕后互动对国家官员施加影响，而不是通过公开的集体行动或政策倡导（Kumar，2016：105，111）。这就在财富与权力之间形成了一种近乎共生的相互依存关系，这种现象在观察辛杜佳家族和米塔尔钢铁公司等传统跨国大亨以及信息技术领域新兴的、积极进取的中产阶级企业家时尤为明显。这种态势的影响超出了国内政治，也影响到外交政策，尤其是对外经济政策。一方面，面向全球的商业精英充当了印度驻外官员的中间人，因为他们知道如何在国际政坛“打开权力走廊的大门”，并通过资助外国政治家、基金会和利益集团来“润滑”非正式外交关系（Baru，2009：273—274）。另一方面，这种与企业的接近也对印度国家机构的廉政构成了潜在威胁，因为外交部的公务员可能会受到诱惑，要求或接受为私营部门提供牵线搭桥的回报，这些回报既包括贿赂，也可能包括退休后获得私营企业的职位（Rana，2017）。

俄罗斯

苏联解体后的俄罗斯，企业与国家之间的关系也经常被描述为裙带资本主义，但与印度的裙带资本主义有很大不同。尽管俄罗斯在非正式做法和制度方面有着深厚的根基，并且对不同背景有着非凡的适应性[18]，但俄罗斯的裙带关系在政治上更具对抗性。这一点在研究俄罗斯后共产主义转型的两个不同阶段时显而易见。

第一阶段（去国有化）始于20世纪90年代的“裙带私有化”，其结果是公共资源被大肆窃取。正是在这个时期，苏联工业高管与年轻一代雄心勃勃的企业家联手，催生了“寡头”和地区“大亨”集团，他们有效地接管了国家的大部分权力（Hoffman，2002；Stiglitz，2002）。他们一旦积累了巨额财富并控制了战略产业和媒体，就会利用这些资源来塑造对自己有利的政策制定、监管和法律环境，以牺牲其他经济部门为代价来谋取集中收益（Hellmann和Kaufmann，2000：1）。当一些寡头试图直接进入政治舞台时，俄罗斯国家的政治自治达到了低谷[19]。米哈伊尔·阿法纳西耶夫（Mikhail Afanas'ev）（2004：4；2009）认为，在20世纪90年代末，俄罗斯遭受了“难以承受国家之轻”。弗拉基米尔·斯拉彭托克（Vladimir Shlapentokh）（1996，2003，2007）在一系列富有洞察力的文章中将叶利钦领导下的俄罗斯概念化为一个“封建社会”，公共权力普遍私有化，新世袭制的统治体系建立在相互依存的个人关系或“君主-附庸关系”的基础之上。最终，这种情况必然会引起国家精英的强烈反应。根据斯拉彭托克的历史类比，一个旨在超越封建割据的国家发现，其选择受到了最迫切的功能需求即“君主专制主义”的限制。弗拉基米尔·普京就是在这种情况下出现的。

俄罗斯转型的第二阶段（即专制国家建设）与俄罗斯传统的“国家意志”（gosudarstvennost）理念密切相关。这需要镇压一小撮不听话的寡头，并收编一个新的精英阶层来管理国家和经济。他们被称为“强力部门”（siloviki），来自军事、安全和情报部门，最初被塑造成无私奉献、为国家利益献身的官员形象。然而，事实证明他们与前任一样贪婪，尽管在政治上更加顺从（Orttung，2004：59）。在政府的最高层，这个精英集团现在主导着该国最赚钱的国有企业。在较低层次，成千上万的希拉维克（指的是俄联邦的军队、警察、司法、特务部门的指挥官抱团组成的权力团体）已成为私营商人，同时与他们以前的同事保持联系。这些联系建立在相互理解和帮助的基础上，形成了通向克里姆林宫的“兄弟会”，其成员利用自己的影响力制定对自己有利的政策（Easter，2008：210；Kryshtanovskaya和White，2003：302）。围绕着这个精英制的核心，出现了一个与政治有联系的国有企业阶层，由苏联时期的经理、年轻的技术官僚和金融高管、国有企业的负责人以及军工企业的领导人组成。这些人通常被统称为“新寡头”，他们被迫接受财富与权力之间更加有机的共生关系，前者由后者根据新的游戏规则（首先是政治忠诚）提供保

---

⑱ 任人唯亲在俄罗斯有着悠久的历史，但在苏联时代（1917—1991年）被制度化，当时它植根于一党制国家和计划经济。在莫斯科，在极权主义巨石的表象背后，非正式的官僚和地区利益集团联合起来影响中央决策。这一制度被称为“制度多元化”，在其变体中，称为“分散的威权主义”（Hough，1977；Lieberthal & Oksenberg，1988）。在外围，“相互保护的小集团”形成，以操纵其领地内的政策执行。这些集团依赖于苏共控制的垂直客户关系，导致了令人印象深刻的增长和一个强大国家的出现。这种安排的内在弱点直到20世纪70年代和80年代才变得明显，当时整个系统失去了控制，最终导致了国家的崩溃（Hough，1997）。

⑲ 其中最臭名昭著的是尤科斯的老板Mikhail Khodorkovsky，他以大量花钱游说而闻名。据报道，他的手下有100多名杜马议员。2003年，Khodorkovsky暗示普京初始任期结束后他将竞选总统，对国家核心权力发起了冲击。

障。现在，该体系在一个综合框架内运作，控制杠杆掌握在克里姆林宫，而普京的“统一俄罗斯党”则确保日常运作。该党也被称为“权力党”，是坦慕尼协会式政治机器联合体，它将拉选票与“攫取利益和分配赞助的机制”结合在一起，其资金来自追求国家利益的利益集团提供的资源（Remington，2008：960）。

然而，上述情况并不意味着政界和商界精英的利益完全一致。这一事实甚至在最高决策层也很明显，大型国有企业的高层管理人员在参与战略决策时，依然保留着“自己的企业身份和利益”。虽然政治领导层将其视为地缘政治战略的工具，但俄罗斯天然气工业股份公司和俄罗斯石油公司等大型企业并不总是唯国家之命是从，即使与俄罗斯总统的意愿相左，它们也敢于追求自身的利益（Orttung，2006；Duncan，2007：15）。

总的来说，普京时代的俄罗斯寡头掌控国家的局面已不复存在，新的国家-商业的共生关系掩盖了错综复杂的勾结和冲突。

（2）全球西方国家的财富与权力

与俄罗斯和印度相比，全球大多数西方国家都更倾向于高度认同“韦伯式”国家性质。现代国家是西方的一种形态，自由民主也是如此：正常运作的民主制度需要强大、有效的国家，既要有能力，又要有自主性（Linz 和 Stepan，1996）。但西方国家（或其中的“部分”，或特定的公共政策领域）也常被认为被特殊利益所“俘获”。此外，全球化大大削弱了国家对强大的国内公司和跨国公司的控制，而这些公司的总部大多设在西方国家。事实上，关于国家自治与否的争论正是源于对西方资本主义国家的分析。新自由主义也是西方的产物。因此，关于西方国家与企业关系的文献中充斥着我们迄今为止已经遇到过的术语，包括“政府俘获”“掠夺性企业行为”“寡头统治”以及公私勾结等，这一点不足为奇。尤其在美国，财富与权力的关系已经得到了广泛的研究和讨论。

美国

自二战结束以来，美国学者一直担心经济利益集团会对政治体制施加过大的影响，从而威胁到美国的民主。20 世纪 50 年代，Mills C. W. 推广了一种观点，即由商人、军事领导人和政府官员组成的紧密团结的“权力精英”实际上统治着美国。这些人是通过社会地位、财富和制度地位维系在一起的，而相同的背景、共同的利益和非正式的社会互动又进一步巩固了这种联系。精英理论对建立在自由选举和市场竞争原则基础上的美国民主信条提出了更多质疑（Mills C. W.，1956）。

事实上，许多主流学者都急于反驳精英理论。理性选择理论的支持者认为，美国政治确实反映了公民的意愿，因为寻求选票的政治家总是倾向于与中位选民的偏好保持一致（Downs，1957）。多元化理论的支持者则认为，在任何情况下，公共利益都会因多个相互竞争的利益集团的存在而得到保障，没有一个集团会始终压倒其他集团。后一种观点成为美国政治的主流范式，被冠以各种标签，包括“精英多元化”“民主精英主义”和“多政体”（Dahl，1961，1971）。

诚然，在严肃的学术研究中，关于这一问题一直存在着其他观点。Schattschneider（1960：124）主张企业权力应“与政府权力相匹配”。查尔斯·林德布洛姆（Charles

Lindblom，1977：356）本人也是多元化学派的创始人，他强调，大公司因其“不成比例的权力”和“特权地位”，并不适合美国的民主理论和愿景。与此同时，出现了一种开创性的理论，其聚焦于政策制定的监管阶段，在这一阶段，官僚机构在制定最终形式的规则并监督其执行方面发挥着重要作用。20 世纪 70 年代初，经济学家乔治·斯蒂格勒（George Stigler）（1971：4，18）提出了“监管俘获”理论，旨在揭示“一个行业如何利用国家达到自己的目的”。他发现这种做法“无处不在”。这种理论催生了大量的研究，收集了大量关于私人利益机构、国家与企业勾结、利益冲突甚至“容忍腐败”的数据。20 世纪 80 年代末，有人提出了“通过监管进行掠夺”的模式，说明有能力俘获监管程序的企业是如何利用自身优势损害竞争对手和消费者，并导致市场扭曲和公共利益受损的（Bartel 和 Thomas，1987：240，259）[20]。在新自由主义全球化的鼎盛时期，这场关键的争论在某种程度上仍未引起人们的注意，但在 21 世纪初，当监管俘获被视为 2007—2009 年全球金融危机的罪魁祸首时，它重新获得了动力（dal Bó，2006；Capenter* 和 Moss，2014；Yackee 和 Yackee，2006）。

文献一致认为，企业与国家之间的“勾结关系”主要源于游说的普遍影响，这是“一种旨在从政府获取私人利益的合法活动”。该定义强调了游说与腐败的区别（腐败意味着非法交易），因此被视为美国政治的一个特殊方面，而不是普通的、系统性方面（Igan 和 Lambert，2019：5，12）。但财富与权力之间的暧昧关系是游说的核心。

关于游说的实际运作方式，有许多详细的记载。在最高层级上，游说资金可以购买与政府直接对话的机会，包括通过咨询小组、委员会和特别工作组提供技术援助，参与起草和修订立法草案。在最低层级上，游说资金可用于通过媒体关系部门和公关公司影响公众舆论。这两者之间存在一个非正式的中间地带，游说者利用一系列技巧与主要国家官员“保持联系”并建立“共识”。其中包括各种形式的社交活动，从偶尔的非官方聚会到建立稳固的友谊和非正式关系网络，并延伸到赠送礼品、捐款和“旋转门”式雇佣。正如之前在日本和印度所看到的，后者在全球范围内广泛实施，并为监管机构营造出“行业友好”的业绩记录提供了最有力的激励（Igan 和 Lambert，2019：10，12）。这些影响动态催生了各种形式的“小圈子”、利益集团和裙带关系，如果从利益冲突的规范视角来看，它们对公共利益有害，因为它们破坏了国家官员“追求政府目标而非企业目标”的意愿。然而，一旦企业和政府的利益在非正式层面趋于一致，串通甚至腐败就会被视为可接受的行为，并可能会适用“最佳容忍度”（Che，1995：379）。

值得注意的是，迄今为止讨论过的相同概念也经常出现在之前回顾过的其他国家案例研究中，有时甚至一字不差：区别似乎只是程度问题，而不是种类问题。从历史的角度看问题，也可以发现类似之处。事实上，Igan 和 Lambert（2019：20）曾指出：“拥有私人

[20] 有趣的是，关于监管捕获的研究产生了两种相反的观点。其中一条以自由改革派为代表，暴露了私人利益的捕获，并呼吁建立一个监管国家来捍卫公共利益。另一种观点则以保守的新自由主义者为代表，他们认为监管存在固有的缺陷，并主张尽可能缩小国家的规模。后一种观点在撒切尔-里根时代和 20 世纪 90 年代的全球化进程中占主导地位。

* 原著章末文献为“Carpenter”。——译者注

利益的强大组织可能会俘获政府以追求其私人利益，这当然不是什么新观点。类似的观点至少可以追溯到孟德斯鸠和之后的马克思”。

为了寻找能够穿越时空的比较方法，一些作者重新发现了亚里士多德的经典寡头概念。他们认为，美国的政治体制与其他许多国家一样，在今天和过去都可以用“少数富人的政治权力”这一视角来分析（Winters，2011；Winters 和 Page，2009：732）。这一理论的主要优点在于它强调财富如何转化为政治影响力和权力，而缺点则在于其范围狭窄，以特定的人群为中心，只有当他们的利益受到直接影响时才会采取行动。事实上，即使是这种方法的支持者也认识到，美国政府被更多代表广泛商业选民的团体包围，这些团体几乎在所有政策领域都要求获得政府开支，因为他们可以从中获利。至关重要的是，这些利润和寻租（又称为竞租）动机要求国家有意愿、有能力（尽管不是自主的）规划和实施公共开支政策。这一要求甚至可能与极端富裕阶层的“意识形态动机”相冲突，他们倾向于“削减政府在几乎所有方面的开支”（Gilens 和 Page，2014：571）。所有这些都表明，“混合理论”更能贴切地反映现实，这种理论不仅关注寡头的影响，还考虑到了整体财富如何为私人利益所利用，从而俘获国家。

这的确是美国政治科学协会（APSA）于 2004 年召集的不平等与美国民主特别工作组所关注的主要问题。该工作组的最终报告将财富拥有者定义为属于那 12%的“最富有的美国家庭”，即 2000 年收入超过 10 万美元的家庭。这个阶层大约有 3000 万人，其中包括“享有特权的专业人士、经理和企业老板”等（APSA，2004：2，7）——这确实是少数群众，但与寡头政治相去甚远。该报告回顾了有关“金钱利益集团”获得接触政治家和官僚特权的研究，证实了“特殊利益集团”对政治的过度影响削弱了公民对政府的信任，并强调了政府“向那些已经拥有财富和权力的人倾斜”的趋势（APSA，2004：5，12）。该报告还揭露了“优势群体”的“主导地位”，他们可以“大声而清晰地向政府说话”，而弱势群体只能“低声说话，漫不经心的政府官员根本听不见”（APSA，2004：1，9）。它明确地得出结论，这些“令人不安的趋势……破坏了美国民主的承诺”（APSA，2004：20）。

总之，大量学术研究表明，无论是在美国还是在全球范围内，分析国家的政治自主性都需要考虑财富与政治权力之间的联系。衡量这种联系的标准就是企业对国家的影响力。接下来，让我们从比较的角度对文献中的研究结果进行总结。

（3）比较

学者们使用类似的术语来概念化不同国家中财富与权力之间的关系，为我们深入理解强国的两个因素——能力和自主权，提供了富有洞察力的视角。

关于印度，维沙尔·古普塔（Vishal Gupta）区分了腐败和裙带关系。前者指的是贿赂公职人员“以获得或加快公共服务”的行为，而裙带关系发生在“分配公共资源的决策被金钱、权力、机会、关系或上述因素的某种组合扭曲”时。因此，腐败扰乱了国家实施和执行现有立法的能力，而裙带关系则影响了国家政治自治的核心，即“立法、行政和监管行动”的制定（Gupta，2016：177）。

至于俄罗斯，上文提到的国际货币基金组织和世界银行分析师团队对“小腐败”和政府俘获（state capture）进行了有价值的区分。前者主要针对负责执行现有法律的官员，而“俘获”则针对那些拥有正式决策权的官员。这包括购买重要立法的选票，“操控”政府官员以颁布有利的法规或法令，并诱使法官左右法院的判决。同样，俘获者破坏了国家的政治自治，因为它们“将自身的优势融入经济的基本法律和监管框架中”（Hellmann 和 Kaufmann，2001：2）。

最后，美国也做出了类似的区分，但没有提及腐败，而是将俘获作为成功游说的结果。Igan 和 Lambert（2019：5）注意到游说涉及“行业、政府立法和行政部门之间一对一的互动”，因此区分了游说的两种后果：监管俘获，针对的是“制定和执行（行业）需要遵守的最终规则的机构”；立法俘获，针对的是“立法机构，其行动构成了这些规则的基础”。因此，不仅是管理者，“当选代表的动机也是追求被监管行业的私人利益，而不是公共利益”（Igan 和 Lambert，2019：5）。

简而言之，在对“国家”进行理论讨论或试图在实证上衡量国家权力时，通常会忽略的关键差异是能力和自主性之间的区别。但实际工作的游说者和企业代理人以及研究企业与国家关系的学者似乎清楚地认识到了这一点。

不过，不同作者对相同概念的解释和使用的参数显然也不尽相同。例如，“腐败”一词在印度和俄罗斯的讨论中被频繁使用，但在美国却没有。“俘获”的概念也有不同的使用方式。在印度，“俘获”隐含在对裙带资本主义的描述中，是金钱与权力勾结的一种形式。在美国，它指的是强大游说力量的影响。在俄罗斯，“俘获”准确地反映了叶利钦时期寡头完全控制国家的局面，但却没有充分反映普京政权所特有的商业-国家关系。

几乎所有被回顾的分析都倾向于描述具体局势而非解释长期进程。具体而言，国家俘获的概念是有效的，但也存在一些局限性。它暗示了俘获者（企业）和被俘获者（国家）之间的明确对立，以及两者之间固定的支配等级。虽然在特定的历史时期或特定的部门和政策领域可能会出现这种情况，但它过于极端和片面，不能有效地代表更微妙情况下的全部权力动态。此外，它也不足以解释财富/权力平衡随着时间的推移而发生的变化和转移。

（4）财富与权力的共生

为了弥补这些不足并消除概念上的差异，我们建议使用“共生”概念。在迄今为止回顾的大多数研究中，这个词也不时地出现。共生的传统定义是指“不同的生物生活在一起”；它并不一定意味着合作，实际上可能涉及竞争甚至对立[21]。事实上，生物学家将其分为（除其他几种形式外）互利共生和竞争共生。对我们来说，竞争共生尤其有前途，因为它可以区分一种生物或另一种生物占主导地位的情况。

事实上，通过类比，我们可以将财富与权力或企业与国家之间的关系比作一种共生关系，其范围从勾结（互助）到冲突（竞争）不等。在互利共生关系中，任何一方都不占优势，双方都能从合作关系中获益。相反，在竞争共生的情况下，任何一方都可能努力争取

㉑ 这个定义最初是由 Heinrich Anton de Bary 在 1879 年制定的。尽管将共生概念等同于共生的建议“导致了混乱……不幸的是，在学术界，共生、互惠和合作具有相似的含义，经常互换使用”（Paracer 和 Ahmadjian，2000：6）。除了互惠共生和竞争之外，科学家们还提出了各种其他形式的共生关系，包括共栖、偏害、寄生和捕食。

主导地位，而其中哪一方胜出、以何种方式胜出以及在哪些政策领域胜出，都会产生重大影响，这些影响只能通过实证比较分析来衡量。

举例来说，在印度，我们看到了一个互利共生的案例，相互依存的非正式关系网络中，国家官员和人脉广泛的商业精英通过非正式的互动过程交换好处和中介服务。印度也是哈伯所说的裙带资本主义“隐性契约”的典型范例，在印度，尽管国家力量相对薄弱，法治体系不健全，但私人投资和经济增长依然存在。之所以会出现这种情况，是因为特权商人的产权得到了共生关系的可靠保证，“政府成员或者其家庭成员……往往可分享资产持有人所带来的利益”。根据一些作者的观点，这种设置尤其符合现任总理纳伦德拉·莫迪的政治战略，他似乎倾向于“务实地”使裙带资本主义“合法化”，以推进其“经济增长第一”的议程（Khatri 和 Ojha，2016：77－78）。

相比之下，在俄罗斯，普京总统在镇压了第一波叛乱寡头之后，试图塑造一个新的商业阶层，迫使其接受与国家的共生关系。这种安排保证了个人致富和进入政府的特权，以换取政治上的从属关系。它是上述隐性契约的专制版本，反映了普京“政治稳定第一”的议程。这种安排旨在通过强有力的激励机制来消除企业与国家之间发生冲突的风险。这些激励措施包括“大棒”（如对不守规矩者以暴力和监禁相威胁）和“胡萝卜”（如在集中的利益分配结构中保证和保护可预见性）。其结果是形成了一种竞争共生的模式，政治精英往往通过控制总统所属政党的非正式关系网络而占据主导地位。尽管如此，商业精英施加政治影响和促进其政策偏好的能力并没有被消除，因为“执政党”发挥着双向影响力渠道的作用，它“与其说是国家统一和一致政策方向的来源，不如说是密集游说的目标”（Remington，2008：959－60）。

至于美国，与其他全球西方国家类似，国家与社会之间不应存在隐性契约的要求，因为至少在理论上，美国的制度是在以法治为基础的“显性契约”下运行的，并强调公私之间的明确规范区别。然而，在实践中，需要进行非正式的契约外谈判，以使该系统发挥作用，而这些谈判主要是由游说推动的。此外，至关重要的是这些努力可能超出了监管和立法俘获的范围，还会产生“智取”现象。这意味着，由于监管者和被监管者之间的不断互动，他们各自的思维方式最终会彼此相似。这样一来，行业观点就会被合理化和制度化，成为监管者的观点，最终，“整个社会可能会开始相信，对被监管行业有利的事情就是对所有人有利的事情”（Igan 和 Lambert，2019：5）。显然，这段话转述了通用汽车公司董事长查尔斯·威尔逊（Charles Wilson）的著名论述：“对通用汽车有利的就是对美国有利的”。这凸显了企业与国家之间的利益趋同而非冲突的问题。一旦这种趋同成为常识，用“政府俘获”就不足以描述企业与国家已演变成的共生关系。事实上，美国就是一种竞争共生形式的典范，商业精英往往占上风。这种安排的运作与“韦伯理想类型所假定的官方、法律和程序客观性背道而驰”，导致“国家和私人权力的融合（和混淆）”（Wedel，2009：39；2014）。虽然这种设置可以支持重要领域的大幅增长、政治稳定和高水平的国家能力，但它是以牺牲国家的政治自主性为代价的。因此，美国虽然是一个强大的政府，但其国家性质的水平却相对较低。

表 2-2 概述了迄今为止对财富/权力关系的概念化处理。

表 2-2 财富与权力关系的概念表

	国家性质的维度		财富/权力共生的形式
	国家能力(实施和执行)	国家自主性(决策)	
印度	行政腐败	裙带关系	互利共生 政治和商业精英的相互依存 (以增长为导向的"隐性契约")
俄罗斯	轻微腐败	政府俘获	竞争共生(Ⅰ) 政治精英的相对盛行(以稳定为导向的"隐性契约")
美国	监管俘获	立法俘获	竞争共生(Ⅱ) 商业精英的相对盛行(游说者引发的"智取")

(5) 总结

在概述分析国家性质的自主性维度的概念框架之后,下一步就是找到一种方法来对其进行实证衡量,以便将其与能力维度进行比较,并绘制在一个类似于图 2-4 的矩阵图中。在下文中,我们将朝着这个方向努力,但需注意以下重要事项。

我们的框架不会用于对一般意义上的"强国"(state power)进行全面衡量,相反,我们将特别关注太空力量强国和政策领域。采用这种方法有三个主要原因。首先,现有的研究状况和经验指标告诫我们,追求普遍衡量标准容易陷入"整体谬误"㉒。其次,鉴于强国本身固有的"跨政策领域的不均衡性"(Skocpol,1985:17),强国本身的性质也不允许简单地一概而论。因此,只有在主要政策领域对该框架进行测试之后,我们才能将其应用到更广泛的层面。最后,对于我们的目的而言,最为重要的是,航天强国领域与这种归纳方法非常吻合,因为它可以被视为强国的一种特殊表现形式。一方面,它与国防和国家安全领域密切相关,是任何主权国家的基本关注点。同时,它还包括国家与社会关系、国际关系和军民关系等多个领域,是研究国家自主权力的主要场所。最后,正如第 1 章中提到并将在随后的章节中进一步阐述的那样,关于航天强国的文献与关于强国的论述有着显著的相似之处。在这两个领域中,能力都是主要关注点,这凸显了对自主权概念进行彻底审视的必要性。

2.3 太空力量和航天强国

如果与关于国家性质的学术文献相比,关于太空力量(spacepower)和航天强国(space power)的文献是有限的,甚至与快速发展的其他太空研究领域相比,它也是有限

㉒ Jonathan Hanson(2019)通过使用国家能力数据集,努力构建一个"整体框架"来衡量"国家建设和国家能力增长"的"整体框架"。虽然他的理论动机很有说服力,他在方法论上的努力也值得赞扬,但我们认为,整个工作还为时过早,特别是由于没有探索自主性的政治维度,而将国家仅仅描述为"能力"的融合。

的。问题在于，这一概念十分复杂，跨越了学科界限。尽管它与太空政策和政治、国际（太空）关系或军事理论、战略和学说这三个研究领域都有关，但它并不能完全归入其中任何一个领域。

2.3.1　有关太空力量的文献

关于这一主题，现有文献最引人注目的一点是，它历来由军事部门主导，并以军事部门为目标。大部分文献都是在以军事为导向的环境中产生的，大多数著名学者、分析师和从业人员也都与美国军事综合体有着密切的关系[23]。然而，在过去的二十年里，人们对军事领域之外的研究兴趣与日俱增，相关文献变得越来越多元化，并面向更广泛的学术和决策受众。从时间逻辑上讲，我们将现有文献划分为三个不同的发展阶段（见图 2－5）。

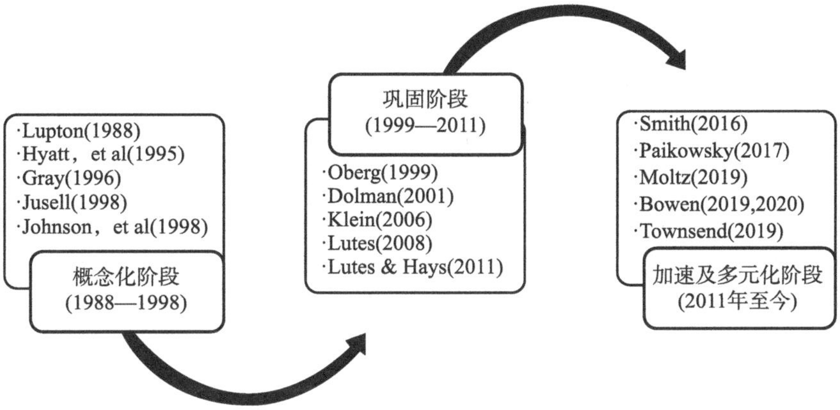

图 2－5　太空力量文献时间演化

第一阶段，我们称之为概念化阶段，以 Lupton（1988）对太空力量的早期定义为开端，即“一个国家利用太空环境追求国家目标和目的的能力，包括国家的全部航天能力”（Lupton，1988：4）。这些著作深受 1991 年第一次海湾战争（也被称为“第一次太空战争”）的影响，侧重于对这一概念进行定义，以正确把握其复杂性和实用性。概念化工作至少持续到海湾战争之后，当时太空能力在历史上首次明确地在武装冲突中发挥了根本性作用。对太空力量的早期概念化研究做出贡献的学者包括 Billman（1997），Gray（1996），Hyatt 等（1995），Johnson 等（1998），Larned（1994）。

第二阶段显然是巩固阶段，出现了一些开创性著作，包括 Oberg（1999），Gray 和 Sheldon（1999），Dolman（2001），Hays（2002）和 Klein（2006）。在这一阶段，太空力量/航天强国的概念变得更加复杂，明确提到了“技术、人口、经济、工业、军事、国家意愿和其他因素”之间的结合（Oberg，1999），以及太空“与其他战争的媒介”（包括海洋、陆地、空中）之间的相互依存关系（Klein，2006）。

[23] 关于太空力量的著名出版商包括航空大学出版社、《航空和太空力量》杂志、国防大学出版社、空军指挥和参谋学院。占太空力量文献大部分的研究论文和毕业论文是在这些机构产生的。

特别是 James E. Oberg 的《航天强国理论》被广泛认为是巩固航天强国理论的最全面尝试，也是仍在发展中的航天强国文献的里程碑之一。尽管 Oberg 的《航天强国理论》是由一家军事机构出版的，但它并不局限于军事领域。事实上，Oberg 可以说是第一个对航天强国特征进行全面概述的人，他的研究远远超出了国防领域。该理论的主要优点之一在于阐述了关于航天强国的十二条“真理和看法”，这些真理和看法对塑造国家和国际太空力量的理论和战略方面都做出了贡献㉔。

最后，在讨论的第三阶段，也就是当前阶段，这些学术思考加速发展并出现分化，越来越多的作者从不同角度、采用不同方法，包括借鉴主要国际关系学派的解释框架，对太空力量/航天强国进行分析。这一阶段包括 Pfaltzgraff（2011），Kepron 等（2011），M. Al-Rodhan（2012），Smith（2016），Paikowsky（2017），Czajkowski（2017），Bowen（2015，2018，2019，2020），Moltz（2019）和 Townsend（2019）等。

尽管日益多样化，但从总体上看，长期以来提出的定义和理论有几个共同点。

关于文献中流传的大多数定义和理论，一个引人注目的现象是，它们都是基于以能力为导向的力量概念（即 Lupton 所说的太空力量）。尽管人们越来越关注太空行为体的层级划分，但航天强国的地位受到的关注却少得多，也没有得到明确界定。事实上，越来越多的研究将太空行为体划分为“层级群体”。例如，James G. Lee（1994）将拥有“尖端技术的专用军事和民用太空能力”的第一级航天国家与“为军事和民用目的开发和使用双重用途太空系统”的第二级国家区分开来。第三级国家则是那些“从第一级和第二级国家租赁或购买用于军事和民用目的的太空能力或产品”的国家（Lee，1994：7）。其他例子包括 Lambakis（2001），Newberry（2003），Harding（2012），Paikowsky（2017），Bowen（2018）和 Klein（2019）。值得注意的是，这项研究主要基于对其军事、民用或商业能力的衡量。

大多数著作的第二个共同特点是侧重于军事和国防事项。即便如 Lutes 所言，“可以从社会文化、经济和安全的角度来看待太空力量，每个角度大致相当于太空活动的民用-科学、商业和军事情报领域”（Lutes，2008），但理论家至今大多从军事/安全的角度来看待太空力量。这并不奇怪，因为围绕太空力量的辩论起源于冷战和海湾战争，国家安全和军事层面不可避免地成为太空力量定义的主要内容。此外，直到最近，太空力量理论几乎都是军事战略学者和军事院校人员的讨论主题。此外，正如 Bowen（2020：42）所说，太空力量理论必须以战争为导向，有时它们可能会考虑太空的其他方面，但战争才是战略理论的目的：

> 太空力量理论本身不应涉足太空政治和发展的每个方面。太空力量理论关注的是太空

㉔ 这些假设包括：“太空作为一种独特的媒介存在”；“单靠太空力量不足以控制陆地冲突的结果或确保实现陆地政治目标”；“太空力量的发展，在很大程度上无需人类在太空中的存在，这使其在其他形式的国家力量中独树一帜”；“成为航天强调需要技术能力，相反，作为航天强国可以获得技术利益”；“与地球上的媒介一样，太空的武器化是不可避免的”；“在未来的某个时候，人类在太空中的物理存在将是必要的，以提供更大的态势感知能力”；“空间态势感知是成功应用太空力量的关键”；“太空控制是一个国家太空力量所依赖的关键”；“太空操作一直并将继续是资本密集型的”；“科学研究和探索是有回报的”；以及“将会有不可预见的变数”（Oberg，1999：124-131）。

技术对暴力的运用；它涉及的是战争，而不是太空中各行为体之间的全部关系。

但也有一些值得注意的例外。必须认识到，在太空力量理论的军事领域中，存在着不同的、相互竞争的“理论思想流派”[25]。

在以军事为导向的文献中，第三个经常出现且相当流行的内容是将太空力量与陆地、海洋和空中力量进行比较，理论家们试图在太空和其他作战域之间找到共同点。在这里，19 世纪和 20 世纪出版的经典著作，包括战争理论家卡尔·冯·克劳塞维茨（Carl von Clausewitz）、海权理论家阿尔弗雷德·马汉（Alfred Mahan）和朱利安·科贝特（Julian Corbett）以及空权理论家朱利奥·杜赫特（Giulio Douhet），都为太空领域提供了重要的借鉴。换句话说，许多理论家都提到了这些“大师”，并将其与其他著名的军事模式和领域进行了比较（见表 2－3）。

表 2－3　太空力量理论中被引用的经典理论家

年份	作者	引用的经典理论家
1988	Lupton，David E.	Mahan，Mitchell，Clausewitz
1996	Gray，Colin S.	Clausewitz，Mahan
1997	Billman，Gregory	Douhet，Mitchell
1998	Jusell，Judson J.	Mahan，Douhet，Warden，Clausewitz
2000	France，Martin E. B.	Mahan
2001	Fox，John G.	Corbett
2001	Dolman，Everett C.	Mahan，Mackinder，Spykman
2003	Newberry，Robert D.	Mitchell，Douhet
2005	Wagner，John W.	Corbett，Mahan，Douhet，Mitchell，Clausewitz
2006	Fredriksson，Brian E.	Clausewitz，Mahan，Corbett，Douhet，Mitchell
2006	Klein，John J.	Corbett，Mahan，Douhet，Mitchell，Clausewitz
2006	Harter，Mark E.	Mitchell，Douhet
2008	Lutes，Charles D.	Mahan
2011	Sheldon，John B.；Gray，Colin S.	Clausewitz
2011	Smith，M. V.	Clausewitz

[25] Lupton（1988）是第一位对这些流派进行深入阐述的作者，这些流派根据其在四个不同问题上的特定“信仰结构”进行分类：a）太空部队的价值，b）太空战争的性质，c）太空部队的使用，d）太空部队的整体组织结构。第一派（Lupton，1988：22）被称为“避难所理论”，其核心理念是必须将太空视为“没有战争的避难所”。第二派是“生存力理论”，也将太空视为无战争领域，但强调太空资产的内在弱点（Lupton，1988：20）。第三派是“制高点理论”，其前提是“掌握制高点就能确保控制低洼地区这一古老的军事定理”（Lupton，1988：21）。第四派是“控制论”，与高地派不同，它认为太空部队与空中和海上部队是平等的，在某种程度上是互补的。

续表

年份	作者	引用的经典理论家
2011	Swilley, Scott F.	Mahan
2015	Ziarnick, Brent	Mahan, Clausewitz
2015	Bowen, Bleddyn E.	Mahan, Corbett, Clausewitz
2016	Smith, M. V.	Clausewitz
2019	Townsend, Brad	Clausewitz, Mahan, Corbett
2019	Moltz, James Clay	Mahan
2019	Bowen, Bleddyn E.	Mahan, Corbett
2019	Klein, John J.	Mahan, Corbett
2020	Bowen, Bleddyn E.	Mahan, Corbett, Clausewitz

然而，这种流行的方法受到了一些作者的批评，他们强调了再次使用陆权、海权和空权的概念可能存在的缺陷，转而强调了太空的独特性。Oberg 和 Dolman 在某种程度上也特此观点。例如，Hays（2002：14）就曾明确指出："海权理论中的许多概念都不能直接转化为空权理论，而期望海权或空权理论直接适用于太空这一独特的领域也是不合理的。"由于试图在陆、海、空和太空之间找到有用的类比，大多数理论往往忽略了太空领域的独特性，这使得类比在技术上很难实现或极不可能。Oberg 的《航天强国理论》（1999：43）特别有力地指出了这一点：

"航天强国"这一术语让人联想到"海权"和"制空权"等历史概念，虽然可以进行有益的类比，但如果不了解太空与空中、海上或陆地的不同之处，就很可能做出错误的类比和决定。

第四个反复出现的要素是，大多数相关文献都带有固有的规范性目的，试图为空间政策决策者阐述和推荐可能的选择方案。这一点在 Brian E. Fredriksson（2006：45）所称的"命题学派"中尤为明显，该学派包括围绕有限数量的有关航天强国特征和含义的命题而发展起来的理论㉖。

在这一广泛的规范性方法中，一个具体的主题涉及太空力量的价值和作用、实际使用以及其总体组织结构，其中一个具体的次主题是敦促重组这类力量。由于有关太空力量的文献大多以美国为基础，并充斥着对军事部门的论述，因此，许多太空力量专家主张重组美国太空行动司令部，或建立一个独立的军种。独立的美国太空军（USSF）的成立就是一个很好的例子。美国前总统唐纳德·特朗普于 2018 年 6 月宣布了这一新结构，并于次

㉖ 弗雷德里克森（2006）确定的其他三个学派是："经典理论家学派"，太空力量理论在某种程度上是从现有的陆地、海洋和空中力量理论延伸出来的；"范畴学派"，包括试图在理论范畴内划分太空使用的理论。（原文未列出第三个学派。——译者注）

年正式成立，成为美国武装部队内的第六个军种。在其成立之前，M. V. Smith 的《关于太空力量的十大主张》（2001）和 M. E. Harter 的《关于太空力量的十项主张》（2006）等开创性著作曾呼吁：1）为航天强国制定单独的理论、学说和政策，将太空作为一种单独的领域；2）建立一个专门从事太空领域的专业人员阶层；3）建立一支能够满足这些需求的美国太空军。Peter L. Hays 等人（2000）也强调了这一点，他们共同编辑了《新千年太空力量》一书，影响深远，后来又为《太空安全手册》撰写了关于太空力量理论的一章（Hays，2015）。最近，Hays（2020：54）更新了他的章节，扩展了美国太空军的创建内容。在《太空力量理论与组织结构》一书中，他认为“组织结构在塑造美国太空力量方面也发挥着至关重要的作用”。

关注太空部队的组织结构和太空的首要优先事项，有助于美国提出正确的问题，并在正确的时间、出于正确的理由做正确的事情。

将太空力量理论与美国太空基金会的成立联系起来的其他最新著作包括 Townsend（2019），Martindale 和 Deptula（2018）以及 Grosselin（2020）。总体而言，这种广泛的规范方法证实了大多数以军事为导向的太空力量理论不仅是为了参与学术辩论，它们还（或许主要）旨在为决策者提供建议，说明太空力量可以如何或者应该如何被运用。

2.3.2　恢复和重新定义太空力量

尽管现有文献在过去 20 年中迅速发展，并出现了许多共同的要素，但迄今为止，学者或太空政策实践者中尚未出现整体太空力量理论。我们认为，造成这种情况的一个主要原因是，现有理论没有提供比较不同国家的有效标准。特别是，这些理论缺乏区分航天强国和较小太空行为体的明确方法。这一困难的根源在于两个关键的弱点，应对此进行更深入的分析。

第一个弱点是，绝大多数以能力为导向的文献仍然倾向于忽视航天强国和太空力量之间的概念区分——这种区分是由 David Lupton（1988：4）在 30 年前提出的，在理论和方法上都具有广阔的前景。他令人信服地指出：“太空力量是指一个国家利用空间环境实现国家目标的能力，拥有这种能力的国家可以被称为航天强国。”

这一重要区分在后来的著作中被忽略了，这些著作通常不一致地使用这两个术语，不加区分地既指更强大（或更弱小）的国家，也指这些国家所拥有的一系列物质（太空）能力，当然，这些国家所拥有的物质（太空）能力的程度各不相同。还必须强调的是，文献中的大部分定义和理论倾向于被 Lupton 称为太空力量（spacepower）的这一术语，并将其视为助力国家实现首要国家安全目标能力的一系列物质资产。举例来说，1994 年，Larned 将太空力量定义为“利用民用、商业和国家安全太空系统及相关基础设施来支持国家安全战略的能力”（Larned，1994：4）。一年后，Hyatt 将太空力量定义为“一个国家或非国家行为体通过控制和利用空间环境，在世界舞台上其他国家在场的情况下实现其目标和目的的能力”（Hyatt 等，1995：5），而在 1996 年，Gray 将太空力量定义为“将太空用于军事、民用或商业目的，并阻止敌人做同样事情的能力”（Gray，1996：299）。

如果说 1998 年空军条令文件 2－2 将太空力量定义为“利用太空力量支持国家安全战略和实现国家安全目标的能力”（USAF，1998），那么第二年，这一定义变成了“通过太空域并利用太空力量追求国家目标”（Johnson 等，1998：8）。与此相关的是，后者还强调“太空力量与其他形式的强国相关，如经济实力、科学能力和国际领导地位”（Johnson 等，1998：8）。James E. Oberg（1999）对后一点的论述更为透彻，他对太空力量的定义可以说是范围最广、最清晰的概念之一。它将太空力量定义为：

技术、人口、经济、工业、军事、国家意志和其他因素的结合，这些因素有助于一个国家在政治上影响其他国家和其他行为体的行动，或通过太空实现国家目标（Oberg，1999：10）。

Oberg 的定义意义深远，他提出了使一个国家能够行使太空力量的几个要素。这些所谓的“太空力量要素”大多植根于国内领域，或与国家可能面临的结构性条件有关。它们包括：设施、技术、工业、硬件和其他产品、经济、人口、教育、传统文化、地理以及对能力/知识的排外性。Oberg 认为：“使用者拥有的这些要素越多，应用就越灵活、可靠和强大”（Oberg，1999：44）。

同样，较新的定义将太空力量与其他形式的强国联系起来。例如，Smith（2001：6）强调：“从最广泛的意义上讲，太空力量包括一个行为体在空间环境中出于民用、军事、商业或其他原因而开展的或被行为体利用的所有活动”。Lutes（2008：67）认为：“太空力量既有助于其他形式的力量，也得到其他形式的力量（外交、信息、军事和经济等）的支持”。最近，Al－Rodhan（2012：19）将太空力量定义为利用太空发挥他所谓的国家能力的作用，即“社会和健康问题、国内政治、经济、环境、科学和人类潜力、军事和安全以及国际外交”。而 Smith（2016：160）再次强调：“太空力量是国家军事力量工具的一个重要组成部分，但太空力量也是促进国家的每一种力量形式（外交、信息、军事、经济和文化）的重要因素。

诚然，最近关于太空力量的文献已经从相当宽泛的角度对其进行了定义。特别是近年来，这一概念的范围明显扩大，太空领域的能力与一个国家的整体基础设施、工业、科学和体制机构交织在一起，而不仅是以军事和国家安全为导向。“与早期主要关注军事和国家安全领域的定义相比，如今的定义包含了许多不同的元素，涵盖经济、人口、工业、技术等各个方面，并对太空力量提出了更广泛的潜在应用范围，包括追求国家目标、影响力、说服力、胁迫能力等，最终暗示了太空力量的全面性。”（Aliberti 等，2019：8）。值得注意的是，这种扩展也反映在《2020 年美国太空军条令》中，该条令将太空力量定义为“一个国家利用太空领域追求繁荣与安全的能力的总和。相比之下，国家太空力量被衡量为一个国家利用太空领域实现外交、信息、军事和经济目的的相对实力”（USSF，2020：13）。

在所有这些定义中，太空力量总的来说是一种开发、利用或控制空间环境的能力，以追求和实现国家目标，首先包括国家安全目标。这些概念杂糅了各种重复出现的要素，它们或交替使用，或相互结合，但重点都围绕着维护太空力量所必需的重要资源。考虑到军事、国防和安全背景的分析家历来占主导地位，这种对物质力量的关注或许是可以理解的。然而，这方面的文献最终忽略了更为复杂、多维度的权力概念。值得注意的是，它们忽略了决策自主权这一重要的政治组成部分。同样，航天强国作为一种地位的概念——实际上的强大（powerful），而不仅是强壮（strong）——本身并没有得到足够的关注，并且从未被明确定义。

归根结底，关于太空力量的现有文献存在的第二个主要缺点与强国研究中的缺点惊人地相似：主要侧重于能力，在很大程度上忽视了自主性。以下两节将详细探讨这一问题，重新构建太空力量的这两个维度。

2.3.2.1　重构能力框架

如上所述，文献中流传的大多数定义和理论几乎完全基于以能力为导向的权力概念。它们的总体重点是获取和行使太空力量所需的一系列物质能力，因此（相当困惑地）“是”一个航天强国。从这个意义上说，所有有能力在空间采取行动的国家，均可被视为“航天强国”，与它们实际拥有多少太空力量无关——这只是一个程度问题。

总之，能力变成了一个过度延伸的伞状概念，一个“专横”的概念，涵盖了制定和实现国家目标（首先包括国家安全目标）所需的一切。

然而，太空领域文献中的能力概念也是不完整的。事实上，以能力为导向的研究几乎只关注我们所说的“硬”能力，即建设、拥有和运营空间资产所需的资源、专业知识和技术。出现这种情况的一个原因是，硬能力相对更容易衡量，因为它首先涉及的是客观指标。

因此，“能力”的概念需要进行全面重构，有两种方式可以实现这一目标。

首先，应该对其进行重新规划，进一步扩大其范围，纳入我们称之为“软”能力的维度。这一维度侧重于社会技能和治理活动，旨在衡量太空在多大程度上被有效地嵌入国家基础设施，并在多大程度上被用来执行各领域的国家政策，包括安全、国防和外交事务，以及社会福利、环境、可持续发展等。

其次，我们认为，为了更好地衡量一个国家“利用太空”的能力，应首先分别衡量这两个子维度（硬能力和软能力），然后将其整合为一个衡量标准。

在我们的概念中，硬能力指的是使行为体能够在太空、通过太空和从太空展开全方位太空活动的物质资产和能力。相反，软能力则表示有效利用和整合国家政策、基础设施和相关活动中的资产与专业知识的能力。

如上所述，以能力为导向的太空事务研究几乎完全集中在“硬”子维度上，因为它包括建造、拥有和运营空间资产所需的所有能力。此外，硬能力首先涉及的是客观指标（如某个国家执行的发射次数或拥有的卫星数量）。相反，“软能力”衡量的是太空在多大程度上被有效地纳入国家基础设施，并被用来执行各个领域的国家政策，这些领域不仅包括国防和安全等明显部门，还包括经济、环境、福利、教育、娱乐、科学等。

除了以硬能力和软能力的形式重新认识能力之外，最根本的是最终缩小能力的范围，为其被忽视的孪生概念——自主性留出空间。应该认识到，为了把握“航天强国”的整体内容和意义，能力和自主性应结合起来使用、衡量和评估。

2.3.2.2 融入自主性

如上所述，主流空间文献没有特别关注自主性概念。不过，它确实包含了这一概念的“硬”或“技术”版本，指的是一个国家在必要时相对于外国行为体确保任务独立性的能力。

Densing 和 Reinke（2015）在欧洲空间政策研究所专门为解决复杂的空间自治问题而编辑的一卷著作（Al - Ekabi，2015a）中，讨论了确保欧洲在航天应用方面独立性的必要性，特别是在卫星导航、地球观测、卫星通信和空间态势感知方面。De Winne（2015）介绍了在追求载人航天自主性方面面临的挑战，特别是在开发本土载人发射器和太空舱方面。Al - Ekabi（2015b）指出了有利于或阻碍太空运输自主性的因素，并讨论了欧洲非自主进入太空的潜在成本，而 Tortora（2015）则讨论了欧洲技术依赖性的长期问题和负面影响。他特别强调了欧洲需要外包某些组件、原材料和先进材料，以及一些在欧洲范围内无法获得的基本技术和构件（building block）。在一项更近期的研究中，Fiott（2020：18）将战略上自主的行为体定义为“能够不受阻碍地设计、开发、发射和运行太空系统的国家”，并强调如今欧盟的太空计划“伽利略、EGNOS 和哥白尼为欧盟提供了高度的战略自主权，使其能够观测地球，保护运输网络、维持数字网络和贸易路线的安全”等。

在所有这些研究中，自主性的概念大致等同于“自给自足”“技术独立”或“不依赖外部”[27]，因为它意味着更倾向于采用国内解决方案，并在国际舞台上实现战略独立（首先是能源和技术上的独立）[28]。根据经验，自给自足可以用硬数据来衡量。例如，ASD - Eurospace（2020）确定并回顾了一份欧洲太空部门为促进太空不依赖性而开发的关键技术清单，估算了与这一努力相关的经济成本。这使一些人将自给自足与硬能力混为一谈，而无视两者之间的概念区别。因此，我们倾向于将这些方面分离出来，并将其称为“硬自主”。鉴于缺乏对国家太空自主权这一特定方面的全面比较衡量，我们在此首次尝试对其进行探讨。

至于“软”或“政治”自主，这一概念在太空研究中尚属新颖。在太空领域，政治自主意味着国家的政治决策者（无论是民选精英还是专制统治者）能够根据他们定义的“国家利益”来决定太空事务。这就需要国家独立于国内外利益竞争或其他权力中心的“胁迫与强加”。

外国的影响力主体首先包括其他国家，但也可能包括国际机构和跨国公司。国内的影响力主体则反过来，包括位于公共领域之外的行为体（例如试图影响甚至“俘获”政策过程的大型私营公司），或者位于国家机器内部的行为体，如军方、技术专家和国有企业的管理精英。

航天领域有许多例子，突出表明了这些行为体对国家政治自主权的挑战。1990 年的

---

[27] 正如 Caito（2015）所解释的那样，“技术独立”意味着所有需要的空间技术都是在一个国家内部开发的，而“技术不依赖性”指的是行动者可以自由、不受限制地获得任何所需的空间技术的可能性。

[28] Jan Wouters 和 Rik Hansen（2015）在《欧洲空间自治》一书中对“自主”和“战略独立”之间的概念差异进行了有趣的解释：“自主本质上是一个政治概念，可以被定义为‘拥有决定自己法律的权力’。战略独立性更具操作性，指的是“采取和执行必要决策的能力，以保障一些重要利益”。因此，自主可以被理解为一种正式的标准（要实现的目标），而战略独立是有效自主的必要条件（达到目标的手段）”（Al - Ekabi，2015b）。

《美日卫星采购协议》是外国对太空领域施加影响的一个典型案例，该协议结束了日本对其仍在发展中的卫星市场不采用国际招标的保护。该协议源于 20 世纪 80 年代日本与美国之间日益加剧的贸易摩擦。由于美国看到了日本新兴卫星市场可能带来的威胁，因此在 20 世纪 80 年代中期启动了所谓的“超级 301 条款”，作为两国半导体贸易谈判的一部分（Aoki，2009；Dunphy，2016）。美国贸易代表办公室（2000）解释称，《1974 年贸易法》第 301 条是“美国处理影响美国商品或服务出口的外国不公平行为的主要法规。第 301 条可用于执行美国在国际贸易协定下的权利，也可用于应对给美国商业造成负担或限制的不合理、无正当理由或歧视性的外国政府做法”。“超级 301”则是指美国贸易代表每年都会确定那些不公平的贸易商，进行贸易谈判，并在不公平贸易行为没有消除的情况下实施制裁的过程。据 Dunphy（2016：30）报道，“1989 年，日本被列为不公平贸易国，并开始就林产品、超级计算机和通信卫星进行谈判”。与其他经济部门不同，当时的日本政府并不认为太空是一个具有战略意义的重要部门，最终屈服于美国的要求，于 1990 年同意签署《日本卫星采购协议》（Zeng，2004）。该采购协议要求日本通过招标向外国卫星制造商开放其商业卫星（尤其是通信卫星）的采购。这一规定的唯一例外是“技术研发卫星”，定义为完全或几乎完全为太空开发和/或验证两国新技术以及/或非商业性科学研究目的而设计和使用的卫星（Dunphy，2016）。根据 Setsuko Aoki（2009）的说法：“这一规定无异于给萌芽中的日本卫星产业判了死刑”，因为它最终使日本技术制造的卫星（当时由于政府订单较少而成本较高）与美国制造的卫星相比失去了竞争力。美国卫星制造商已经具备了提供低成本卫星的规模经济优势，他们进入了日本市场。时至今日，日本通信公司拥有的绝大多数通信卫星仍然是美国制造的（Aliberti 和 Hadley，2020）。此外，这一事件还展示了软自主性与硬自主性之间的联系。美国的政治压力迫使日本降低了相对于美国和美国工业的自主性。其目标不是日本的太空力量，而是日本的技术自主权，以及最终受制于美国的政治自主权。

对政策制定的影响并非仅由外国掌控。如前文所述并在第 2.2.2 节中详细讨论的那样，国内公司和跨国公司也可以行使这一权利，对内部和外部决策过程产生同样的影响。事实上，如果自主权被视为主权决定的同义词，那么在某些情况下，强大的私人利益可能会通过影响甚至“俘获”政策进程来限制国家独立实现其战略目标的能力。20 世纪 90 年代初，总部设在美国的跨国公司——摩托罗拉公司为确保在无线电频率分配方面做出有利于自己的决定而进行的积极游说，提供了这方面一个有据可查的案例。具体而言，该公司在 20 世纪 90 年代初出资开发了首个铱星星座，并游说 1992 年世界无线电通信大会的各国代表团，要求大会做出有利于部署铱星星座的频率分配决定。正如 John Bloom（2016）所记录的，这是一次巨大的、准备充分的俘获行动，摩托罗拉公司成功获得了渴望已久的频率分配。然而，此举也引起了一些欧洲国家和通信公司的愤怒。这并不是说，一个充满活力、追求合法商业利益的私营部门本身就是国家软弱的标志。问题甚至不在于私营公司是否具有政治影响力，而在于它们在多大程度上利用政治影响力，以牺牲公共利益为代价谋取私利。就跨国公司而言，公共利益的概念很可能超越其发源国的边界。

除了私营企业，国有企业（SOE）也能影响政策制定。虽然它们是国家的重要组成部分，其领导人也是官僚体制的一部分，但它们可能会形成自己的利益和优先事项，充当国家内部的影响代理人。国有企业可以通过多种方式影响政府在太空领域的政策决定。俄罗斯航天局便是一个例证。这家国有企业垄断了俄罗斯的卫星发射业务，因此对本国政府的太空政策具有很大的影响力。例如，俄罗斯航天局能够阻止其认为威胁俄罗斯国家安全的外国卫星发射。在这种情况下，国家内部和私营部门存在战略和政策分歧。这些事例提出了关于这些国家太空政策的实际制定情况，以及政治精英、管理技术官僚机构和私营企业领导人等不同部门之间的关系等仍未解答的问题。

至于军方施加的影响，奥巴马政府在太空安全问题上的政策姿态变化提供了一个有趣的案例，这一变化是由美国国防界引起的。在第一任期（2008—2012 年）内，奥巴马政府于 2010 年颁布了《国家太空政策》（NSP），2011 年颁布了《国家太空安全战略》（NSSS）。通过这些文件，奥巴马政府改变了布什政府的态度，将美国的太空活动转向合作、民用和商业导向。在太空安全领域，在克林顿政府的“战略克制”时期，美国避免部署进攻性反太空能力，以缓和友国和潜在对手的行为（Hitchens 和 Johnson - Freese，2016）。这一切在 2013 年 5 月后突然发生了变化，当时一次被美国军方视为反卫星武器的发射试验，几乎到达了地球同步轨道。正如 Hitchens 和 Johnson - Freese（2016：iii）所报道的那样：

> 直到最近，这种能力还只有美国能够实现。这在美国国家太空安全领域引发了某种“静悄悄的恐慌”。这种新的威胁意识，以及对太空战争“不可避免”的新恐惧，一直上升到奥巴马总统层面（这在太空战略领域有些罕见），引发了 2014 年夏季由国家安全委员会牵头的战略组合评审。在这次评审之后，美国开始改变军力态势、发展计划和预算，以制定一项更强有力的国家安全太空战略。防御反太空能力已成为重中之重，对太空外交的看法减弱，对进攻能力的兴趣增加。特别是，在威胁意识增强的同时，五角大楼和美国空军开展了更加积极的公共外交活动，旨在明确表示美国将以武力应对太空威胁——言辞上又回到了布什政府太空政策的“主导和控制”主题。

上述所有例子都引人深思，它们表明了太空政治自主权所面临的种种挑战。现在的关键是要超越零散的叙述方式，找到一种方法来实证衡量不同太空行为体的政治自治水平，并将数据整合为“国家太空自主性”的综合比较衡量标准。

最后，我们认为，技术自主（或硬自主）是指国家不依赖外部供应源而进入空间并在太空运作的能力。政治自主（或软自主）则被定义为对太空事务的主权，涉及国家独立制定太空相关政策的能力，而不管内部或外部可能出现的特定利益冲突。不言而喻，技术自主（technical autonomy）并不意味着完全自治（autarchy），而是在必要情况下（例如，在即将发生自然灾害、贸易争端或战争的情况下）确保任务独立的可能性。技术自主的概念意味着更倾向于采用国内解决方案而非国外解决方案，并在战略实现（最重要的是资源和技术）上独立于外部行为体：一个完全自主的国家并不一定是一个“孤立主义”的国家，而是一个可以依赖多种供应源的国家（事实上，完全的自主甚至可能是有害的）。

至于“政治自主”这一概念可进一步细分为两个组成部分。首先是外部政治自主，它包括 Krasner（1999：3－42）* 提出的国际法主权、威斯特伐利亚和相互依存主权等概念。在太空领域背景下，外部政治自主可理解为国家决定国家目标的能力，而不受外国行为体的邀请和干预（即胁迫或强加）的影响。第二个子维度是国内政治自主，涉及国家决策的独立性。它要求国家掌权的政治决策者（无论是民选精英还是专制统治者）能够根据“国家利益”——无论他们如何定义——来决定太空事务，以对抗竞争性或替代性权力中心的反对。后者包括其利益完全在公共领域之外的行为体，如私营公司；或扎根于国家机器内部的行为体，如军队、官僚和技术官僚精英，包括国有企业的高层管理人员。

一旦明确界定了能力和自主性这两个基本维度，就可以将它们结合起来使用，不仅确定航天强国的权力地位，也可以确定不同太空行为体的权力地位。

2.3.3　矩阵化的太空力量：航天强国与其他行为体

主流文献确实认识到，即使不能衡量太空力量，至少也有必要区分拥有不同太空力量的国家。许多研究的确试图将太空行为体划分为不同等级（如 Bowen，2018；Harding，2012；Lambakis，2001；Newberry，2003），然而，毫不奇怪的是，由于将所有这些“能力”混淆为一个单一维度的衡量标准，航天强国层级的图示只能是一个柱形或金字塔形。而且，由于层级区分的简单化和单维度性质，“航天强国”的分类只能通过使用诸如高等/低等、或小/中/大、或初级/中级/高级等形容词来划分。Paikowsky（2017）阐述的“太空俱乐部”金字塔结构就是一个生动的例证。根据这位作者的观点，航天强国之间的差异——即是什么让国家在不同等级之间攀升或下降——仅仅在于物质资产和其他资源的积累，这些资产和资源使它们能够实现特定的目标和实施特定的政策。换句话说，这里所衡量的是一个国家到达外太空并在外太空采取行动的能力，一些国家比其他国家拥有更大的能力。

鉴于我们将“power”理解为一种地位，它不仅包括行动的能力，更主要的是自主设定目标和行动路线的能力，因此，金字塔形和柱形图等传统表述方式不足以体现现实的复杂性。这些线性结构无法反映权力的多维性及其各组成部分之间的相互关联性。如图2－4所示，矩阵为我们的框架提供了最合适的图形表示。它直观地说明了“航天强国”在笛卡儿平面上占据的特定区域。矩阵还强调，要想被认定为航天强国，行为体必须在能力和自主性轴线上超过多个阈值，而不仅仅是一个阈值。矩阵有效传达了航天强国域中权力的多维性质，并揭示了进入或退出航天强国区域存在多种路径，这取决于在特定时间点上一个行为体的位置以及需要增强或减少风险的特定权力要素（能力或自主性）（见图 2－6）。

图 2－6 展示了我们的太空力量矩阵。如果只有兼具高能力和高自主性的太空行为体才可被视为航天强国，那么哪些太空行为体在一项或多项指标上不符合这一定义呢？为了回答这个问题，我们现在将注意力转向为太空力量的核心概念赋予新的定义，并随后设计

* 此文献原著未列出。——译者注。

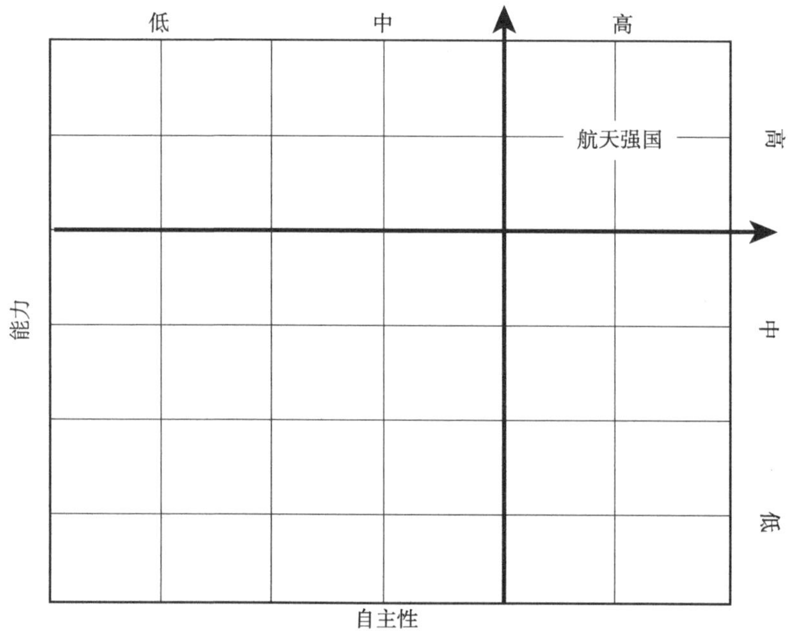

图 2－6　太空力量概念矩阵

一种方法来确定和衡量太空力量的各个层面。将重点从纯粹的单维度概念转向包含不同维度的概念，首先提出了一个重要的定义。关于航天强国的定义，请参见文本框。

航天强国的定义

拥有高阶太空力量的实体，即拥有部署、运行和利用太空相关能力的手段，以及追求其自主确定的国家目标的能力。

与科学文献中流行的其他概念相比，这一定义具有五大优势。首先，它不是将“space power”视为所有国家固有的属性（尽管程度不同），而是将其视为一种只有满足特定要求才能获得和维持的地位。航天强国地位大致等同于大国地位，尽管仅限于太空领域：它是一个“位置”概念，旨在将行为体划分为类型群体，而不是等级层次。

其次，它与 Lupton（1988）首次提出的航天强国与太空力量之间的区别相一致，但被后来的作者所忽视：太空力量由一系列属性组成，任何行为体必须在足够的程度上拥有这些属性，才能被视为一个航天强国。这一区别对衡量模型有重大影响：事实上，太空力量最好被视为一个“连续”变量，而航天强国只是以矩阵形式表示的更广泛分类法中的一个“类型”。

第三，它使我们能够从单维模型转向多维模型。为了实证地衡量太空能力和确定航天强国，我们需要将行为体的权力地位视为其能力（执行的能力）和自主性（独立决定做什么的能力）的交叉点。

第四，虽然我们的定义没有明确排除非国家、私人行为体可能被赋予的某些太空力量属性，但我们的定义承认，就目前而言，只有民族国家（nation state）才有手段、能力和合法性来掌握太空力量的所有组成部分，从而有资格争取航天强国的地位。私人行为体尤其无法实现完全自主，因为他们缺乏界定现代主权的独特属性，必须遵守国家法律和法规。换言之，航天强国是国家权力的一种形式。

最后，我们的定义为理解当前问题的复杂性提供了广阔的空间。事实上，正如我们所见，能力和自主权可进一步细分为四个构成要素或“子维度”：硬能力和软能力，以及技术自主权和政治自主权。这种方法可以识别不同时期和技术背景下的航天强国，因为太空力量的多维概念及其构成要素能够反映现有技术的主要发展、太空活动范围的不断扩大以及技术和政治能力在国内和国际舞台上的分布变化。

如图 2－7 所示，只有兼具高能力和高自主性的国家才是航天强国；兼具低能力和低自主性的国家不会成为太空领域的主要玩家。然而，在 20 世纪六七十年代，只有少数国家积极参与航天活动，而如今几乎所有国家都以各种方式涉足航天活动和航天技术。事实上，在撰写本报告时，联合国外层空间事务办公室的网站上列出了 46 个国家和地区的航天机构。如果再加上那些已经宣布成立或刚刚成立但仍在建设中的航天机构，这一数字将上升到近 80 个。由于参与外层太空似乎是当今大多数国家都渴望实现的目标，我们将目前兼具低能力和低自主水平的国家定义为“新兴航天国家”。这组国家包括在太空领域并不活跃的国家，以及在太空领域参与度很低的国家。

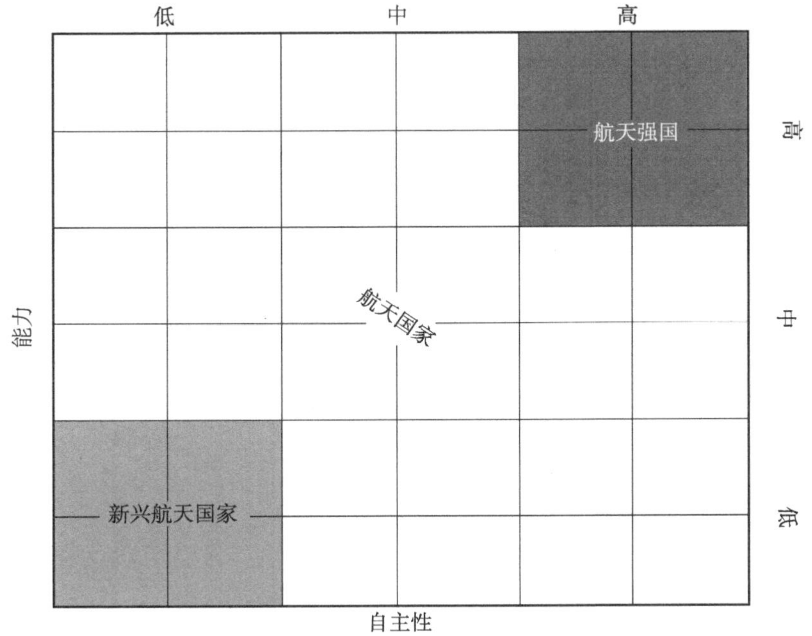

图 2－7　航天强国、航天国家和新兴航天国家

在我们的矩阵中定义了两个极端后，中间还有一个很大的区域目前尚未定义。这一区域包括现有文献定义为“航天国家”的所有国家。在我们的框架中，航天国家已经具备了一定的能力或自主水平，尽管还没有达到航天强国的水平，但能够参与外层空间活动。图 2－7 用图形表示了所讨论的三种类型。

在许多方面，航天国家是三类中最有趣的一类。我们完全可以预见，美国、中国和俄罗斯等拥有庞大太空计划的国家将从我们的衡量中脱颖而出，成为航天强国，而且它们似乎不太可能在短期内失去这一地位。我们还预计，像卢旺达这样的国家，它不在本研究的范围之内，将完全属于“新兴航天国家”，它最近宣布了雄心勃勃的航天计划，但我们预计它不会很快成为航天强国。相反，航天国家在能力和自主性方面都拥有足够的太空力量，渴望航天强国的地位。然而，迄今为止，在现有文献（如 Bowen，2018；Harding，2012；Lambakis，2001；Newberry ，2003）中，学者们通常将太空行为体分为三个层级，导致中间层级的“航天国家”成了一个笼统的类别，适用于那些不具备航天强国资格但仍与外太空有一定联系的国家。

然而，现实比这更复杂。事实上，在提高自主权和能力的同时，不同的国家很可能会采取不同的战略。更有趣的是，能力与自主权之间可能存在某种程度的权衡。例如，一个国家有可能在提高能力的同时限制其自主权。因此 ，“航天国家”这一类别需要更清晰的概念界定。我们建议将这一“中间层”划分为三个不同的组。第一组，我们定义为“技术型航天国家”，包括已达到一定能力但在自主性方面表现不佳的国家。同样，第二组包括自主程度高但能力水平低的国家，我们将其定义为“自主型航天国家”。最后，第三组包括能力和自主性都达到一定水平的国家，被定义为“实力型航天国家”：这些国家正在实现梦寐以求的航天强国地位，并拥有实现这一目标所需的原材料（raw material），即自主性和能力的成功结合。图 2－8 用图形表示了太空力量矩阵中提出的所有 5 个类别。

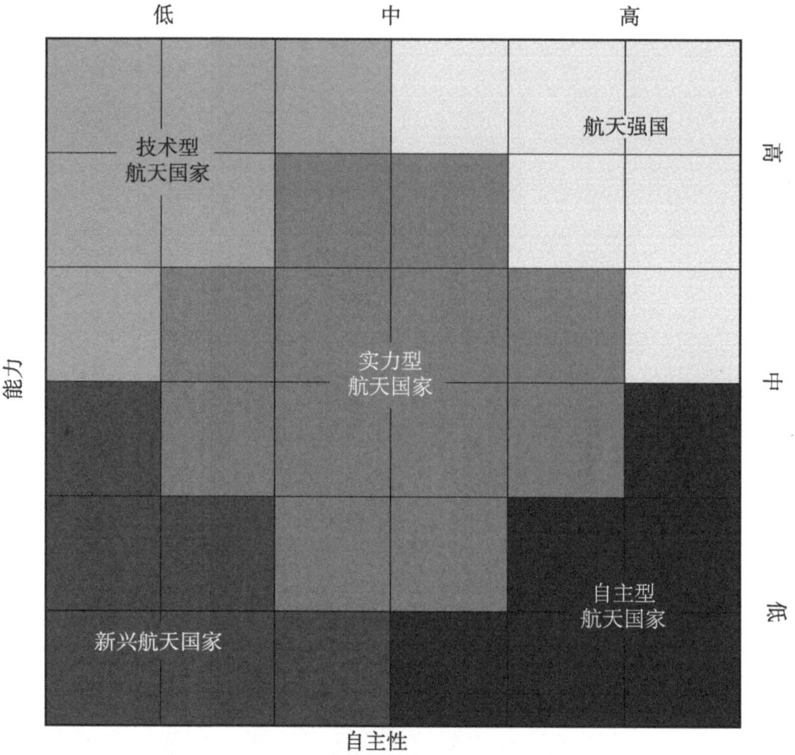

图 2－8　太空力量概念矩阵

将图 2 - 8 所示的边界概念化并非易事。我们考虑到每个维度的水平以及两个维度水平之间的平衡，设定了一些阈值，从而为这些类别增添了一些细微差别。从这个意义上说，我们为这样一种可能性留出了余地，即一个能力水平很高的国家，即使自主性水平相对较低，也仍可被视为航天强国，反之亦然，但条件是在较低维度上达到的水平仍相当可观（即中高）。不过，我们也承认，这些边界可能有些武断，对这一框架的解释应更侧重于向位于矩阵四角和中心的 5 种理想类型迈进，而不是从一个武断的边界过渡到另一个。

基于上述概念框架，我们将在以下章节介绍我们的衡量模型，并对所收集的 11 个国家的数据进行实证分析。

参考文献

Acemoglu, D. , & Robinson, J. (2020) . The Narrow Corridor: States, Societies, and the Fate of Liberty. Penguin Press.

Afanas'ev, M. (2004) . Nevynosimaya slabost' gosudarstva. Otechestvennye zapiski (vol. 2).

Afanas'ev, M. (2009) . The quality of the state—Russia's chief problem. Russian Politics & Law, 47 (4).

Al - Ekabi, C. (ed.) . (2015a) . European Autonomy in Space. Springer.

Al - Ekabi, C. (2015b) . European Access to Space: Factors of Autonomy. In C. Al - Ekabi (Ed.), European Autonomy in Space. Springer.

Al - Rodhan, N. R. (2012) . Meta - Geopolitics of Outer Space. Palgrave Macmillan.

Alesina, A. , & Dollar, D. (2000) . Who Gives Foreign Aid to Whom and Why? Journal of Economic Growth, 5 (1), 33 - 63.

Alesina, A. , & Weder, B. (2002) . Do Corrupt Governments Receive Less Foreign Aid? American Economic Review, 92 (4), 1126 - 1137.

Aliberti, M. , & Hadley, S. (2020) . Securing Japan. An assessment of Japan's Strategy for Space (ESPI Report 74) . European Space Policy Institute.

Aliberti, M. , Cappella, M. , & Hrozensky, T. (2019) . Measuring Space Power: A Theoretical and Empirical Investigation on Europe. Springer.

Aoki, S. (2009) . Current Status and Recent Developments in Japan's National Space Law and its Relevance to Pacific Rim Space Law and Activities. Journal of Space Law, 35, 363 - 438.

APSA. (2004) . American Democracy in an Age of Rising Inequality. American Political Science Association, Task Force on Inequality and American Democracy.

ASD - Eurospace. (2020) . Space RDT Priorities. The Incremental Roadmap of Technology Research and Development Activities for Space. ASD - Eurospace. https: //eurospace. org/wp - content/uploads/2018/05/eurospace - rdt _ 2020 _ web. pdf (Accessed on 20 November 2022).

Badie, B. , & Birnbaum, P. (1983) . The Sociology of the State. The University of Chicago Press.

Barkey, K. , & Parikh, S. (1991) . Comparative Perspectives on the State. International Review of Sociology, 17 (2), 523 - 549.

Bartel, A. P. , & Thomas, L. G. (1987) . Predation Through Regulation. Journal of Law & Economics, XXX.

Baru, S. (2009) . The Influence of Business and Media on Indian Foreign Policy. India Review, 8 (3), 1 - 23.

Bayne, N. , & Woolcock, S. (Eds) . (2017) . The New Economic Diplomacy: Decision - Making and Negotiation In International Economic Relations. Routledge.

Billing, T. K. , & Farro, A. (2016) . Cultural Correlates of Crony Capitalism in India. In N. Khatri, &

A. K. Ojha (Eds). Crony Capitalism in India. Establishing Robust Counteractive Institutional Frameworks. Palgrave.

Billman, G. (1997). The Inherent Limitations of Spacepower: Fact or Fiction? Air University Press.

Bloom, J. (2016). Eccentric Orbits: The Iridium Story. Atlantic Books.

Bolton, J. R. (2001). The Risks and Weaknesses of the International Criminal Court from America's Perspective. Law and Contemporary Problems, 64 (1).

Bosco, D. (2014). Rough Justice. The International Criminal Court's Battle to Fix the World, One Prosecution at a Time. Oxford University Press.

Bowen, B. E. (2015). Spacepower and Space Warfare: The Continuation of Terran Politics by Other Means. Aberystwyth University.

Bowen, B. E. (2018). British Strategy and Outer Space: A Missing Link? The British Journal of Politics and International Relations, 20 (2), 323 - 340.

Bowen, B. E. (2019). From the Sea to Outer Space: The Command of Space as the Foundation of Spacepower Theory. Journal of Strategic Studies, 42 (3 - 4), 532 - 556.

Bowen, B. E. (2020). War in Space: Strategy, Spacepower. Edinburgh University Press.

Bueno de Mesquita, B., & Smith, A. (2007). Foreign Aid and Policy Concessions. Journal of Conflict Resolution, 51 (2), 251 - 284.

Caito, L. (2015). European Technological Non - dependence in Space (ESPI Report 51). European Space Policy Institute.

Carpenter, D., & Moss, D. (Eds). (2014). Preventing Regulatory Capture. Cambridge University Press.

Carter, D. B., & Stone, R. W. (2015). Multilateralism and Democracy: The Case of Vote Buying in the United Nations General Assembly. International Organization, 68 (1), 1 - 33.

Che, Y. (1995). Revolving Doors and the Optimal Tolerance for Agency Collusion. RAND Journal of Economics, 26 (3), 378 - 397.

Cingolani L. (2013). The State of State Capacity: A Review of Concepts, Evidence and Measures (MERIT Working Papers 2013 - 053). United Nations University—Maastricht Economic and Social Research Institute on Innovation and Technology (MERIT).

Cingolani, L. (2018). The Role of State Capacity in Development Studies. Journal of Development Perspectives, 2 (1 - 2), 88 - 114.

Coppedge, M., et al. (2020). V - Dem Codebook v10. Varieties of Democracy (V - Dem) Project. University of Gothenburg.

Czajkowski, M. (2017). Theory of Spacepower—A Brief Introduction. Jagielloński Przeglad Bezpieczeństwa, 2 (3), 25 - 51.

Dahl, R. A. (1961). Who Governs? Democracy and Power in an American City. Yale University Press.

Dahl, R. A. (1971). Polyarchy: Participation and Opposition. Yale University Press.

Dahl, R. A. (1989). Democracy and Its Critics. Yale University Press.

dal Bó, E. (2006). Regulatory Capture: A Review. Oxford Review of Economic Policy, 22, 203 - 225.

Darden, K. (2008). The Integrity of Corrupt States: Graft as an Informal State Institution. Politics and Society, 36 (1), 35 - 60.

De Winne, F. (2015). European Autonomy in Space: Human Space Flight. In C. Al-Ekabi (Ed.). European Autonomy in Space. Springer.

Densing, R., & Reinke, N. (2015). The Need for European Independence in Space Applications. In C. Al-Ekabi (Ed.). European Autonomy in Space. Springer.

Dolman, E. C. (2001). Astropolitik: Classical Geopolitics in the Space Age. Routledge.

Dowding, K. M. (Ed.). (2011). Encyclopaedia of Power. SAGE.

Downs, A. (1957). An Economic Theory of Democracy. Harper.

Dreher, A., Sturm, J. E., & Vreeland, J. R. (2009a). Development Aid and International Politics: Does Membership on the UN Security Council Influence World Bank Decisions? Journal of Development Economics., 88 (1), 1-18.

Dreher, A., Sturm, J.-E., & Vreeland, J. R. (2009b). Global Horse Trading: IMF Loans for Votes in the United Nations Security Council. European Economic Review, 53 (7), 742-757.

Duncan, P. (2007). 'Oligarchs', Business and Russian Foreign Policy: From El'tsin to Putin (Economics Working Papers 83). Centre for the Study of Economic and Social Change in Europe, SSEES. University College London.

Dunphy, R. (2016). Space Industry Business Opportunities in Japan: Analysis on the Market Potential for EU SMEs Involved in the Earth-Observation Products & Services. EU-Japan Centre for Industrial Cooperation.

Easter, G. M. (2008). The Russian State in the Time of Putin. Post-Soviet Affairs., 24 (3), 199-230.

Eldar, O. (2008). Vote-trading in International Institutions. The European Journal of International Law, 19 (1).

Enriquez, E., & Centeno, M. A. (2012). State Capacity: Utilization, Durability, and the Role of Wealth vs. History. International and Multidisciplinary Journal of Social Sciences, 1 (2), 130-162.

Evans P. B., Rueschemeyer, D., & Skocpol, T. (Eds). (1985). Bringing the State Back In. Cambridge University Press.

Evans, P. (1995). Embedded Autonomy: States and Industrial Transformation. Princeton University Press.

Feaver, P. D. (2003). Armed Servants: Agency, Oversight, and Civil-Military Relations. Harvard University Press.

Finer, S. E. (1997). The History of Government. Vol III. Empires, Monarchies and the Modern State. Oxford University Press.

Fiott, D. (2020). The European Space Sector as an enabler of EU strategic autonomy. European Parliament. EP/EXPO/A/SEDE/FWC/2017-01/05.

Fortescue, S. (2006). Russia's Oil Barons and Metal Magnates: Oligarchs and State in Transition. Macmillan.

Fredriksson, B. E. (2006). Globalness: Toward a Space Power Theory. Air University Press.

Fukuyama, F. (1992). The End of History and the Last Man. Free Press.

Fukuyama, F. (2004). State-Building: Governance and World Order in the 21st Century. Cornell University Press.

Fukuyama, F. (2014). Political Order and Political Decay: From the Industrial Revolution to the

Globalisation of Democracy. Farrar, Straus & Giroux, Macmillan.

Fund For Peace. (2022). State Fragility Index. P1: Political Indicators. Fund for Peace. https://fragilestatesindex.org/indicators/p1. (Accessed on 10 February 2023).

Gilens, M., & Page, B. I. (2014). Testing Theories of American Politics: Elites, Interest Groups, and Average Citizens. Perspectives on Politics, 12 (3).

Gillespie, A. (2004). Good Governance, Corruption and Vote Buying. In International Forums. The New Zealand Yearbook of International Law, vol. 1, 103 - 130.

Gray, C. S. (1996). The Influence of Space Power Upon History. Comparative Strategy., 15 (4), 293 - 308.

Gray, C. S., & Sheldon, J. B. (1999). Space Power and the Revolution in Military Affairs: A Glass Half Full? Airpower Journal., 13 (3), 22 - 38.

Grosselin, K. (2020). A Culture of Military Spacepower. Air & Space Power Journal., 34 (1), 75 - 86.

Gupta, V. (2016). Indian Administrative Service and Crony Capitalism. In N. Khatri, & A. K. Ojha (Eds), Crony Capitalism in India. Establishing Robust Counteractive Institutional Frameworks. Palgrave.

Haber, S. (2002). Introduction: The Political Economy of Crony Capitalism. In S. Haber (Ed.), Crony Capitalism and Economic Growth in Latin America. Theory and Evidence. Hoover Institution Press.

Hanson, J. K. (2019). Laying the Foundations of the State: Identifying the Constituent Factors of State Building. Paper prepared for delivery at "State Capacity. Concepts - Causes - Consequences." Duke Workshops in the Frontiers of Political Science. April 12 - 13. Duke University.

Hanson, J. K., & Sigman, R. (2021). Leviathan's Latent Dimensions: Measuring State Capacity for Comparative Political Research. The Journal of Politics, 83 (4).

Harding, R. C. (2012). Space Policy in Developing Countries: The Search for Security and Development on the Final Frontier. Taylor & Francis Group.

Harter, M. E. (2006). Ten Propositions Regarding Space Power: The Dawn of a Space Force. Air & Space Power Journal, 20 (2).

Hays, P. L. (2002). What is Spacepower and Does it Constitute a Revolution in Military Affairs? Journal of Military and Strategic Studies, 5 (1), 1 - 37.

Hays, P. L. (2015). Spacepower Theory. In K. U. Schrogl, C. Giannopapa, P. L. Hays, J. Robinson, D. Moura (Eds). Handbook of Space Security—Policy, Applications and Programs (1st ed). Springer.

Hays, P. L. (2020). Spacepower Theory and Organizational Structures. In K. U. Schrogl, M. Adriaensen, C. Giannopapa, P. L. Hays, J. Robinson, N. Antoni (Eds). Handbook of Space Security—Policy, Applications and Programs (2nd ed.). Springer.

Hays, P. L., Smith, J. M., Van Tassel, A. R., & Walsh, G. M. (2000). Spacepower for a New Millennium: Space and U. S. National Security. McGraw - Hill.

Hellmann, J. S., & Kaufmann, D. (2001). Confronting the Challenge of State Capture in Transition Economies. Finance & Development, 38 (3).

Hellmann, J. S., & Kaufmann, D. (2000). Seize the State, Seize the Day: State Capture, Corruption and Influence in Transition (Working Paper No. 2444). World Bank Policy Research.

Heper, M. (1985) . The State and Public Bureaucracies: A Comparative and Historical Perspective. Comparative Studies in Society and History (Vol. 27).

Hitchens, T. , & Johnson - Freese, J. (2016) . Toward a New National Security Space Strategy. Atlantic Council. https: //www. atlanticcouncil. org/wp - content/uploads/2015/08/AC _ StrategyPapers _ No5 _ Space _ WEB1. pdf (Accessed on 2 January 2023).

Hobbes, T. (2017 [1651]) . Leviathan. Edited by Noel Malcolm. Oxford University Press.

Hoffman, D. E. (2002) . The Oligarchs: Wealth and Power in the New Russia. Public Affairs.

Hough, J. F. (1977) . The Soviet Union and Social Science Theory. Harvard University Press.

Hough, J. F. (1997) . Democratization and Revolution in the USSR, 1985 - 1991. The Brookings Institution.

Hull, M. M. (2012) . Far from Nuremberg. The United States, War Crimes, and the International Criminal Court. Inter Agency Journal, 3 (2), Special Edition.

Huntington, S. P. (1957) . The Soldier and the State: The Theory and Politics of Civil - Military Relations. Belknap.

Huntington, S. P. (1968) . Political Order in Changing Societies. Yale University Press.

Hyatt, J. L. , Paul, L. L. , Rampino, M. A. , Ricchi, R. R. , & Schwarz, J. H. (1995) . Space Power 2010. Air University Press.

Igan, D. , & Lambert, T. (2019) . Bank Lobbying: Regulatory Capture and Beyond (IMF Working Paper [WP/19/171]) . International Monetary Fund.

Jacobs, L. R. , & Page, B. I. (2005) . Who Influences US Foreign Policy? American Political Science Review. , 99 (1), 107 - 123.

Janowitz, M. (1960) . The Professional Soldier: A Social and Political Portrait. Free Press.

Johnson, D. J. , Pace, S. , & Gabbard, B. (1998) . Space: Emerging Options for National Power. RAND Corporation.

Jusell, J. J. (1998) . Space Power Theory: A Rising Star. Air University Press.

Kagawa - Fox, M. (2009) . Japan's Whaling Triangle—The Power Behind the Whaling Policy. Japanese Studies. , 29 (3), 401 - 414.

Karlan, P. (1999) . Politics by Other Means. Virginia Law Review, 85 (8), 1697 - 1724.

Kaufmann, D. , Kraay, A. , & Mastruzzi, M. (2010) . The Worldwide Governance Indicators: Methodology and Analytical Issues (World Bank Policy Research Working Paper No. 5430).

Kelley, J. (2007) . Who Keeps International Commitments and Why? American Political Science Review, 101 (3).

Kepron, M. , Hitchens, T. , and Katz - Hyman, M. (2011) . Preserving Freedom of Action in Space: Realizing the Potential and Limits of U. S. Spacepower. In C. D. Lutes, & P. L. Hays (Eds). Toward a Theory of Spacepower—Selected Essays. Defense University.

Khatri, N. , & Ojha, A. K. (2016) . Indian Economic Philosophy and Crony Capitalism. In N. Khatri, & A. K. Ojha (Eds), Crony Capitalism in India. Establishing Robust Counteractive Institutional Frameworks. Palgrave.

Khatri, N. , & Ojha, A. K. (Eds) . (2016) . Crony Capitalism in India. Establishing Robust Counteractive Institutional Frameworks. Palgrave.

Klein, J. (2006). Space Warfare: Strategy, Principles, and Policy. Routledge.

Klein, J. (2019). Understanding Space Strategy: The Art of War in Space. Routledge.

Kryshtanovskaya, O., & White, S. (2003). Putin's Militocracy. Post - Soviet Affairs, 19 (4).

Kumar, R. (2016). Role of Business in India's Foreign Policy. India Review, 15 (1), 98 - 111.

Kuziemko, I., & Werker, E. (2006). How Much Is a Seat on the Security Council Worth? Foreign Aid and Bribery at the United Nations. Journal of Political Economy, 114 (5), 905 - 930.

Lambakis, S. (2001). On the Edge of Earth: The Future of American Space Power. University Press of Kentucky.

Larned, R. E. (1994). Air and Space Doctrine Symposium. Air University Press.

Lee, J. G. (1994). Counterspace Operations for Information Dominance. Air University Press.

Lieberthal, K., & Oksenberg, M. (1988). Policy Making in China: Leaders, Structures, and Processes. Princeton University Press.

Lindblom, C. E. (1977). Politics and Markets. Basic Books.

Linz, J. J., & Stepan, A. C. (1996). Toward Consolidated Democracies. Journal of Democracy, 7 (2).

Lockwood, N. J. (2013). International Vote Buying. Harvard International Law Journal, 54 (1), 97 - 156.

Lupton, D. E. (1988). On Space Warfare: A Space Power Doctrine. Air University Press.

Lutes, C. D. (2008). Spacepower in the 21st Century. Joint Force Quarterly., 49, 66 - 72.

Lutes, C. D., & Hays, P. L. (Eds). (2011). Toward a Theory of Spacepower: Selected Essays. National Defense University Press.

Mann, M. (1984). The Autonomous Power of the State: Its Origins, Mechanisms and Results. European Journal of Sociology, 25, 185 - 213.

Mann, M. (1986 - 2102). The Sources of Social Power (4 volumes). Cambridge University Press.

Mann, M. (1993). The Sources of Social Power. Vol. Ⅱ. The rise of classes and nation - states, 1760 - 1914. Cambridge University Press.

Mann, M. (2013). The Sources of Social Power. Volume 4: Globalizations, 1945 - 2011. Cambridge University Press.

Martindale, M., & Deptula D. A. (2018). Organizing Spacepower: Conditions for Creating a US Space Force (Mitchell Institute Policy Papers 16). Mitchell Institute.

Mazumdar, S. (2008). Crony Capitalism and India: Before and After Liberalization (Working Paper No. 2008/04). Institute for Studies in Industrial Development.

Migdal, J. S. (1988). Strong Societies and Weak States: State - Society Relations and State Capabilities in the Third World. Princeton University Press.

Mills, C. W. (1956). The Power Elite. Oxford University Press.

Moltz, J. C. (2019). The Changing Dynamics of Twenty - First - Century Space Power. Journal of Strategic Security, 12 (1), 15 - 43.

Morikawa, J. (2009). Whaling in Japan: Power, Politics and Diplomacy. Hurst & Company.

Mulgan, A. G. (2000). The Politics of Agriculture in Japan. Routledge.

Nettl, J. P. (1968). The State as a Conceptual Variable. World Politics., 20 (4), 559 - 592.

Newberry, R. D. (2003). Latin American Countries with Space Programs: Colleagues or Competitors?

Air & Space Power Journal. , 17 (3), 39 - 48.

Nooruddin, I. , & Payton, A. L. (2010) . Dynamics of Influence in International Politics: The ICC, BIAs, and Economic Sanctions. Journal of Peace Research. , 47 (6), 711 - 721.

Nye, J. S. , Jr. (2004) . Soft Power. The Means to Success in World Politics. Public Affairs Books.

Oberg, J. E. (1999) . Space Power Theory. US Air Force Academy.

Office of the US Trade Representative (2000) . Monitoring and Enforcing Trade Laws and Agreements. Fact Sheet, Executive Office of the President. https://1997 - 2001. state. gov/issues/economic/fsustr _ 000501 _ tradelaws. html (Accessed on 2 January 2023).

Olson, M. (1965) . The Logic of Collective Action: Public Goods and the Theory of Groups. Harvard University Press.

Orttung, R. W. (2006) . The Role of Business in Russian Foreign and Security Relations. In A. Wenger, J. Perovic, & R. Orttung (Eds) . Russian Business Power. The Role of Russian Business in Foreign and Security Relations. Routledge.

Orttung, R. W. (2004) . Business and Politics in the Russian Regions. Problems of Post - Communism. , 51 (2), 48 - 60.

Paikowsky, D. (2017) . The Power of the Space Club. Cambridge University Press.

Palmer, G. , Wohlander, S. B. , & Morgan, T. C. (2002) . Give or Take: Foreign Aid and Foreign Policy Substitutability. Journal of Peace Research, 39 (1), 5 - 26.

Paracer, S. , & Ahmadjian, V. (2000) . Symbiosis: An Introduction to Biological Associations. Oxford University Press.

Pfaltzgraff, R. L. (2011). International Relations Theory and Spacepower. In C. D. Lutes, & P. L. Hays (Eds) . Toward a Theory of Spacepower: Selected Essays. National Defense University Press.

Rana, K. S. (2017) . Serving the Private Sector: India's Economic Diplomacy. In N. Bayne, & S. Woolcock (Eds) . The New Economic Diplomacy: Decision - Making and Negotiation in International Economic Relations. Routledge.

Remington, T. (2008) . Patronage and the Party of Power: President - Parliament Relations Under Vladimir Putin. Europe - Asia Studies. , 60 (6), 959 - 987.

Roth, K. (2003) . Letter to U. S. Secretary of State Colin Powell on Exemption Agreement Waivers for All ICC States Parties (9 December) . https://www. hrw. org/node/235872/printable/print (Accessed on 2 January 2023).

Rueschemeyer, D. , & Evans, P. (1985) . The State and Economic Transformation: Toward an Analysis of the Conditions Underlying Effective Intervention. In P. Evans, S. Rueschemeyer, T. Skocpol (Eds). Bringing the State Back In. Cambridge University Press.

Sartori, G. (1970) . Concept Misformation in Comparative Politics. The American Political Science Review, 64 (4), 1033 - 1053.

Savage, C. (2023) . Pentagon Blocks Sharing Evidence of Possible Russian War Crimes With Hague Court. The New York Times (March 8).

Schattschneider, E. E. (1960) . The Semisovereign People. The Dryden Press.

Shlapentokh, V. (1996) . Early Feudalism: The Best Parallel for Contemporary Russia. Europe - Asia Studies, 48 (3).

Shlapentokh, V. (2003). Hobbes and Locke at Odds in Putin's Russia. Europe - Asia Studies, 55 (7).

Shlapentokh, V. (2007). Contemporary Russia as a Feudal Society. Palgrave - Macmillan.

Skocpol, T. (1985). Bringing the State Back in: Strategies of Analysis in Current Research. In P. Evans, D. Rueschemeyer, & T. Skocpol (Eds). Bringing the State Back In. Cambridge University Press.

Smith, M. V. (2001). Ten Propositions Regarding Spacepower. Air University Press.

Smith, M. V. (2016). Spacepower and the Strategist. Naval Institute Press.

Stigler, G. (1971). The Theory of Economic Regulation. Bell Journal of Economics and Management Science., 2, 3 - 21.

Stiglitz, J. E. (2002). Globalization and its Discontents. W. W. Norton & Co.

Stone, R. W., Wang, Y., & Yu, S. (2022). Chinese Power and the State - Owned Enterprise. International Organization., 76 (1), 229 - 325.

Strand J. R., & Tuman, J. P. (2012). Foreign Aid and Voting Behavior in an International Organi - zation: The Case of Japan and the International Whaling Commission. Foreign Policy Analysis, 8 (4).

Strüver, G. (2016). What Friends Are Made of: Bilateral Linkages and Domestic Drivers of Foreign Policy Alignment with China. Foreign Policy Analysis, 12 (2), 170 - 191.

Sullivan, P. L., Tessman, B. F., & Li, X. (2011). US Military Aid and Recipient State Cooperation. Foreign Policy Analysis, 7, 275 - 294.

Surindar, P., & Ahmadjian, V. (2000). Symbiosis: An Introduction to Biological Associations. Oxford University Press.

Teorell, J., et al. (2020). The Quality of Government Standard Dataset, Version Jan 20. University of Gothenburg.

Tilly, C. (Ed.). (1975). The Formation of National States in Western Europe. Princeton University Press.

Tortora, J. J. (2015). "European Autonomy in Space: The Technological Dependence." In C. AlEkabi (Ed.). European Autonomy in Space. Springer.

Townsend, B. (2019). Space Power and the Foundations of an Independent Space Force. Air & Space Power Journal, 33 (4), 11 - 24.

Transparency International. (2022). Corruption Perceptions Index. Transparency International. https://www.transparency.org/en/cpi/2022. (Accessed on 10 February 2023).

USAF. (1998). Air Force Doctrine Document 2 - 2. Air Force Doctrine Center. United States Air Force.

USSF. (2020). Spacepower: Doctrine for Space Forces (Military Doctrine). Headquarters United States Space Force.

Vaccaro, A. (2022). Measures of State Capacity: So Similar, Yet So Different. Quality & Quantity.

Varma, A., Hu, B., & Bloomquist, L. (2016). Family Oligarchies and Crony Capitalism in India. In N. Khatri, A. K. Ojha (Eds). Crony Capitalism in India. Establishing Robust Counteractive Institutional Frameworks. Palgrave.

Vreeland, J. R. (2019). Corrupting International Organizations. Annual Review of Political Science, 22, 205 - 222.

Weber, M. (1994). The Profession and Vocation of Politics. In P. Lassman, & R. Speirs (Eds). Weber: Political Writings. Cambridge University Press.

Wedel, J. R. (2009). Shadow Elite. How the Worlds New Power Brokers Undermine Democracy, Government, and the Free Market. Basic Books.

Wedel, J. R. (2014). Unaccountable. How the Establishment Corrupted Our Finances, Freedom and Politics and Created an Outsider Class. Pegasus Books.

Winters, J. A. (2011). Oligarchy. Cambridge University Press.

Winters, J. A., & Page, B. I (2009). Oligarchy in the United States? Perspectives on Politics, 7 (4).

Woo, B., & Chung, E. (2018). Aid for Vote? United Nations General Assembly Voting and American Aid Allocation. Political Studies., 66 (4), 1002 - 1026.

Wouters, J., & Hansen, R. (2015). Strategic Autonomy in EU Space Policy: A Conceptual and Practical Exploration. In C. Al - Ekabi (Ed.). European Autonomy in Space. Springer.

Yackee, J. W., & Yackee, S. W. (2006). A Bias Towards Business? Assessing Interest Group Influence on the U. S. Bureaucracy. The Journal of Politics., 68 (1), 128 - 139.

Zeng, K. (2004). Trade Threats. Bargaining, Retaliation, and American Coercive Diplomacy. University of Michigan Press.

第3章　衡量太空行为体：方法框架

本章提供了一种方法来实现第2章描述的概念框架，它详细描述了如何将太空力量分解为能力和自主性两个组成维度，以及如何将这两个维度进一步细分为四个子维度：硬能力、软能力、硬自主性和软自主性。本章深入介绍了每个子维度的组成指标，并详细解释了基本衡量模型。

3.1　方法框架和评分系统概述

在第2章中，我们为采用多维度理解太空力量提供了实证。与主张严格划分层级的人不同，我们提出了一种更复杂、更理想又典型的太空行为体分类法，将太空行为体视为分布在一个非层级空间中。我们的太空力量矩阵正是为了实现这一目标而设计的。该矩阵描述了太空力量概念的运用，以及为什么只有某些国家可以声称自己拥有航天强国的地位。事实上，该矩阵基于两个分析维度——自主性和能力，并融合了表达和衡量太空力量概念的四个子维度。然而，要将这种概念在矩阵中以实证方式对太空行为体进行定位需要一种方法。在本章中，我们将建立一个衡量模型，用于实际衡量和比较太空行为体在太空力量矩阵中的地位。

将多维概念转化为综合或合成度量的过程一般分为四个主要阶段。第一阶段提供核心概念的定义。正如我们所论证的，航天强国指的是那些拥有部署、运行手段并可以从所有太空相关能力中受益的行为体。

第二阶段是确定核心内容的各个维度。在我们的理论框架中，这些首先与能力和自主性相对应。

第三阶段包括选择与观察各个维度相关的指标。根据一个广为接受的定义，指标是“在无法进行直接衡量时，用来定义或指代概念的间接经验表征”（Payne，2004）。指标应指向可直接观察到的特征，并与相关维度明确相关。正如Payne（2004：118）所指出的，指标“必须正确反映核心概念的本质属性”。

第四阶段的结果是在可能的情况下将选定的指标合并成一个综合衡量标准：也就是说，将多个变量汇总成一个综合指标或指数。不同的汇总方法显然会产生不同的结果。此外，每种汇总方法都意味着一系列理论假设，因此应谨慎选择。例如，将两个指标平均化会产生互补效应，因为一个变量的任何增加都会抵消另一个变量的同等减少。

第2章的重点是前两个阶段，而本章则对其余两个阶段进行了扩展。本书采用的方法简单明了。如前所述，太空力量的概念包括两个基本维度：能力和自主性。每个维度都包括两个子维度。具体而言，能力分为硬能力和软能力，自主性分为技术自主性和政治自主性。因此，每个分项又分为若干领域，每个领域包括若干条目。最后，每个条目都被赋予一个分数。

评分系统涉及一个逐级过程，通过涵盖各个领域的条目分数，最终形成一个综合的“太空力量指数”。该指数的编制分为六个主要阶段，如图 3－1 所示。

首先，每项指标（如卫星数量）都得到了从 1 到 4 的分数，1 代表最低的能力或自主性水平，4 代表最高的能力或自主性水平。其次，对每个指标所属领域（如通信）的得分进行平均，得出 1 至 4 的单一数值。第三，对每个领域所属的宏观领域（例如应用卫星）的得分进行平均，得出 1 至 4 的单一数值。第四，每个宏观领域的得分已按其所属的子维度（如硬能力）进行平均，得出 1 至 4 的单一数值。第五，对每个子维度（如能力）所属维度的得分进行平均，得出 1 至 4 的单一数值。第六，将自主性和能力的得分共同绘制成“太空力量矩阵”，并合并成所谓的“太空力量指数”。

太空力量指数依赖于定量和定性数据。一方面，定量数据与硬能力和技术自主性的可观测部分相关；另一方面，定性数据可用于处理软能力和政治自主性。

定量数据取自各种专业来源，并与维也纳欧洲空间政策研究所（ESPI）的数据库相结合。重要的是，这些数据覆盖了从 2011 年到 2020 年的 10 年时间跨度。该数据集是通过收集这一时期火箭发射的公开资料而建立的，其中考虑到了发射器、发射地点、发射国家以及发射器方面的发射结果。数据集列出了每次发射的有效载荷、制造商和运营商、国籍及功能类别。而与发射和卫星系统无直接联系的数据，则是根据安全世界基金会、国际战略研究中心、忧思科学家联盟或科学技术政策研究所等组织和智库的报告，并结合其他开源数据整理而成。为了使变量之间具有可比性，每个维度的得分都被转换成 1 到 4 的四分制。

定性数据的收集得益于拟定和实施了一项专项调查，即“衡量太空力量”调查，调查对象为选定的太空行为体的太空活动方面的专家。以专家为基础的衡量提高了本研究报告所做衡量的有效性，使人们能够深入了解“软”以及“政治”维度，弥补了太空相关决策过程中指标数据的广泛性或高级性的不足。

“衡量太空力量”调查于 2021 年 4 月启动，一直持续到 2021 年 10 月。调查内容均针对 2010 年至 2020 年（COVID－19 大流行爆发之前）的情况。调查问卷仅限受邀者，邀请邮件发送给太空研究领域的著名学者、决策者和分析师，他们都具备与比较衡量内容相关的专业知识。所有答案均是匿名的。

调查由 50 道多项选择题组成。受访者需严格按照其专业所在国的情况提供答案。调查答案采用 1 至 4 的四分制。总体而言，共收集到约 50 份匿名答案，同时注重保持每个太空行为体在分析中收集的答案数量平衡。为了确保衡量的平衡性，并尽量避免任何规范性和/或政治性偏见，我们确保每个国家的受访者既有本国人士，也有外籍人士。就欧洲的特殊情况而言，选定的受访者来自六个欧洲国家（奥地利、比利时、法国、德国、意大利和英国）。

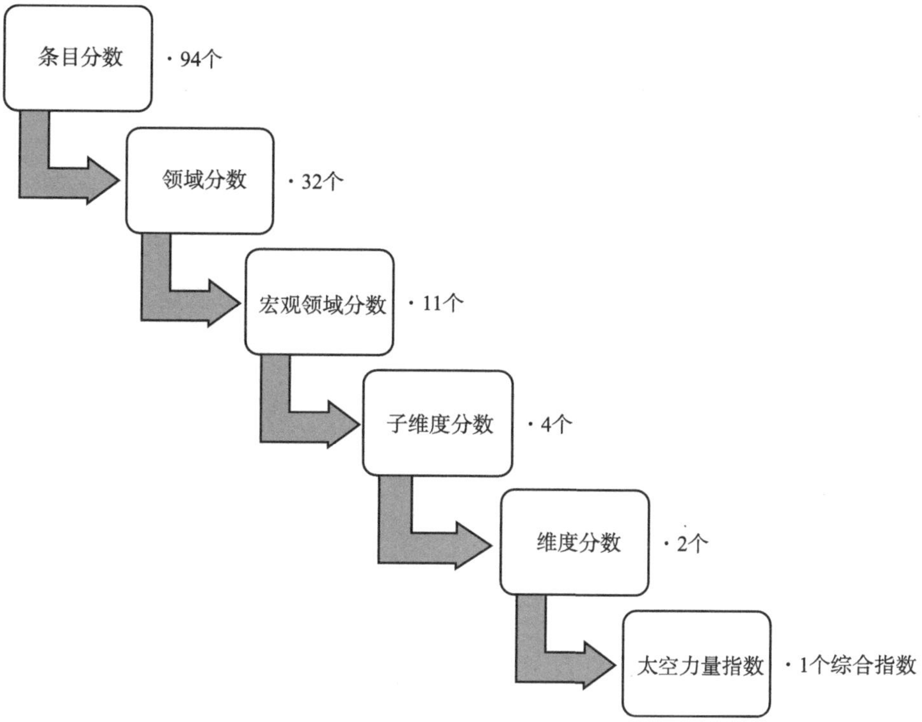

图 3 - 1　“太空力量指数”汇编

3.2　衡量能力

如第 2 章所述，太空力量概念被细分为两个维度，第一个维度涉及能力领域。就太空活动而言，能力可广义地理解为国家为实现其经济、政治或社会目标而实施空间相关战略的能力。

能力包括硬和软两个子维度。为了捕捉整体能力分布的变化，我们采用了一套两个分类指数：

• 硬能力分类指数，基于 37 个定量指标，旨在衡量允许行为体在现有的全部太空领域内开展各种太空活动的物质资产和能力；

• 软能力分类指数，基于 26 个定性指标，旨在衡量国家有效利用和整合国家政策、基础设施和开展活动的资产与专业知识的能力。

这两个分类指数由不同的领域组成，每个领域都包括若干条目。如图 3 - 2 所示，每个条目的得分从 1 分（“最低能力”）到 4 分（“最高能力”）不等。条目得分的平均值为最终编制出“硬能力”子维度的综合指标和“软能力”子维度的综合指标。

随后将衡量这两个能力指数得出的数值转换成一个子矩阵，以图表形式将一个国家的硬能力和软能力结合起来，并显示其相对于其他国家的地位（见图 3 - 2）。

最终，两个能力分类指数的得分被平均合并为一个能力指数。这个总体能力值将用于绘制太空力量主矩阵。

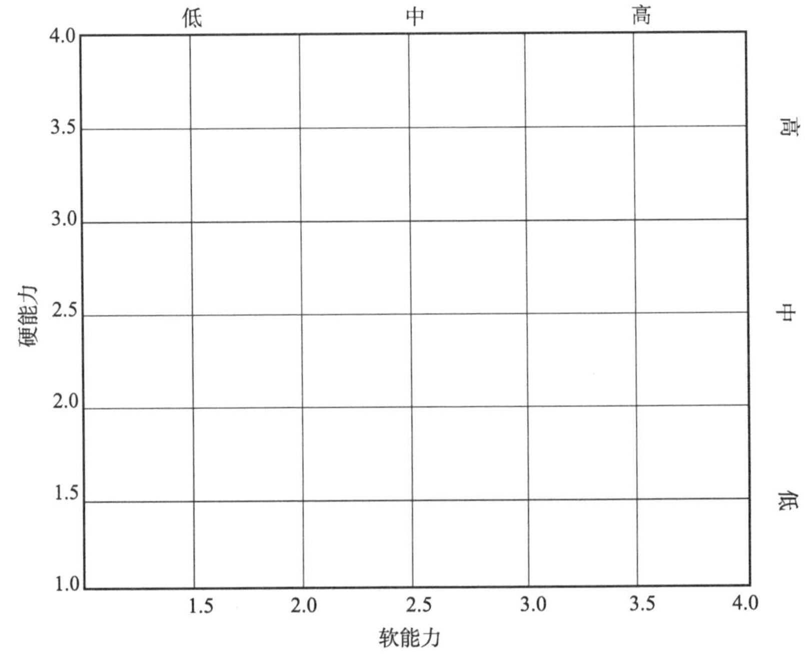

图 3-2 能力子矩阵

3.2.1 硬能力

我们所说的硬能力横跨四个重要的宏观领域：“应用卫星”“科学与探索”“太空安全与防卫措施”以及“使能与支持”。每个宏观领域又涵盖若干领域，共计 12 个相关领域。每个领域都包括若干指标。表 3-1 全面列出了衡量模型所依据的指标。至于本书中的其他子维度，每个指标的深入解释将在相关章节的专门部分中提供。

表 3-1 硬能力的衡量：宏观领域、具体领域和条目

宏观领域	具体领域	条目
应用卫星	通信	1:卫星数量
		2:任务的多样性
		3:性能(技术分类)
	遥感	4:卫星数量
		5:任务的多样性
		6:性能(传感器种类)
	定位、导航和授时	7:覆盖范围
		8:增强(天基)
		9:性能(精度)

续表

宏观领域	具体领域	条目
科学与探索	空间和地球科学	10:空间科学任务的数量
		11:地球科学任务的数量
	载人航天	12:宇航员
		13:货运飞船/计划
		14:载人飞船/计划
		15:空间站
		16:舱外活动(EVA)
	机器人探索	17:探索任务的数量
		18:操作任务数量
		19:目标的多样性
		20:任务架构的多样性
太空安全与防卫措施	空间态势感知	21:太空监视和跟踪
		22:近地物体监测
		23:太空天气
	反太空	24:研发反太空能力
		25:测试反太空能力
		26:部署反太空能力
使能与支持	航天运输	27:发射频率
		28:发射器的种类
		29:发射器的性能
		30:发射器的可靠性
	地面操作	31: TT&C 基础设施
		32:发射设施
	太空操作	33:主动清除碎片能力
		34:寿命延长服务
		35:在太空部署能力
	技术演示	36:技术演示任务的数量
		37:技术演示的种类

3.2.1.1　应用卫星

太空应用已成为现代社会不可或缺的一部分，以至于如果世界突然失去导航、通信或地球观测卫星的支撑，肯定会陷入一片混乱。每天，无数的政府、军事、商业和个人用户都依靠天基应用提供各种服务。正如 Pelton 等人（2013 年）所总结的：

全球新闻、卫星娱乐频道、体育赛事报道、海上船只或空中飞机的通信等服务经常依赖于卫星。现在，农民依靠卫星来灌溉庄稼、添加适量的肥料或检测作物病害。捕鱼船队利用卫星知道在哪可以捕鱼。能源和资源公司利用卫星成像了解在哪里挖掘或钻探。应对全球变暖、保护对地球生命至关重要的臭氧层，以及维持地球上动植物生物多样性的其他活动，都有赖于应用卫星。应对重大灾难通常也需要分析卫星图像和使用移动卫星通信。

所有这些应用都是通过应用卫星系统实现的，这些系统各具特色，并服务于最多样化的需求。根据常用的分类方法，“应用卫星”这一宏观领域可分为三个具体领域，即通信、遥感以及定位、导航和授时。在此对这三个领域进行说明。

（1）通信系统

通信卫星是最知名和最成熟的应用卫星类型。20 世纪 60 年代，天基技术首次实际应用于电信领域。这些卫星通过接收和转发来自地面上的一个或多个地点的语音、视频和数据信号，使全球通信系统的构建成为可能。虽然卫星通信的地基替代品普遍存在，但在自然灾害和紧急情况下，当其他地基传输系统瘫痪时，卫星通信的使用往往至关重要（Labrador，2023）。此外，正如联合国外层空间事务办公室所强调的，“天基技术通常可以降低对基础设施的依赖，并提供更具成本效益的服务选项。例如，与其建造一系列发射塔和中继塔向偏远地区播放电视节目，不如向偏远社区提供一个卫星天线，接收卫星发送的广播信号”（UNOOSA，2023a）。通信卫星有许多类型，“其设计因用途而异。它们使用不同的轨道、不同的频率，并使用不同的功率水平传输不同类型的信号”（ESA，2023a）。通信领域通过以下指标进行衡量：

指标 1：通信卫星数量。该指标衡量 2011—2020 年期间发射并由国家运营的通信卫星的数量。当卫星数量达到每年 10 颗或以上（在本研究所考虑时期内至少 100 颗）时，该国及其国家行为体展示了卫星通信方面的重要成就，表明卫星通信是国家通信基础设施的相关部分。本条目的赋分情况如下：

4＝超过 100 颗卫星（不考虑超大型星座）。

3＝21 到 100 颗卫星之间（不考虑超大型星座）。

2＝2 到 20 颗卫星之间。

1＝0 至 1 颗卫星。

指标 2：任务的多样性。通信卫星可分为不同类别。可以根据卫星提供的服务类型（是固定还是移动卫星服务），或者基于它们的任务进行分类。通信卫星通常可分为：1）广播和一般通信；2）自动化信息系统；3）数据中继。本条目的赋分情况如下：

4＝三个任务（或更多）。

3＝两个任务。

2＝一个任务。

1＝未启动卫星通信。

指标 3：性能（技术范围）。通信卫星可以有不同的结构，涉及不同的技术。最近的技术发展包括：1）LEO 宽带星座；2）高通量通信卫星；3）中继卫星；4）太空物联网；5）军用卫星。鉴于其安全要求，通常采用先进技术并执行特定的高级任务。该指标旨在通过奖励那些致力于卫星通信技术创新、布局各种技术并追求上述创新的卫星架构/系统之一的国家来衡量这一范围。本条目的赋分情况如下：

4＝三种或三种以上创新技术。

3＝两种创新技术。

2＝一种创新技术。

1＝无创新（只是常规的 FSS/MSS 卫星通信）。

（2）遥感系统

遥感是在不直接接触某一区域的情况下，通过测量其反射或辐射特性来探测、监测和获取该区域物理特征信息的过程，通常是通过使用卫星或飞机来实现。遥感卫星就像一只放大的人类眼睛，能够进行行星尺度的测量，并在多年中持续复制这些测量结果（NASA，2014）。遥感卫星可用于各种军事和民用目的，包括气象学、预警、环境和资源监测、制图和城市规划、地球科学研究以及灾害管理（Madry，2013）。与通信一样，要在遥感领域开展重要活动，一定数量的卫星是必不可少的。此外，由于任务种类繁多，需要多种传感器来收集成像数据和提取不同类型的信息，以服务于非常广泛的应用和行业（EUSPA，2021a）。因此，传感器类型的多样性是一个重要指标。在我们的衡量模型中，遥感领域通过以下指标进行评估：

指标 4：遥感卫星数量。该指标衡量 2011—2020 年期间发射并由相关行为体运行的遥感卫星数量。当卫星数量达到每年 10 颗或以上（在本书研究的时间范围内至少 100 颗）时，我们认为该国及其国家实体在遥感方面展示了重要的成就。本条目的赋分情况如下：

4＝超过 100 颗卫星。

3＝20 到 100 颗卫星之间。

2＝2 到 20 颗卫星之间。

1＝0 或 1 颗卫星。

指标 5：任务的多样性。遥感卫星可分为不同类别。根据公开数据和常见分类，考虑的类别有：1）地球观测；2）气象；3）预警；4）信号情报；5）空间态势感知。本条目的赋分情况如下：

4＝三个任务（或更多）。

3＝两个任务。

2＝一个任务。

1＝无遥感卫星。

指标 6：性能（传感器种类）。遥感卫星的种类繁多，性能各异，而且发展迅速。虽然由于军事或专利方面的限制，各国的分辨率信息并不可以完全获取，不易以简单的方式进行比较，但一个国家所能具有的传感器种类可以作为关键性能的代用指标。部署的传感器种类越多，一个国家利用卫星获得的应用就越多。在衡量这一指标时，将光学和雷达传感器作为遥感业务的基线。在此基线上增加与气象相关的空间传感器有助于实现最佳业务能力。为了达到最佳效果，一个国家可以增加额外的先进传感器，如高光谱相机或射频监测传感器，以获得最高分。本条目的赋分情况如下：

4＝优化＋附加传感器（高光谱、射频监测等）

3＝业务优化（雷达＋光学＋气象）。

2＝业务基线（雷达＋光学）。

1＝低于基线。

（3）定位、导航、授时系统

卫星导航是主要卫星应用类型中“最年轻的”一种（Pelton 和 Camacho - Lara，2013）。尽管如此，它已迅速成为现代社会运行不可或缺的重要工具，每天都有无数政府、军事、商业甚至个人用户出于各种目的依赖导航系统。正如美国交通部所指出的，通常所说的导航是指“三种不同能力组成的组合：

• 定位，即以标准大地衡量系统（如 1984 年世界大地衡量系统，或 WGS84）为基准，准确无误地确定个人二维（或必要时三维）位置和方向的能力；

• 导航，即确定当前位置和期望位置（相对或绝对位置），并对航向、方位和速度进行修正，以便在世界任何地方（从地表下到地表，从地表到太空）达到期望位置；

• 授时，即从一个标准（协调世界时，或 UTC）中获取和保持准确时间的能力，并在用户定义的时效参数范围内。授时还包括时区的转移”（美国运输部，2023）。

定位、导航和授时（PNT）服务由不同类型的天基系统提供，这些系统被称为全球导航卫星系统（GNSS）或区域导航卫星系统（RNSS）。GNSS 是一个由卫星组成的星座，从太空提供信号，向 GNSS 接收机传输定位和授时数据，接收机利用这些数据确定位置（EUSPA，2021b）。根据定义，GNSS（如美国的 GPS 或俄罗斯的 GLONASS）覆盖全球，而 RNSS（如日本的 QZSS 或印度的 NAVIC）则是区域性的。

在我们的衡量模式中，PNT 领域通过以下指标进行衡量：

指标 7：系统覆盖范围。导航卫星系统可以是区域性的，也可以是全球性的。与全球系统相比，区域系统所需的硬件和基础设施更为有限。本指标衡量被考虑的行为体是否在 2020 年之前全面部署了导航卫星系统，以及是否建立了区域或全球导航卫星系统。本条目的赋分情况如下：

4＝全面部署全球系统。

3＝区域覆盖范围（已部署区域系统，或正在部署全球系统）。

2＝正在部署区域系统。

1＝无 GNSS 系统。

指标 8：天基增强。除导航卫星系统外，各国还使用增强系统来提高卫星提供的 PNT 服务的准确性。世界上只有少数国家开发了天基增强系统（SBAS），其他国家（如新西兰或澳大利亚）已承诺开发该系统。SBAS 的部署需要进一步的基础设施，它是实现更精确操作的推动因素，尤其是在航天产业。本指标衡量所考虑的行为体是否已开发并部署了 SBAS 系统。本条目的赋分情况如下：

4＝已部署 SBAS 系统。

3＝正在部署 SBAS 系统。

2＝正在开发 SBAS 系统。

1＝无系统。

指标 9：精度性能。全球导航卫星系统有许多可以比较的不同要素。最直接的要素，也是其应用潜力的代表，是系统的精度（以 m 为单位）。全球导航卫星系统通常有两种精度：一种是公开提供的服务；另一种是加密服务，通常只提供给授权的军事实体。本指标对一国的卫星导航系统是否达到亚米级精度进行评分。本条目的赋分情况如下：

4＝亚米级精度。

3＝10 m 及以下，最高 1 m。

2＝10 m 或更高。

1＝无系统。

3.2.1.2　科学与探索

科学与探索是太空力量的组成部分，也是主要太空行为体争取成为航天强国的组成部分。自太空时代开始以来，科学与探索一直是创新、灵感、人类进步和经济发展的催化剂（ESA，2023c）。推动科学和探索活动的理由是多方面的，包括“实用理由，涉及经济效益、对国家安全的贡献、对国家地位和国际关系的贡献、激励学生和公民进一步接受科学和工程教育，以及对科学的贡献；理想理由，涉及人类的最终生存（在地球外定居）、人类的共同命运以及探索的愿望”（UNCOPUOS，2018）。

一个国家要充分挖掘太空的潜力并发展适当的能力，在这一宏观领域开展活动至关重要，因为科学研究通常会带来新技术、技能和专业知识发展的必要条件。事实上，这两个方面之间存在着互惠互利的相互作用，用一句话来概括就是：科学引领技术，技术促进科学。

这一宏观领域所涵盖的活动类型多种多样，相互之间关联密切。它包括太阳物理学和空间物理学；人类和机器人对太阳系中行星、卫星和小行星的探测；对太阳系外宇宙中天体和现象的起源、演变和现状的研究；在微重力条件下对包括人类在内的非生物和生物材料的研究；以及从太空对地球的研究（Logsdon，2023）。为简单起见，这一宏观领域被划分为三个主要领域，即科学（包括空间科学和地球科学）、载人航天活动和机器人探索。在此对这三个领域进行说明。

（1）空间和地球科学

空间科学是一个广义的术语，指物理科学在太空领域中的应用，是在世界各主要航天机构的计划中发挥重要作用的一个领域。虽然与通信或遥感卫星相比，专门用于空间科学的飞行任务数量较为有限，但其作用对于太空力量的建设而言并非不重要。正如欧空局（2023c）所说：“空间科学是一门致力于回答终极问题的学科：我们的地球和太阳系是如何形成和演变的？我们在宇宙中处于什么位置？我们将去往何方？生命从何而来？……空间科学任务使我们得以进入有史以来最大的科学实验室：我们的宇宙。”

空间科学包括许多分支。其中，最发达的是天文学，即研究和测量地外天体及现象的物理特性。天文学本身包括许多子领域，如天体物理学、天体生物学、天体化学、宇宙学和行星科学。

空间科学涉及对太空的探索和研究，而地球科学则涉及对地球本身的研究。这些学科涉及地球固体表面或其上方的水和空气。其中包括“研究地面和地下的水（水文学）、冰川和冰盖（冰川学）、海洋（海洋学）、大气及其现象（气象学）以及世界气候（气候学）”（Windley 和 Albritton，2021）。太空资产，尤其是地球观测卫星，为这些学科提供了基本认识，往往成为研究地球系统不可替代的手段。例如，“在全球气候观测系统确定的 54 个 ECVs 中，卫星数据提供的信息占一半以上”（ESA，2023d）。

鉴于正在考虑的飞行任务的多样性以及进行统一衡量的问题，在我们的评价模式中，“空间和地球科学”领域通过以下两个指标进行衡量：

指标 10：天文学和空间科学任务的数量。本指标衡量 2011—2020 年发射并由国家运营的天文学和空间科学相关卫星的数量。鉴于此类任务所需的技术和专业人力资本，发射的卫星数量远低于通信或遥感应用卫星的数量。每年至少发射一次任务的国家得分最高。这一条目的赋分情况如下：

4＝每年至少执行一次任务（≥10）。

3＝每隔一年至少发射一次任务（≥5）。

2＝至少执行一次任务。

1＝未发射任务。

指标 11：地球科学飞行任务的数量。本指标衡量 2011—2020 年发射并由国家运营的地球科学相关卫星的数量。鉴于此类任务所需的技术和专业人力资本，发射的卫星数量远低于通信或遥感应用卫星的数量。每年至少发射一次任务的国家得分最高。本条目的赋分情况如下：

4＝每年至少执行一次任务（≥10）。

3＝每隔一年至少发射一次任务（≥5）。

2＝至少执行一次飞行任务。

1＝未发射任务。

（2）载人航天

在阿波罗 11 号开创性地登陆月球表面的 50 多年后，载人航天活动仍然是当代国际体系中彰显大国地位的重要“标志”（Cunningham，2009）。载人飞行任务确实代表了极其鼓舞人心和极具国际知名度的成就，极大地影响了公众的看法，使国家在国际舞台上处于领先地位，并有助于树立其大国形象（Aliberti，2015）。

然而，载人航天计划仍然是一项极其艰巨的事业，不仅需要大量的财政支出和坚定的政策承诺，还涉及令人生畏的技术挑战，本身就暗含着失败乃至人员伤亡的风险。自 1972 年 12 月阿波罗计划最后一次飞行任务以来，人类未能突破低地轨道的限制，这绝非偶然现象。

虽然在过去的几十年中，有宇航员在太空飞行的国家数量不断增加，但所需的人力、技术和财政资源的规模仍然很大，只有少数几个国家具备维持这些昂贵、复杂和雄心勃勃的计划所需的知识、能力和基础设施的组合。截至 2023 年，美国、俄罗斯和中国是为数不多的有能力自主开展载人航天活动的国家。

在我们的衡量模型中，“载人航天”领域通过以下指标进行衡量。

指标 12：宇航员。训练宇航员并让他们做好执行太空任务的准备，需要在相关设施和劳动力方面做出巨大努力。在本研究所考虑的时期内进入太空的宇航员人数可以作为一个国家在载人航天活动方面做出努力的指标。飞行任务一次需要三名宇航员（或两名），这意味着每年发射的宇航员少于两名的国家很可能是在参加第三方的任务，而不是执行自己的任务，或者只是偶尔开展载人航天活动。本条目的赋分情况如下：

4＝每年发射两名或两名以上的宇航员。

3＝每隔一年至少发射一名宇航员。

2＝至少发射一名宇航员。

1＝2011—2020 年没有发射宇航员。

指标 13：舱外活动。进行舱外活动（EVA）需要极高的技术要求、充足的劳动力支持、严格的训练和周密协调。对于宇航员和地面人员来说，舱外活动都是非常困难的任务，因此不能将舱外活动的努力视作理所当然。若要根据 EVA 活动的表现对各国进行比较（以 2011—2020 年进行的 EVA 总次数为指标），并同时考虑其频率（每年少于一次、每年至少一次、每季度一次以上），则这种做法可能有失偏颇，因为只有美国和俄罗斯以及中国完全有能力自主进行舱外活动。本条目的赋分情况如下：

4＝在所考虑时期内每季度参加一次以上太空行走（2011—2020 年超过 40 次 EVA）。

3＝在所考虑时期内每年参加一次以上太空行走（2011—2020 年参加 10 次以上 EVA）。

2＝在所考虑时期内至少参加过一次太空行走。

1＝2011—2020 年未有国家宇航员进行太空行走。

指标 14：货运飞船。货运飞船对于向空间站或轨道上的其他目的地运送补给品至关重要。有些国家可能由于过去的飞行任务而拥有专门技术（如欧洲），但现在没有积极开发/使用的货运飞船。一些国家可能拥有经过验证的硬件设备和货运飞船，但并不经常使用（如日本的 HTV）。各国也可以广泛使用这些太空飞船。本指标试图说明货运飞船的使用情况以及相关硬件和专有技术的所有权。本条目的赋分情况如下：

4＝经常使用硬件设备。

3＝使用硬件设备，但在所考虑时期的使用次数有限。

2＝拥有专业知识/硬件设备。

1＝无专业知识。

指标 15：载人飞船/计划。与货运飞船一样，载人飞船和载人运输系统对载人航天飞行至关重要。一些国家可能继承了专门技术，但没有制定积极的载人航天能力计划，另一些国家可能正在开发乘员舱，但还没有航天飞行经验。最后，只有少数几个国家开发了载人太空飞船，目前正在定期使用。本条目的赋分情况如下：

4＝经常使用。

3＝积极开发。

2＝拥有专业知识/硬件。

1＝无专业知识。

指标16：空间站基础设施。建设和维护空间站需要特定的专业知识、技能和资源。一些国家有能力独自开发空间站，另一些国家则选择集中精力为国际事业做出广泛而多样化的贡献，而还有一些国家专注于从事与空间站相关的专项应用，如加拿大专门从事机械臂的研发（如目前在国际空间站上使用的CanadArm－2），以在轨道上保持核心而至关重要的影响力。本条目的赋分情况如下：

4＝成熟的空间站。

3＝模块和/或基础结构。

2＝专用设备。

1＝对空间站计划无贡献。

（3）机器人探索

机器人探索是科学与探索宏观领域的一个重要组成部分。机器人探索任务是推动科学和技术进步的强大动力，能够带来重大发现，加深对宇宙起源、演化和终点的了解。除此之外，机器人探索任务还是人类探索的先驱，有助于获得必要的知识，使人类随后在太阳系的任务更加安全、富有成效（UNCOPUOS，2018）。国际空间探索协调小组在其全球探索路线图中也强调，“先驱机器人任务对于填补人类安全和成功执行任务相关的战略知识空白，以及确保后续人类探索所需投资的最大回报至关重要。在科学和人类探索的目标驱动下，加强人类任务与机器人任务之间的协同增效活动仍然是一个高度优先事项”（ISECG，2013）。

与载人航天活动一样，机器人空间探索需要开发和推进关键的使能技术、可靠的系统和高效的操作，使得这类飞行任务对人力和财力资源的要求特别高。因此，与应用卫星系统相比，在这一领域执行的飞行任务数量较为有限。迄今为止，只有少数几个国家能够掌握机器人探索所需的知识、能力和基础设施，这也在情理之中。

在我们的衡量模型中，“机器人探索”领域通过以下指标进行衡量：

指标17：2011—2020年发射的飞行任务数目。鉴于所需的技术和专业人力资本，发射的机器人探索任务数量远低于通信或遥感应用卫星数量。此类任务即使发射一次，也需要整个国家的努力，只有少数几个国家拥有在较短的时间内发射多个任务的资源。本条目的赋分情况如下：

4＝至少每隔一年发射一次任务（≥5）。

3＝发射了一个以上但少于5个任务。

2＝执行过一次任务。

1＝未发射任务。

指标18：运行任务的数量。执行机器人探索任务需要大量的努力、国家层面的协调和专业技术人员参与。如果一个国家可以同时执行多个任务，那么它的努力、资源和专业技术水平与只执行一个任务的国家相比更为突出。本指标试图通过考虑 2011—2020 年间执行的这些任务来反映这些差异。这也包括早于 2011 年发射、但在 2020 年之前任何时候都在运行的任务。得分根据 2011—2020 十年间同时运行的最多任务数量进行分配。本条目的赋分情况如下：

4＝同时运行五个以上的任务。

3＝同时运行几个任务。

2＝2011—2020 年至少有一个运行任务，但不与其他任务重叠。

1＝未发射任务。

指标 19：目的地的多样性。虽然人们对月球表面的兴趣依旧浓厚，但机器人探索的倡导者和任务研究员正在瞄准太阳系中的各种目的地。要想在不同地点发射和运行任务，需要完备的基础设施、专业的硬件设备和人员。这种目的地的多样性可以作为衡量一个国家科学实力的标尺，特别是那些计划或已向如木卫卫星、彗星、小行星等偏远且探索较少的目的地发射任务的国家，因为到达这些地方技术难度大，而且探索这些相对冷门的目的地具有额外的科学价值。本条目的赋分情况如下：

4＝近地天体、其他行星、卫星。

3＝火星。

2＝月球。

1＝无任务。

指标 20：飞行任务结构的多样性。潜在的任务结构在成本和复杂程度上各不相同，这取决于任务系统的组成，是轨道器、着陆器还是漫游车等。飞行任务可能需要部署特定的数据中继系统（如嫦娥四号），或者具有采样返回能力。一个国家能建造的不同架构越多，就越能展示其科学、技术和工程上的实力。本指标通过考虑以下架构来进行赋分：轨道器、着陆器、漫游车、采样返回器、数据中继基础设施、无人驾驶飞机。本条目的赋分情况如下：

4＝采用三种以上的不同架构。

3＝三种不同的任务架构。

2＝两个或更少。

1＝无任务。

3.2.1.3　太空安全与防卫（safety and security）措施

过去几十年来，外太空的行为体和活动的数量急剧增加，使太空环境变得更加“拥挤”，竞争更加激烈（美国国防部，2011）。新的机构和私人行为体的加入、在轨航天器的成倍增加、大量并行且基本不受控制的轨道碎片日益激增、新型活动的蓬勃发展，以及主要大国的军事行为体追求太空优势目标等，都加大了确保太空活动安全和防卫措施的紧迫性。实际上，鉴于太空资产在现代社会中的重要性，致力于开发确保其安全的能力和解决方案在太空活动中越来越重要。这里所说的安全是指“通过采取措施排除固有故障并减轻太空物体及其组件可能导致或遭受的意外损害风险的结果”（Zarkan Cesari，2021），而防卫措施则被定义为“保护太空物体（包括其组件）免受外部或未经授权的行为体蓄意行动侵害的举措”（Zarkan Cesari，2021）。

据此，可以大致划分出两大工作领域：空间态势感知（SSA）和反太空。因此，在衡量模型的太空安全和防卫的宏观范畴时，将按照这两个领域进行划分。在此对这两个领域进行更详细的说明。

（1）空间态势感知

空间态势感知（SSA）可定义为及时、准确、全面地预测太空运行环境的能力，目的是监测来自太空的危害，确定其风险，并在相关情况下减轻对天基和地面基础设施的威胁（Gasparini 和 Miranda，2010；Oltrogge 和 Alfano，2019；Weeden，2017）。这种描述空间环境特征的能力可通过不同方式获得，包括地基或天基光学望远镜、雷达系统、激光、射频传感器和红外传感器。空间态势感知既服务于民用目的，也服务于安全目的。在美国，国家安全版的 SSA 被称为“太空域感知”（SDA）（Weeden 和 Samson，2022 ）。SDA 可以理解为有效识别、描述和理解与太空领域相关的任何可能影响太空行动安全的被动或主动因素的能力。因此，SSA 主要侧重于保障安全和可持续性工作，而 SDA 则主要侧重于探测和描述威胁以及支持防卫工作，包括防御和进攻行动。具体而言，SDA 可作为进攻性反太空行动的关键使能者。

SSA 领域可分为三大类活动：人造物体的跟踪监视（SST）、近地天体（NEO）监测以及空间天气（SWE）监测和预报。

SST 部分主要涉及绕地球轨道运行的人造物体和碎片的探测、编目和轨道预测。SST 系统是“能够巡查和跟踪天体的地基和天基传感器网络，旨在提供绕地球轨道运行的空间物体的数据、信息和服务的处理能力”（EUSatCen，2023）。

另一方面，NEO 部分主要通过望远镜探测和跟踪可能撞击地球的自然天体（如小行星和彗星）。其目的是“了解近地天体目前和未来相对于我们地球的位置；估计撞击地球的可能性；衡量任何可能的撞击后果；通知有关各方，如国家应急机构；制定偏转任何危险小行星的方法”（ESA，2023a，2023b，2023c，2023d）。

至于空间天气，该术语指“自然太空环境的物理学和现象学状态”。相关学科旨在通过观测、监测、分析和建模，了解和预测太阳的状态、行星际和行星环境，以及影响它们的太阳和非太阳驱动的扰动，并预测和预报对生物和技术系统的潜在影响（ESA，2009）。

根据这一细分，在我们的衡量模型中，“空间态势感知”领域通过以下三个指标进行衡量：

指标 21：空间监视和跟踪。空间监视和跟踪是空间态势感知的重要组成部分。部署地基或天基系统来跟踪人造卫星和空间碎片，对于在太空中安全运行以及支持太空军事任务和目标都至关重要。SST 网络既可以基于地面雷达或光学观测站，也可以基于天基观测站；可以是国家性质的，也可以通过伙伴关系或航天测量船覆盖全球。该指标根据以下四个要素进行评分：1）地面光学和激光传感器；2）地面雷达传感器；3）天基传感器；

4）全球覆盖。本条目的赋分情况如下：

4＝所有要素都存在。

3＝三个要素存在。

2＝存在两个要素。

1＝没有或有一个要素。

指标22：近地天体监测。与人造航天器和碎片类似，太空中的自然天体也会对太空和地面基础设施造成危害。此外，近地天体还可能对我们的地球生命构成更大、更严重的威胁。能够识别和跟踪小行星是实现以下目标的第一步。

行星防御措施。为衡量行为体监测近地天体的能力，本指标考虑一国是否拥有：1）地面观测站；2）天基观测站；3）发射的探索近地天体飞行的任务；4）以行星防御为重点的机构或方案。本条目的赋分情况如下：

4＝所有要素都存在。

3＝有三个要素。

2＝有两个要素。

1＝没有或有一个要素。

指标23：空间天气。研究和监测空间天气对于了解太阳活动如何与地球的大气层和磁层相互作用，以及如何干扰人类散布在地球和轨道上的电子设备至关重要。预测空间天气事件的能力可能是决定电子设备遭遇暂时停电还是彻底损坏（无论是太空设备还是地面设备）的关键因素。为此，已经部署地面和轨道观测站，用以监测太阳活动以及研究地球电离层、磁层等。为衡量行为体监测空间天气事件的能力，本指标考虑行为体是否拥有：1）地面太阳观测站；2）专门的天基太阳观测站；3）带有专门有效载荷的气象卫星；4）以空间气象为重点的机构/方案。本条目的赋分情况如下：

4＝所有要素都存在。

3＝有三个要素。

2＝有两个要素。

1＝没有或有一个要素。

（2）反太空（counter - space）

过去二十年来，越来越多的国家开始强调太空应用在支持国家安全目标方面的重要性。在常规战争和地球上的其他军事活动中使用（或者依赖）空间技术的同时，人们对发展反太空能力的兴趣也与日俱增。反太空，又称太空控制，一般被定义为“用于获取太空优势的一系列能力或技术”。太空优势是指“为自己的目的利用太空，同时不让对手利用太空的能力”（Weeden和Samson，2022）。这些能力可以是进攻性的，也可以是防御性的。后者旨在保护太空资产免受攻击，而前者则旨在阻止对手使用其太空资产。更具体地说，进攻性能力可以“用于欺骗、破坏、拒止、削弱或摧毁空间系统的三大要素：卫星、地面系统或它们之间的通信链路”（Weeden和Samson，2022）。

反太空能力以各种技术为基础，既有地面技术，也有天基技术，可分为四大类：

1）直接上升式；2）共轨式；3）定向能；4）电子战。据安全世界基金会报道：

· 直接上升式武器指的是“使用地面、空中或海上发射的导弹和拦截器，通过撞击力摧毁卫星，但自身不进入轨道的武器”。

· 共轨式武器指的是“放置在轨道上，然后机动接近目标，以各种手段（包括破坏性和非破坏性手段）对其进行攻击的武器”。

· 定向能武器指“使用聚焦能量（如激光、粒子束或微波束）干扰或破坏太空系统的武器”。

· 电子战是指“使用射频能量干扰或干扰卫星通信的武器”（Weeden 和 Samson，2022）。

在我们的衡量模型中，“反太空”领域通过以下指标进行衡量：

指标 24：反太空能力的研发。本指标旨在衡量所考虑的行为体是否在反太空的四个主要领域开展了研发活动：直接上升式、定向能、共轨式和电子战。目前没有任何国家披露在这四个领域开展了研发活动。本指标根据安全世界基金会的《全球反太空能力报告》评分[①]。本条目的赋分情况如下：

4＝四个或更多领域的研究。

3＝在三个领域开展研究。

2＝两个领域的研究。

1＝一个或更少的研究领域。

指标 25：反太空能力的测试。该指标旨在衡量被考虑的行为体是否在四个主要领域（直接上升式、定向能、共轨式和电子战）进行了反太空能力测试。如今，各国并不公开反太空能力的测试情况，但可以通过卫星的行为等推断出测试情况（尤其是对于那些不明显的测试，如直接上升式测试）。本条目的分数根据安全世界基金会的《全球反太空能力报告》编制。本条目的赋分情况如下：

4＝四个或更多领域的测试。

3＝在三个领域进行测试。

2＝在两个领域进行测试。

1＝在一个或更少的领域进行测试。

指标 26：反太空能力的部署。该指标衡量所考虑的行为体是否在四个主要领域（直接上升式、定向能、共轨式和电子战）部署了反太空能力。如今，各国并未公布反太空能力的部署情况。因此，本指标根据安全世界基金会的《全球反太空能力报告》进行评分。本条目的赋分情况如下：

4＝部署了四个或更多领域的能力。

---

① 《全球反太空能力——开源评估》报告，是一个国际公认的安全世界基金会的年度出版物，该基金会是一个促进空间可持续性和和平利用外层空间的合作解决方案的私人运营基金会。该报告汇编和评估了多个国家正在开发的反太空能力的公开信息：直接上升式、共轨式、电子战、定向能源和网络。它评估了每个国家对这些能力的研发、测试和作战使用，以及它们潜在的军事用途（Weeden & Samson，2022）。

3＝部署了三个领域的能力。

2＝部署了两个领域的能力。

1＝部署了一个领域（或更少）的能力。

3.2.1.4 使能与支持

使能与支持是一个横向宏观领域，涵盖使能和维持任何空间飞行任务所需的所有不同类型的活动、技术能力和基础设施。最明显的使能因素是航天运输，它是任何轨道活动和在太空部署任何资产的前提。从第一颗人造卫星到哈勃望远镜，再到阿波罗和国际空间站（ISS）模块，全世界的空间计划都不可避免地依赖运载火箭来到达和利用外层空间（Aliberti和Tugnoli，2015）。

除运输系统本身外，对成功开展空间活动至关重要的还有支持太空资产发射、部署和运行的所有基础设施要素。其中包括发射设施，飞行任务指挥和控制中心，不同的陆基、海基和天基跟踪站，更广泛地说，还包括所有履行遥测、跟踪和控制（TT&C）功能的设施，以确保航天器的成功运行。

特定类型的技术能力支持活动，如交会、对接、停泊和检查操作、航天器的机器人操纵、在轨组装、在轨加注等，也可纳入这一宏观领域。在我们的衡量模型中，使能和支持宏观领域分为四个主要方面：航天运输、地面操作、太空操作和技术演示。在此对这四个领域进行说明。

（1）航天运输

航天运输提供了将有效载荷送入太空的基础能力。太空发射飞行器（SLV）将卫星送入轨道，以部署、维持、增强或重组在轨资产，服务于军事、民用或商业目的（JCS，2020年）。对于任何在太空中具有基本战略雄心的国家来说，航天运输系统（通常是运载火箭）都代表一种战略利益，或者更准确地说是一种战略使能器（enabler）：其本身并非目标，而是开展军事、民用或商业太空活动的必要条件，因此也是构建全面太空政策和充分利用太空资产的基础。可以理解的是，建立本国发射系统被普遍认为是一个至关重要的优先事项，最初是为了满足安全需求以及出于战略独立和民族自豪感的考虑，但最终目的是通过利用太空资产提供广泛的社会经济效益（Aliberti和Tugnoli，2015）。

然而，尽管“没有发射装置，就没有太空计划”这一等式为建立国家发射能力提供了相当直接的理由，但要实现这一目标并非易事。恰恰相反，开发和维护本国的空间发射系统和相关基础设施是一个资本密集型过程，需要极其先进的技术能力和大量的资金投入。因此，只有十几个国家具备到达近地轨道的基本发射能力也就不足为奇了。到达地球静止轨道（GTO）、中低地球轨道和深空的多域能力则更为罕见（Aliberti和Tugnoli，2015）。

在我们的衡量模型中，“航天运输”领域通过以下指标进行衡量：

指标27：发射频率。国家发射的次数可以代表一个国家的活力及其在太空的行动，也是衡量同一国家所占领的国际商业卫星发射市场水平的一种方法。该指标通过考虑太空行为体完成的发射来评分：1）每年少于一次；2）每两个月少于一次；3）每月少于一次；4）或在2011—2020年期间平均每月多于一次。本条目的赋分情况如下：

4＝2011—2020 年期间发射超过 120 次。

3＝2011—2020 年期间发射 61 至 120 次。

2＝2011—2020 年期间发射 11 至 60 次。

1＝2011—2020 年期间发射次数在 0～10 次之间。

指标 28：发射装置的多样性。发射装置和发射服务供应商的多样性为国家行为体提供了弹性和灵活性，不同的有效载荷大小、时间计划和可到达的轨道使更多的空间活动得以开展。该指标将运载火箭分为四类：1）小型运载火箭；2）中型运载火箭；3）重型运载火箭；4）超重型运载火箭。分数是根据 2011—2020 年有效使用的发射装置分配的。本条目的赋分情况如下：

4＝包括三个或更多的运载火箭类别。

3＝包括两个类别。

2＝包括一个类别。

1＝无。

指标 29：发射装置的性能。虽然由于技术微型化，卫星变得越来越轻，但重型运载能力对于确保向地球同步轨道发射、在太空建造大型基础设施、执行深空任务以及载人活动仍然非常重要。根据公开信息对各国现役运载火箭的 LEO 运力和 GTO 运力进行比较，可以作为一个国家能够开展的空间活动类型指标。衡量这一指标的方法是将单个发射装置的 LEO 运力和 GTO 运力与最强大的现役发射装置的平均性能进行比较——现役发射装置是指在 2011—2020 年期间使用过的发射装置（猎鹰重型、长征五号、质子-M、阿里安 5、H-2B、GSLV Mk. 3、“电子”号、沙维特 2 号、“罗老”号）。所考虑的 LEO 运力的平均质量为 18 000 千克，而 GTO 运力的平均重量为 11 830 千克。本条目的赋分情况如下：

4＝LEO 运力/GTO 运力平均值的两倍或更多。

3＝高于 LEO 运力/GTO 运力平均值。

2＝低于 LEO 运力/GTO 运力平均值。

1＝小型发射装置/无发射装置。

指标 30：发射装置的可靠性。自主的国家航天计划和繁荣的发射市场需要可靠的发射装置。根据各国在 2011—2020 年的发射成功率对其进行评分。每年发射次数少于一次的国家（以色列、韩国）的成功率没有考虑在内，这些国家的得分最低，因为发射次数少而不能完全确保可靠性。本条目的赋分情况如下：

4＝成功率等于或高于 95%。

3＝成功率在 90%至 95%之间。

2＝成功率在 80%至 90%之间。

1＝成功率低于 80%，发射次数有限，或没有发射器。

（2）地面操作

任何航天器的正常部署和运行都离不开将有效载荷送入太空的发射场设施以及遥测、跟踪和指挥（TT&C）基础设施，后者提供卫星本身与地面设施之间的连接。因此，

TT&C 基础设施确保航天器能够成功实现其目的（Guest，2013）。顾名思义，TT&C 基础设施执行三项具体任务：

• 遥测。收集有关整个卫星及其子系统的健康和状态信息，并将这些数据传送给地面的指挥部分。这不仅需要航天器上的遥测系统，还需要世界各地的全球地面站网络来收集数据，当然，除非应用卫星网络中包括能够将数据转发到中央采集点的星间链路。

• 跟踪。对卫星进行定位和跟踪，使指挥端能够知道卫星的位置和去向。这同样需要航天器上的测距系统和地面上的数据收集网络来实现测距和跟踪功能。

• 控制。接收和处理命令，以便卫星继续运行。为了提供所需的服务，需要对卫星进行调试。同样，还需要适当的地面系统（Guest，2013）。

在我们的衡量模型中，“地面操作”领域通过以下指标进行衡量：

指标 31：TT&C 基础设施。卫星传输和 TT&C 能力是太空活动的基石。虽然所有拥有在轨航天器的国家都可能拥有与其资产进行通信的一些专业知识，但与科学、载人航天、深空/行星际任务进行通信的能力需要更先进的通信系统。这类任务需要市场上难以获取的先进技术、国外地面站、先进的数据中继系统、各种任务之间的高效协调能力以及管理无线电频谱的特定专业知识。根据各国的深空网络对其进行评分，可以间接反映各国在 TT&C 技术方面的实力对比。因此，本指标考查行为体是否拥有：1）深空网络；2）天基数据中继系统；3）可减少地面限制的测量船。本条目的赋分情况如下：

4＝拥有全部三个要素。

3＝拥有两个要素。

2＝只拥有其中一个要素。

1＝不具备要素（基本无 TT&C 能力）。

指标 32：发射设施。拥有多个国家的发射设施可以开展更多的太空活动，因为拥有数量有限的发射台会成为发射的瓶颈。拥有多个发射台的国家需要相关的基础设施和人才来管理这些发射台。为此，本指标根据 2011—2020 年期间发射轨道级火箭的现役航天发射场的数量对各国进行比较。本条目的赋分情况如下：

4＝2011—2020 年有三个或三个以上的现役航天发射场。

3＝2011—2020 年有两个现役航天发射场。

2＝2011—2020 年有一个现役航天发射场。

1＝2011—2020 年没有现役航天发射场。

（3）太空操作

太空操作包括发射、操纵、配置、运行和维持在轨航天器的所有活动（Joint Chiefs of Staff，2020）。它们包括发射操作、航天器操作（如 TT&C、操纵、健康状态监测和维护子功能）以及有效载荷操作，以监测和控制卫星的有效载荷收集数据或提供预期能力（Joint Chiefs of Staff，2020）。太空操作还包括交会和临近操作（RPO），即有意将两个驻留太空物体靠近，以便对航天器进行检查、维修、更换、升级或拆除。目前，政府、军方和私人行为体都在开发 RPO 技术和活动，用于主动碎片清除（ADR）或延长寿命服务等领域。在我们的衡量模型中，“太空操作”领域通过以下指标进行衡量：

指标33：主动碎片清除能力。政府、军方和私人行为体目前都在寻求掌握交会和临近操作技术。这套技术和标准包括航天器交会、对接、停泊、检查、机器人操纵等能力。主动碎片清除是与RPO能力和技术相关的一种特定类型的太空操作。虽然还没有部署任何相关运行服务，但技术成熟度（TRL）已越来越接近这一目标。因此，这一指标是通过高等级TRL评分来衡量的，即现有技术、在轨演示、已部署服务。RPO技术对ADR应用具有重要意义，因此将被计入可用技术。该指标涉及各国是否已开发出与ADR相关的技术，是否已对其进行在轨验证，或是否已实际部署成熟的ADR服务。本条目的赋分情况如下：

4＝已部署服务。

3＝在轨演示。

2＝有技术。

1＝无技术。

指标34：延长寿命服务。交会和临近操作（RPO）包括交会、对接、停泊、检查、机器人操纵航天器等能力。延寿服务是此类技术的应用，包括航天器位置保持、轨道操纵、在轨组装、检查、修理、更换、升级和燃料补给（如推进剂、流体、冷冻剂）等操作。其中一些能力已在载人航天飞行中进行了测试（如为国际空间站助推或加注推进剂的进步号），同时正在努力开发商业上可行的解决方案，私人计划正在慢慢走向成熟。本指标涉及各国是否开发了与延寿服务有关的技术，是否在轨道上进行了验证，或是否实际部署了成熟的延寿服务。RPO技术被认为有可能转移到延长寿命的服务中。这一项目的赋分情况如下：

4＝具备上述所有技术。

3＝有两项上述技术。

2＝有一项上述技术。

1＝不存在上述任何技术。

指标35：在太空部署能力。从轨道平台部署航天器和硬件的能力是一项可推动进入太空发展的相关技术。本指标考虑：1）国际空间站的部署器（deployer）；2）作为拖船或太空飞机（spaceplane）的空间转移/运输工具；3）在涉及大量航天器的情况下，有能力将多个不同的航天器整合在一起，执行共乘飞行任务或作为主航天器的搭载航天器（例如：欧洲的SSMS、SpaceX的Transporter任务）。本条目的赋分情况如下：

4＝具备上述的所有技术/能力。

3＝具备上述技术/能力中的两项。

2＝有一项上述技术/能力。

1＝不具备上述任何技术/能力。

（4）技术演示

自太空时代开始以来，已经在太空中部署了大量不属于当下所考虑的特别的实验性航天器。正如美国国家航空航天局（NASA）所言，这些飞行任务具有根本性意义，因为它们“弥合了需求与手段之间，科学和工程挑战与克服这些挑战所需的技术创新之间，以及早期概念验证测试与最终将具有成本效益的革命性新技术注入……政府和商业航天任务之间的差距”（NASA，2021）。航天机构、军事行为体、商业公司，甚至大学和业余爱好者都已发射了技术先驱和演示器。

在我们的衡量模型中，“技术演示”领域通过以下指标进行衡量：

指标 36：技术演示任务的数量。一个国家的参与者如果有能力发射实验性航天器，那么这个国家就有能力在中长期内拥有或获得超越其他太空行为体的优势。因此，本指标涉及每个国家在 2011—2020 年期间发射和运行的技术演示器的数量。本条目的赋分情况如下：

4＝超过 100 个。

3＝21 至 99 个之间。

2＝2 到 20 个之间。

1＝一个或没有。

指标 37：技术演示的性质。在轨空间技术演示的范围和性质可以作为一国航天部门活力水平的有效指标。有前途的国家不仅有军方或政府参与技术演示，还有商业机构和学术机构。本指标反映了这一动态，根据参与演示的行为体的性质对各国进行评分：业余、商业、教育、政府、军事。本条目的赋分情况如下：

4＝四种或更多类型的行为体。

3＝三种类型的行为体。

2＝两种类型的行为体。

1＝只有一种类型的行为体或没有演示器。

3.2.2　软能力

关于软能力子维度，可以确定一些关键特征，用于衡量太空是否得到有效利用，或是否被纳入国家基础设施或国家机构执行公共政策的工作中。从总体上看，太空活动可以在两大政策领域内支持经济、社会、政治和战略目标的实现：“社会经济政策”和“外交与安全政策”。表 3－2 列出了这两个宏观领域的一系列具体指标。重要的是，这两个宏观领域分别细分为四个领域和三个领域。

表 3－2　软能力的衡量：宏观领域、具体领域和条目

宏观领域	具体领域	条目
社会经济政策	环境与资源	38：农业
		39：其他自然资源
		40：气象
		41：环境
		42：气候变化

续表

宏观领域	具体领域	条目
社会经济政策	基础设施	43：基础设施管理
		44：能源
		45：流动性
	发展与增长	46：农村和城市发展
		47：科技创新
		48：工业发展
		49：市场开发和商业化
	公民社会	50：健康
		51：教育
		52：娱乐和公民服务
		53：国家认同感
外交与安全政策	安全	54：国家安全政策
		55：监视和监测
		56：灾害预防与管理
	国防	57：国家军事战略
		58：预防和威慑
		59：军事行动
	外交政策	60：外交空间
		61：太空外交
		62：对外援助和国际倡议
		63：国际声誉

3.2.2.1 社会经济政策

太空通过其技术和应用所提供的可能性是巨大的。地球观测、通信和导航服务已融入我们的日常生活中，促进了经济增长并创造了就业机会。更重要的是，它还为公民个人和整个社会带来了无数实实在在的好处。

如今，与太空活动相关的社会经济效益已广为人知，研究机构、大学、咨询公司和经合组织等国际组织定期开展的多项研究都对此进行了记录。总体而言，这些研究强调，太空系统在国民经济中的作用已大大增强，如今的太空基础设施提供了广泛的服务，这些服务对各种战略领域和经济部门至关重要，从安全和国防到农业、能源和银行业，不一而足（Moranta 等，2018）。

除了向众多领域的最终用户提供全套服务外，天基解决方案的使用还有助于实现各种国家政策目标。太空资产已成为执行许多公共部门政策的工具，包括直接方式（即公共机构直接使用天基解决方案实现国家目标）和间接方式（即目标部门的行为体/用户使用天基解决方案支持实现国家目标）（Moranta 等，2018）。除其他外，这些贡献的例子包括通信、遥感和 PNT 数据为实施国家政策提供的支持，这些政策旨在提高农业生产力，支持渔业资源的可持续开发，提供有竞争力、可持续和安全的运输服务，弥合城市地区和偏远地区之间的数字鸿沟，或者监测环境资源和气候变化。此外，空间技术的发展在创新政策中发挥着巨大作用，为空间技术与地面技术的交叉融合以及新服务的开发奠定了基础，而太空系统是这些新服务的关键推动因素（如 5G 网络、空中交通管理、智能能源网和自动驾驶汽车）。更广泛地说，空间部门往往是“增长和创新的驱动力”，在宏观经济层面产生了可观的效益（OECD，2012）。

以上只是太空活动为实现国家目标做出的众多贡献中的一小部分。事实上，从城市规划和文化遗产定性到远程医疗和远程教育应用，绝大多数需要公共干预的政策领域都在使用或可以使用太空能力。太空资产带来的效益因政策领域而异，但当太空资产为实现政策目标提供了特别有效、甚至是不可替代的手段时，其效益可能至关重要（Moranta 等，2018）。

“社会经济政策”宏观领域分为四个主要领域，即环境与资源、基础设施、发展与增长以及公民社会。在此对这四个领域做一说明。

（1）环境与资源

空间技术和服务为管理环境及自然资源做出了重大贡献。例如，遥感卫星提供的重要数据可用于自然资源清查、勘测和制图、水文学、地质学、矿物学、生态学以及土地覆盖/使用监测。空间应用还为农业部门提供了无价的工具。例如，通过提供有关土壤、干旱、降雨和作物生长的准确数据和分析报告，太空资产可以支持农民、农学家、食品制造商和决策者提高农业部门的生产力和盈利能力（UNOOSA，2023c）。

同样，地球观测和气象卫星对于天气预报也至关重要，它们提供独特的视角和数据集，为预测、天气建模、预警等提供支持。它们帮助气象学家识别潜在的危险天气情况，并及时向应急服务部门和地方当局发布预报和警报（EUMETSAT，2023）。气象卫星还为监测和预报空气质量以及收集连续、长期的全球海洋观测数据提供重要信息输入。

更广泛地说，天基数据提供了有关过去、现在和未来气候变化状况的重要信息。值得注意的是，监测气候变化所必需的基本气候变量（ECVs）有一半直接来自卫星数据。此外，卫星数据还为气候相关政策提供了所需的科学证据，可帮助决策者设定目标，减少对环境的影响，并制定适应、减缓和复原措施。它们为政府间气候变化专门委员会（IPCC）等国际机构开展的科学研究做出了广泛贡献。

在我们的衡量模型中，“环境与资源”领域通过以下指标进行衡量：

指标 38：农业。该指标旨在衡量空间技术在农业部门的整合情况，包括将地球观测和 PNT 数据和服务用于精准农业、土壤监测、作物产量预测、作物集约化、轮作和耕作系统分析等。

本指标的得分由应邀回答调查问题的各国专家确定：“在 1 到 4 分的范围内，您认为太空资产被用于支持本国的农业部门的频度如何？”答案从 1（从不）到 4（经常）不等。每个国家至少提交 3 份答复。来自多个受访者的答案取平均值，得出一个分数。

指标 39：其他自然资源。本指标衡量空间技术和应用在多大程度上被所考虑的行为体用于支持自然资源的保护和可持续管理。例如，将遥感或 PNT 数据用于森林资源清查和植被管理；监测、土地利用/土地覆盖制图、湿地清查和保护计划、生物资源特征描述、水库容量评估、海洋生产力评估以及最佳捕鱼地点的确定等。

本指标的得分由应邀回答调查问题的各国专家确定："在 1 到 4 分的范围内，您认为太空资产用于支持本国自然资源管理（如林业、渔业、采矿业等）的频度如何？"答案从 1（从不）到 4（非常频繁）不等。每个国家至少提交 3 份答复。来自多个受访者的答案平均后得出一个分数。

指标 40：气象。本指标旨在衡量太空资产和应用融入所考虑的行为体的天气预报和气象活动的程度，如提供空气质量和大气成分、臭氧层和紫外线辐射、太阳辐射等方面的数据。本指标的得分由受邀回答调查问题的各国专家确定："在 1 到 4 分的范围内，您认为太空资产用于支持本国气象和天气预报活动的频度如何？"答案从 1（从不）到 4（非常频繁）不等。每个国家至少提交 3 份答复。多个受访者的答案取平均值，得出一个分数。

指标 41：环境。本指标旨在衡量太空资产在支持环境监测和为环境行动提供信息（例如，通过提供关于野生动物和植被的数据，以保护生物多样性和生态系统）方面的广泛使用情况。本指标的得分由受邀回答调查问题的各国专家确定："在 1 到 4 分的范围内，您认为太空资产用于支持本国环境监测和/或保护（生物多样性和生态系统）的频率如何？"答案从 1（从不）到 4（经常）不等。每个国家至少提交 3 份答复。来自多个受访者的答案取平均值，形成一个分数。

指标 42：气候变化。本指标旨在衡量太空资产和天基数据在多大程度上被用于通过提供气候变量数据支持气候变化监测，为 PICC 等公认的国际机构开展的科学研究做出贡献，并通过提供有关气候变化的一致和权威证据为国家的减缓和适应政策提供信息。该指标的得分由受邀回答调查问题的各国专家确定："在 1 到 4 分的范围内，您认为太空资产被用于支持本国气候变化监测和/或减缓/适应政策的频度如何？"答案从 1（从不）到 4（非常频繁）不等。每个国家至少提交 3 份答复。来自多个受访者的答案取平均值，形成一个分数。

（2）基础设施

无论是基础设施管理、城市规划、流动性还是能源，所有这些领域都可以通过使用空间解决方案得到显著改善。主要通信网络、银行系统、金融市场和电网都在很大程度上依赖全球导航卫星系统实现精确的时间同步。借助天基通信、卫星图像、精确授时和跟踪服务，空间可以为管理、监测基础设施提供可靠的手段，使其更加安全、有弹性和可持续。

在能源领域，太空资产可以执行预防性或即时维护、风险或状态评估、大面积勘测、发现管道泄漏等任务，还可以进行车辆计数或测量油罐车/贮罐的装载量等许多活动。

太空资产还为流动性部门提供了重要工具，因为它们支持对资产的精确监测和跟踪，以及对不同媒介（陆地、海洋或空中）运载工具的交通管理。空间可用于加强海上、空中或偏远地区的导航，或有助于创建"智能城市仪表板解决方案"，通过整合地球观测、导航和通信服务，提高城市规划和态势感知的质量。

在我们的衡量模型中，“基础设施”领域通过以下指标进行衡量：

指标 43：基础设施管理。本指标旨在衡量太空资产和天基数据在多大程度上有助于所考虑的行为体支持建筑、物流、银行系统和金融市场等领域的基础设施监测和管理。

本指标的得分由应邀回答调查问题的各国专家确定：“在 1 到 4 分的范围内，您认为太空资产被用于支持本国的基础设施管理（如建筑、物流、金融等）的频度如何?”答案从 1（从不）到 4（经常）不等。每个国家至少提交 3 份答复。来自多个受访者的答案取平均值，形成一个分数。

指标 44：能源。本指标旨在衡量所考虑的行为体利用太空资产和天基数据支持能源部门的程度。例如，利用天基解决方案进行场地识别、管道和电网授时与同步、网络管理等。

本指标的得分由应邀回答调查问题的各国专家确定：“在 1 到 4 分的范围内，您认为太空资产被用于支持该国的能源部门（例如，场地识别、管道和电网的定时和同步等）的频度如何?”答案从 1（从不）到 4（经常）不等。每个国家至少提交 3 份答复。来自多个受访者的答案取平均值，得出一个分数。

指标 45：流动性。本指标旨在衡量所考虑的行为体利用太空资产和天基数据支持流动性程度。例如，利用天基解决方案监测和跟踪资产、管理不同类型的交通、加强拥堵地区的安全或提高道路勘测效率并降低成本。

本指标的得分由应邀回答调查问题的各国专家确定：“在 1 到 4 分的范围内，您认为太空资产被用于支持该国的运输和/或流动性（例如陆地、水上、空中导航、交通监测、货物跟踪等）的频度如何?”答案从 1（从不）到 4（经常）不等。每个国家至少提交 3 份答复。来自多个受访者的答案取平均值，得出一个分数。

(3) 发展与增长

联合国经济和社会事务部（UNDESA，2022）2022 年的预测表明，全球人口将在 2030 年增长到 85 亿左右，2050 年达到 97 亿，而到 2100 年，这一数字将攀升至 104 亿。随着城市化进程的加速，住房、水资源、卫生设施、电力供应、污染治理和交通等均面临着严峻的挑战。正如联合国外层空间事务办公室所报告的，“天基技术为规划社会和环境可持续的人类居住区提供了独特的工具。政府决策者、市长、城市规划者、工程师和景观建筑师等都在使用遥感工具测量和监测现有的土地利用和基础设施发展模式。这些数据不仅可以为决策者提供有关当前城市项目的信息，还可以构建复杂的模型来预测人类居住区和城市化的未来趋势”（联合国外层空间事务办公室，2023d）。

除了支持城市和农村的可持续发展外，太空还可以更广泛地为可持续发展做出重大贡献，缩小发展中国家传统基础设施的差距，促进数字社会的出现。太空也是经济增长的引擎。在宏观经济生产功能方面，特别是在科技创新、产业升级、市场创造和熟练劳动力发展方面，太空计划确实可以被恰当地用作经济扩张的推动力。空间技术的积极溢出效应已在各种研究中通过各种方法得到验证。例如，经合组织将太空活动产生的经济影响分为不同类别，即新的商业产品和服务（包括航天工业合同产生的“间接工业效应”，即太空部门以外的新出口或新活动）、不同经济部门的生产力/效率的提升、国家和区域经济增长以及成本的削减（如通过预防灾害）（经合组织，2011）。

在我们的衡量模型中，“发展与增长”领域通过以下四项指标进行衡量：

指标 46：农村和城市发展。本指标旨在衡量太空资产和天基数据在多大程度上通过提供相关数据、服务和专业知识，为决策或政策行动的实施提供信息，从而为所考虑的行为体支持城市和农村发展做出贡献。

本指标的得分由应邀回答调查问题的各国专家确定：“在 1 至 4 分的范围内，您认为太空资产被用于支持该国的城市和/或农村发展（如测绘、发展计划、荒地管理等）的频度如何？”答案从 1（从不）到 4（经常）不等。每个国家至少提交 3 份答复。来自多个受访者的答案取平均值，形成一个分数。

指标 47：科技创新。本指标旨在衡量开展空间活动所产生的研究、技术、流程、数据和专门技能在多大程度上促进了其他经济部门的科技创新。

本指标的得分由应邀回答调查问题的各国专家确定：“在 1 到 4 分的范围内，您认为太空活动对其他国家经济部门的科学技术创新做出贡献的频度如何？”答案从 1（从不）到 4（经常）不等。每个国家至少提交 3 份答复。来自多个受访者的答案取平均值，得出一个分数。

指标 48：工业发展。本指标旨在衡量开展空间活动所产生的研究、技术、流程、数据和专门技能在多大程度上有助于在本国航空航天部门及其他领域发展强大且具有竞争力的工业基础。

本指标的得分由应邀回答调查问题的各国专家确定：“在 1 到 4 分的范围内，您认为太空活动在促进本国的工业发展和形成强大工业基础方面的频度如何？”答案从 1（从不）到 4（经常）不等。每个国家至少提交 3 份答复。来自多个受访者的答案取平均值，得出一个分数。

指标 49：市场开发和商业化。本指标旨在根据天基数据和部门附带利益和成果，衡量开展太空活动所产生的研究、技术、流程、数据和专门知识在多大程度上有助于刺激（新）市场开发和商业活动。

本指标的得分由应邀回答调查问题的各国专家确定：“从 1 到 4 分，您认为该国在利用空间刺激市场发展和商业活动方面的成功程度如何？”答案从 1（完全不成功）到 4（非常成功）不等。每个国家至少提交 3 份答复。多个受访者的答案取平均值，得出一个分数。

（4）公民社会

作为重要的增长动力，太空活动不仅促进了工业发展和经济增长。它们还为公民社会的广大阶层带来了各种有形和无形的效益。在许多领域（如卫生、教育、交通、消费品、信息技术和娱乐服务）都可以看到相关的生活质量效益。

由于有了卫星系统，医疗保健等重要领域正变得更加灵活和可远程访问。在这一领域，地球观测、通信、导航和微重力环境下的科学研究的使用极大促进了医学研究、远程诊断和治疗、公共卫生后勤和应急管理。正如联合国外层空间事务办公室所报告的，“例如，遥感技术提供的信息被用于研究传染病的流行病学。数据被用来监测疾病模式，了解疾病传播的环境诱因，预测风险地区，并规化确定需要进行疾病控制的地区。在发展中国家，这种远程流行病学尤为重要，因为在这些国家，传染病仍然是主要的死亡原因之一”（UNOOSA，2023d）。

此外，卫星通信系统等天基技术可以通过创建虚拟教室和提供视频会议工具，帮助缩小偏远农村和社区的教育差距。除了促进教育计划的普及，太空还在教育中发挥着激励作用。有关太空主题的课程往往能激发学生的好奇心和想象力，鼓励男女青年从事科学和技术学科的职业（联合国外层空间事务办公室，2023e）。

从更广泛的意义上讲，太空可以成为激励整个国家的强大源泉，也可以成为增强民族认同感、提高民族自豪感和自信心以及加强社会凝聚力的政治工具。由于开展太空活动的复杂性和巨大投入，公民会对本国的首次宇航员飞行任务感到兴奋，从致力于太空探索中得到启发，并从国家计划中产生自豪感。这些机会具有重大价值，不应低估。

在我们的衡量模型中，“公民社会”领域通过以下指标进行衡量：

指标 50：健康。本指标旨在衡量太空资产在多大程度上有助于支持卫生部门和所考虑的行为体实施卫生政策。例如，通过太空远程医疗服务获得医疗保健，或通过天基远程流行病学服务监测疾病模式。该指标的得分由受邀回答调查问题的各国专家确定：“在 1 到 4 分的范围内，您认为太空资产用于支持本国卫生部门（如远程医疗和远程流行病学服务）的频度如何?”答案从 1（从不）到 4（非常频繁）不等。每个国家至少提交 3 份答复。来自多个受访者的答案取平均值，得出一个分数。

指标 51：教育。本指标旨在衡量太空资产在多大程度上有助于支持教育部门和所考虑的行为体实施教育政策。通过太空远程教育服务支持农村社区接受教育就是一个例子。太空方案也可以作为教育活动的目标，为学生提供数据或实践经验。本指标的得分由应邀回答调查问题的各国专家确定：“在 1 到 4 分的范围内，您认为太空资产用于支持本国教育部门（如远程学习服务）的频度如何?”答案从 1（从不）到 4（经常）不等。每个国家至少提交 3 份答复。来自多个受访者的答案取平均值，得出一个分数。

指标 52：娱乐和公民服务。本指标旨在衡量太空资产在多大程度上被用于提供娱乐和其他服务（如广播、互联网、全球导航卫星系统或地球观测应用等），为公民社会的广大阶层带来直接的生活质量效益。虽然公民在使用天基服务时不一定会意识到这一点，但决策者应了解空间应用可带来哪些效益，以确保制定适当的政策，无论是采购更多的太空资产，还是更好地分配数据，以刺激市场接受和空间应用下游部门的发展。

本指标的得分由应邀回答调查问题的各国专家确定：“在 1 到 4 分的范围内，您认为太空资产被用于在国内提供娱乐和其他公民服务（如广播、互联网服务、地理信息系统等）的频度如何?”答案从 1（从不）到 4（非常频繁）不等。每个国家至少提交 3 份答复。来自多个受访者的答案平均后得出一个分数。

指标 53：国家认同感。本指标旨在衡量太空方案在多大程度上有助于在所考虑的国家内建立或加强国家认同感、自豪感和社会凝聚力。本指标的得分由应邀回答调查问题的各国专家确定："在 1 至 4 分的范围内，您认为该国在利用空间创造/加强国家认同感和社会凝聚力方面有多成功?"答案从 1（完全不成功）到 4（非常成功）不等。每个国家至少提交 3 份答复。来自多个受访者的答案取平均值，得出一个分数。

3.2.2.2 外交与安全政策

除了为社会经济政策的制定、实施和实现做出重大贡献外，太空还可以成为实现外交、安全和国防政策所规定的国家目标的有力工具。从外交政策和外交角度来看，太空资产可以在解决重要的全球问题方面发挥显著作用，例如，应对气候变化、可持续发展、能力建设，以及向遭受自然或人为灾害的群众、国家和地区提供人道主义援助等。

从安全领域来看，国家太空资产，如 PNT、遥感和通信卫星，已成为支持国家领土内外各种活动的工具，其中包括民防和警察任务、海事安全（如交通监测、监视非法活动、搜索和救援任务）、边境监视、危机预防以及灾害管理。正如联合国外层空间事务办公室（2023b）所强调的，天基技术可以为灾害管理周期的所有阶段做出贡献，包括防灾、预备、预警、救灾和重建。在灾害发生之前，遥感数据可为预测灾害和预警系统及模型提供信息。卫星也是快速、可靠的通信、观测和定位工具，当地面基础设施遭到破坏时，这些工具对于救灾和恢复行动尤为重要。

同样，太空在国防领域和支持军事行动方面发挥的作用也是不可估量的。军方感兴趣的主要功能包括：情报、监视和侦察（包括地球观测、信号情报、预警和气象学）；卫星通信；定位、导航和授时；空间监视（Bataille 和 Messina，2020）。例如，如今的 PNT 系统为世界各地的军队提供了不可替代的数据，用于部队调动、部队跟踪和精确弹药投放（DIA，2022）。同样，卫星通信也是军队指挥和控制的核心能力，可实现命令和重要情报的快速传输，并提高现代军队的灵活性（Bataille 和 Messina，2020）。因此，美国国防部承认太空"是国家军事力量的优先领域，是推进国家安全的多领域协同和联合军事行动的基础"，并强调需要"在太空、从太空和向太空开展行动，并提供先进的太空能力，以遏制冲突，并在遏制失败时，反击和击败侵略"（DoD，2022），这一点不足为奇。

根据上述情况，"外交和安全政策"宏观领域分为三个主要方面：安全、国防和外交政策。在此对这三个领域进行说明。

（1）安全

安全是决策者的头等大事，确保安全是国家的主要责任之一。太空系统和解决方案长期以来一直为安全活动提供支持。但近几十年来，公开资料显示这两个方面之间的互动不断增加。传统和新兴的航天国家都在发射卫星，或利用私营航天公司的数据来保护其领土和人民。

安全可以从执法、应急管理和民事安全三大支柱来考虑，它们都受益于太空解决方案（Bataille 和 Hrozensky，2022）。太空系统和服务因其覆盖范围、速度或精度而显得尤为重要。总体而言，三种主要类型的空间应用（遥感、卫星通信和 PNT）对安全行为体都很有用。例如，它们通过加深了解、探测重大威胁、绘制其潜在后果图和准备中短期应急措施，实现早期风险识别和预警。例如，通过使用地球观测数据，可以评估台风、洪水、地震、海啸、火山爆发和野火等自然灾害的影响，从而减少损失，增强国家的抗灾能力。卫星也是快速、可靠的通信和导航服务工具，在地面基础设施中断时，这些服务对搜救行动至关重要。将太空解决方案用于安全活动仍是一个有待改进的过程，特别是通过将太空解决方案与地面系统提供的数据相结合。

在我们的衡量模型中，"安全"领域通过以下指标进行衡量：

指标54：国家安全政策。本指标旨在衡量太空利用在多大程度上被纳入国家安全政策，以及太空资产安全在多大程度上被纳入国家安全政策。各国专家应邀回答了以下两个问题（取平均值形成一个分数），并给出了分数："在1到4分的范围内，您认为太空与国家安全政策的整合程度如何？""在1到4分的范围内，您认为太空资产安全与国家安全政策的整合程度如何？"这两个问题的评分范围从1（完全没有整合）到4（完全整合）。每个国家至少提交3份答复。多个受访者的答案取平均值，得出一个分数。

指标55：监视和监测。本指标旨在衡量被考虑的行为体利用太空资产进行监视、核查和/或风险评估的程度。例如，利用太空资产监视非法活动、核查国际条约的遵守情况、自然和人为风险评估、边境管制和海洋领域意识。各国专家应邀回答了以下调查问题，并给出了分数："在1到4分的范围内，您认为太空资产用于本国的监视、核查和/或风险评估的频度如何？"评分范围从1（从不）到4（非常频繁）。每个国家至少提交3份答复。来自多个受访者的答案取平均值，得出一个分数。

指标56：灾害预防与管理。本指标旨在衡量有关行为体利用太空资产预防危机、管理自然和人为灾害的程度。飓风和风暴预报、基础设施衰变监测、山体滑坡预警、火灾探测、搜救行动支持、干预规划等，都是空间技术在灾害预防和管理方面的安全应用。各国专家应邀回答了以下调查问题，并给出了分数："在1到4分之间，您认为太空资产在本国危机和灾害预防和/或管理中的使用频度如何？"评分范围从1（从不）到4（非常频繁）。每个国家至少提交3份答复。多个受访者的答案取平均值，得出一个分数。

（2）国防

太空是国防和开展军事行动的决定性工具。1991年的第一次海湾战争，也被称为"第一次太空战争"，显示了太空在冲突时期的关键附加值。随后的武装干预证实了这一点。而于2022年2月开始的乌克兰冲突则表明，即使是商业太空行为体，也能在支持军事行动方面发挥关键作用。

在冲突中，太空解决方案可用于多种应用（Bataille和Messina，2020；DIA，2022；Joint Chiefs of Staff，2020）。因此，遥感能力（如遥感、信号情报）可提供有助于作战人员的情报、监视和侦察，还可提供对敌方导弹或气象信息的预警。卫星通信不仅能指挥和控制战场上的部队，还能控制无人机并接收其数据。最后，PNT系统可提供精确的地理定位、导航和时间参考服务。PNT信息被认为对几乎所有的现代武器系统都至关重要（Joint Chiefs of Staff，2020）。简而言之，太空是一种无处不在的基础设施，成熟的太空行为体可以利用它来开展军事行动。

卫星的这些重要用途也导致了对这些太空系统的威胁增加，使太空成为一个“有争议”的领域，甚至对一些国家而言，成为一个“作战”域。为了减轻这些威胁，已经采取了各种措施，使太空系统和架构更具弹性。此外，太空监视的重要性也在增加，正朝着“太空域认知”的方向发展（这意味着航天器的任务也为人所知）。太空监视对战场也有影响。事实上，它可以让军事指挥官知道敌人何时可以观察到他们的设备，并相应地调整他们的行动。

在我们的衡量模型中，“国防”领域通过以下指标进行衡量：

指标 57：国家军事战略。本指标旨在衡量太空在多大程度上被纳入所考虑的行为体的军事战略和理论，尤其是衡量军事战略是否考虑到需要将卫星纳入常规战争，确保其安全，同时努力确保冗余或降低对卫星的依赖。它还考虑了军事战略是否衡量了如何在冲突期间拒止或限制进入太空和应用太空。各国专家应邀回答了以下调查问题，并给出了分数：“从 1 到 4 分，您认为太空与国家军事战略的整合程度如何?”分值从 1（完全未整合）到 4（完全整合）不等。每个国家至少提交 3 份答复。多位受访者的答案取平均值，得出一个分数。

指标 58：预防和威慑。本指标旨在衡量被考虑的行为体在多大程度上利用太空资产进行预防和威慑，例如通过天基侦察、环境监测（地面和空间）、导弹预警、核探测等。各国专家应邀回答了以下调查问题：“在 1 到 4 分的范围内，您认为国家利用太空进行预防和/或威慑敌对行动的频度如何?”得分范围从 1（从不）到 4（经常）。每个国家至少提交 3 份答复。来自多个受访者的答案取平均值，形成一个分数。

指标 59：军事行动。本指标旨在衡量太空资产在指挥、控制、通信和计算（C^4）、情报、监视和侦察（ISR）以及后勤支持和导弹制导等一般军事支持服务方面用于军事行动的程度。各国专家应邀回答了以下三个问题，并给出了分数（取平均值形成单一分数）：1)“在 1 到 4 分的范围内，您认为国家在军事行动中在“指挥、控制、通信、计算（C^4）方面利用太空的频度如何?”；2)“在 1 到 4 分的范围内，您认为国家在军事行动中在军事情报、监视和侦察能力（ISR）方面利用太空的频度如何，包括早期预警、信号截获和主动观察?”；3)“在 1 到 4 分的范围内，您认为国家在军事行动中在其他军事支持服务方面利用太空的频度如何（例如，天气预报、数据传输、后勤支持、导弹制导等地面技术的增强)?”

（3）外交政策

建立世界一流的太空计划可以在许多方面促进外交政策事务。第一，在太空领域，各国可以在公民和整个国际社会中树立自己的形象，从而在全球范围内展示自己。通过提供国家工业、科学和技术实力的证明，太空成就是一个重要的“地位标志”，使国家在国际舞台上处于领先地位，并有助于树立其作为有能力执行昂贵、复杂和雄心勃勃的任务的主要玩家的形象（Aliberti，2015）。

第二，太空计划为各国提供了在国际舞台上投射力量的重要工具，既是硬实力工具，也是软实力工具。这一功能一方面可以维持和扩大硬实力，另一方面还可以在应对气候变化、可持续发展和人道主义援助等重要的全球问题上发挥政治领导作用②。从这个角度看，先进的太空计划可以成为国际合作的推动力，有助于使一个国家成为支持关键领域全球倡议的不可或缺的合作伙伴。其中，尤其值得注意的是太空在落实联合国可持续发展目标（SDGs）方面所做的贡献。不同卫星应用系统（如地球观测和 PNT）的结合无疑是监测实施的效果以及支持实现特定的可持续发展目标的关键，其中包括可持续发展目标 2（零饥饿——例如在作物生产力优化方面）、可持续发展目标 6（清洁的水和卫生——例如在水质监测方面）、可持续发展目标 7（负担得起的清洁能源——例如在电网同步方面）和可持续发展目标 13（气候行动——例如在气候变化监测和灾害管理方面）（UNOOSA，2018）。

第三，可将太空作为外交工具包，以实现更广泛的国家目标，包括政治、战略（即军事）和经济目标。在与第三国现有的双边磋商和决策中插入或加强关键的太空议题领域，往往为双方提供了实现共同目标的重要工具，如深化政治关系和加强经济交流（Robinson，2011）。具体而言，在旨在建立更有效的战略伙伴关系以及进一步扩大这些伙伴关系对国际体系的全球影响的更广泛倡议中，太空合作可以是一个极具象征意义但又实实在在的工具。虽然太空只是不同国家可以加强合作的议题领域之一，但它可以成为实现各种共同政策目标的催化剂。事实上，由于太空的普遍实用性和跨部门影响，太空为建立更切实的合作计划提供了广泛的机会，如恐怖主义和领海权等安全问题，以及气候变化、城市发展、能源、环境、交通和可持续发展等社会经济问题（Aliberti，2018）。

第四，国际空间合作反过来可以促进国家太空计划的优化实施，支持太空研究、创新和最先进太空技术的发展，还可以成为在国内市场之外推广国家技术和服务的市场开路先锋，这对国家航天工业大有裨益。最后，太空合作可以在国际舞台上支持国家价值观、利益和偏好的推广，包括在专门讨论太空问题的国际论坛上制定规范和规则方面。

根据上述情况，在我们的衡量模型中，“外交政策”领域通过以下四项指标进行衡量：

指标 60：外交空间。本指标旨在衡量被考虑的行为体在多大程度上利用其太空硬能力为外交目的服务，无论是政治、战略和/或经济性质。得分由受邀回答调查问题的各国专家确定：“在 1 到 4 分的范围内，您认为国家利用空间达到外交目的（无论是政治、战略和/或经济目的）的频度如何?”分值从 1（从不）到 4（非常频繁）不等。每个国家至少提交 3 份答复。来自多个受访者的答案取平均值，得出一个分数。

指标 61：太空外交。本指标旨在衡量被考虑的行为体在有关外太空的主要国际决策论坛［如联合国和平利用外层空间委员会（外空委）、裁军谈判会议（裁谈会）、国际标准化组织（ISO）、国际通信联盟（国际电联）等］的规范传播和规则制定过程中施加影响的能力。得分由应邀回答调查问题的各国专家确定：“在 1 到 4 分的范围内，您认为该国在国际空间论坛（如外空委、裁谈会等）中的影响力如何?”评分范围从 1（完全没有影响力）到 4（非常有影响力）。每个国家至少提交 3 份答复。多个受访者的答案取平均值，得出一个分数。

② 例如，太空计划可以支持发展中国家的能力建设，或帮助面临自然或人为灾害的人口、国家和地区。

指标 62：对外援助和国际倡议。本指标旨在衡量被考虑的行为体在多大程度上利用其硬能力向没有专门技能或物质能力的外国提供援助，并为重大国际倡议做出贡献，如《国际宪章：空间与重大灾害宪章》或联合国领导的“促进空间可持续发展目标”(Space4SDGs) 倡议。得分由受邀回答调查问题的各国专家确定：“在 1 到 4 分的范围内，您认为国家利用航天技术对外援助和/或促进重大国际倡议（如联合国可持续发展目标）的频度如何?”评分范围从 1（从不）到 4（非常频繁）。每个国家至少提交 3 份答复。来自多个受访者的答案取平均值，形成一个分数。

指标 63：国际声誉。本指标旨在衡量被考虑的行为体在多大程度上成功地利用太空成就来提高其国际声誉，并促进其在国际舞台上作为主要角色的形象。得分由受邀回答调查问题的各国专家确定：“在 1 到 4 分的范围内，你认为该国在利用空间创造/提高其国际声誉方面有多成功?”分数从 1（完全不成功）到 4（非常成功）不等。每个国家至少提交 3 份答复。多位受访者的答案取平均值，得出一个分数。

3.3 衡量自主性

自主性维度提供了对太空行为体进行比较衡量的第二套标准。自主性是指国家依靠自身力量和资源在太空领域独立制定方向、政策和行动的能力。自主性包括两个子维度，即技术维度和政治维度。因此，自主性通过两个分指数来衡量。

- 技术（硬）自主性分指数，基于 13 项指标，旨在衡量一个国家在多大程度上拥有不依赖外部供应源而进入太空并在太空中运行的能力。
- 政治（软）自主性分指数，基于 24 个指标，旨在衡量国家在独立于或违背来自国内外的不同政治和社会利益的情况下制定自身利益的能力。

这两个分指数由不同的领域组成，每个领域又包括多个条目。每个条目都有 1 分（“最低自主性”）到 4 分（“最高自主性”）不等的分数。因此，对相应领域的条目得分进行平均，最终编制出“硬自主性”子维度的合成指标和“软能力”子维度的合成指标。

与能力方面的方法类似，两个自主性指数的值被转换到自主性子矩阵中，该矩阵综合了行为体的硬（技术）和软（政治）自主性，代表了其在自主领域的相对位置（见图 3 - 3)。

至于能力，最终，这两个自主性分指数被平均并汇总为一个总体自主性指数。总体自主值用于绘制太空力量的主矩阵。

3.3.1 硬（技术）自主性

关于技术自主性，条目涉及三个重要的宏观领域：“生产”（即开发和制造太空资产所需的技术，包括组件、材料和工艺)、“运行”和“开发”。表 3 - 3 列出了在实证衡量中使用的指标。

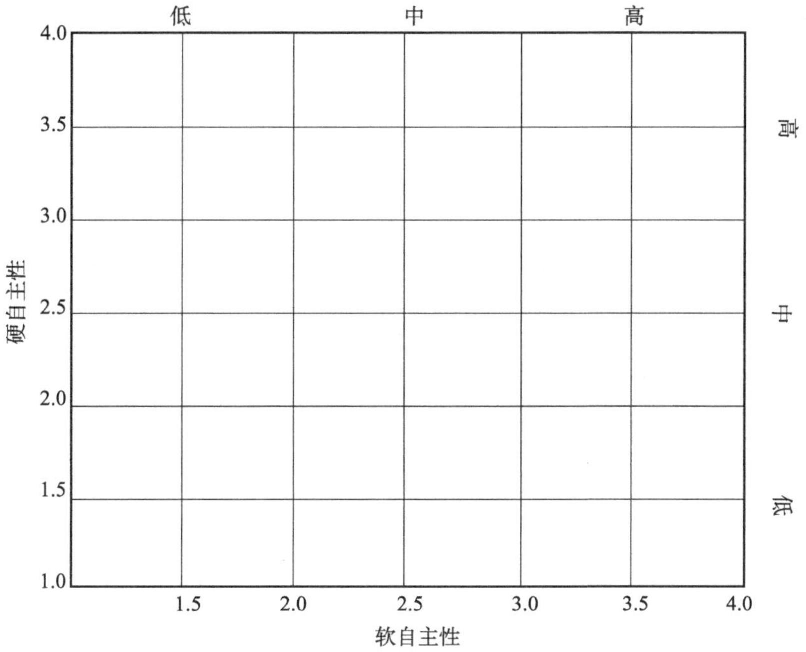

图 3-3　自主性子矩阵概览

表 3-3　技术自主性的衡量：宏观领域、具体领域和条目

宏观领域	具体领域	条目
生产阶段	航天硬件	64:运载火箭
		65:卫星系统
		66:舱段、太空舱和探测器
	基础设施	67:地面部分
		68:组装、集成和测试设施
运行阶段	发射操作	69:发射场
		70:进入轨道
	卫星操作	71:空间态势感知
		72:遥测、跟踪和指挥
	载人操作	73:宇航员训练
		74:载人运行
开发阶段	数据获取	75:自主获取卫星数据
	服务提供	76:自主提供卫星数据相关服务

3.3.1.1 生产阶段

“生产阶段”宏观领域可细分为两个主要领域和两类活动，即代表核心基础设施的航天硬件（如运载火箭、卫星系统、有效载荷、太空舱、舱段）的制造，以及基础设施的建设，其中包括用于技术、试验和通信功能的地面部分以及组装、集成和测试设施等要素。两者都是自主进入和使用空间的重要组成部分。在此对这两个领域做一说明。

（1）航天硬件

一个行为体要被视为完全自主，就必须具备在本国制造航天硬件的能力，其中包括运载火箭、卫星系统和子系统、舱段、太空舱和探测器。当然，所有这些要素的生产也应在本国境内进行，以便国家能够以自主方式决定其用途。

在这些要素中，国内生产运载火箭可以说是开展自主太空活动的最基本的推动因素。没有本国的发射能力，任何国家都不能真正认为自己是自主的。事实上，如果不能自主进入太空，就会在航天运输需求方面依赖外国，从而限制一国决定在何时何种条件下发射的政治主权。在这方面，一个主要的内在风险是，外国发射供应商可能会基于政治考虑，对卫星发射施加不可接受的条件，甚至拒绝发射（Aliberti 和 Tugnoli，2015）。但是，如果运载火箭的子系统或关键部件不是本国开发的，那么仅拥有运载火箭是不够的——宇宙神 5 火箭依赖俄罗斯制造的 RD-180 发动机是依赖第三国关键技术的一个明显例子。

事实上，必须强调的是，在衡量依赖条件时，最关键的方面不是对最终产品的依赖，而是对基本技术的依赖，因为一个国家或地区依赖的技术水平越低，该国或该地区的弱点就越大（Caito，2015）。任何航天硬件生产阶段的实际技术自主性都需要验证，甚至包括电气、电子和机电（EEE）组件的水平，不仅超出了太空部门的范围，而且没有统一的可比数据。

在我们的衡量模型中，“航天硬件”领域通过以下三个指标进行衡量：

指标 64：运载火箭。一个国家要想在太空活动中实现自主，就不能依赖关键的外国技术来生产运载火箭。本指标评分时考虑的要素是主权生产：1）航天相关的助推器；2）航天相关的航电设备；3）火箭发动机。本指标的赋分情况如下：

4＝所有要素均由国家在考虑期间（2011—2020 年）自行建造。

3＝在考虑期间（2011—2020 年），国家自行建造了两个要素。

2＝在考虑期间（2011—2020 年），国家自行建造了一个要素。

1＝该国在考虑期间（2011—2020 年）未自行建造任何要素。

指标 65：卫星系统。一个国家要在空间活动中实现自主，其卫星系统的很大一部分必须在国内制造，使该国能够在任何时间获得所需的任何质量的数据，而不受外部强加的限制条件的影响。如果一个行为体依赖于外国制造的卫星，那么该国的太空活动将建立在第三方国家不施加技术出口管制限制的意愿之上。本指标的赋分情况如下：

4＝2011—2020 年期间发射的卫星系统有 90%以上是在所有权国制造的。

3＝2011—2020 年期间发射的卫星系统有 75%至 90%是在所有权国制造的。

2＝2011—2020年期间发射的卫星系统中有50％至75％是在所有权国制造的。

1＝2011—2020年期间发射的卫星系统中有50％或更多是在其他地方制造的。

指标66：舱段、太空舱和探测器。要实现太空探索活动的自主，国家必须避免依赖境外制造的关键硬件。本指标考虑各国是否自主制造了舱段、太空舱和探测器，用于2011—2020年期间发射的太空探索活动③。本条目的赋分情况如下：

4＝在考虑期间（2011—2020年），所有要素均由该国自行生产。

3＝在考虑期间（2011—2020年），该国自行生产了两种要素。

2＝在考虑期间（2011—2020年），该国自行生产了一种要素。

1＝在考虑期间（2011—2020年），该国未自行生产任何要素。

（2）基础设施

拥有制造、部署和运行航天硬件所需的所有基础设施要素是实现完全技术自主的先决条件。这些要素包括组装、集成和测试设施以及地面段，后者由监测和控制太空资产的所有设施和设备组成。如果行为体缺乏制造和集成航天硬件的必要设施，就无法自主建造、发射和运行航天器。

在我们的衡量模型中，"基础设施"领域通过以下两个指标进行评估：

指标67：地面部分。一个国家要想在太空活动中实现自主，就必须能够自主制造卫星地面部分的主要部件，以确保能够独立运营其卫星机队。本指标所考虑的要素包括：1）用于馈电链路和TT&C的固定地面基站；2）移动卫星终端；3）甚小口径终端。本条目的赋分情况如下：

4＝该国自行建造了所有考虑要素。

3＝该国自行建造了两个要素。

2＝该国自行建造了一个要素。

1＝该国未自行建造任何要素。

指标68：组装、集成和测试设施。一个国家要实现自主，就必须拥有组装、集成和测试其航天硬件的必要设施。本指标考虑的是位于国境内的机构设施。对这一领域的技术自主性至关重要的要素是：1）洁净室；2）声学和振动实验室；3）电磁实验室；4）热真空室。该条目的赋分情况如下：

4＝该国拥有洁净室和三种其他设施。

3＝该国拥有洁净室和两种其他设施。

2＝该国拥有洁净室和一种其他设施。

1＝该国仅拥有（或根本没有）洁净室。

3.3.1.2　运行阶段

"运行阶段"宏观领域分为三个不同的领域，涵盖主要类型的太空操作，即发射操作、

③　需要承认的是，该指标目前与硬能力指标相匹配。随着世界向商业驱动的太空探索活动过渡，更多的国家将能够通过购买太空探索硬件和服务来获得能力（例如，阿拉伯联合酋长国与美国大学合作）。这可能会造成硬能力和技术自主性的脱钩。

航天器和有效载荷操作以及载人操作。这些操作需要在本国境内的设施中和/或在本国机构的直接控制下进行。掌握这三个领域被认为是确保完全自主地进入和利用太空从事不同类型活动的基本条件。在此对这三个领域做一说明。

（1）发射操作

一个行为体要想在发射活动中被认为是完全自主的，就应当能够使用位于其本国领土上的发射场设施，这些设施也是专门建造的。同样重要的是，它应该能够使用不同级别的发射装置，以便能够到达地球静止轨道（GEO）、中低地球轨道（LEO、MEO），而能够到达深空的只有六个航天大国：美国、俄罗斯、欧洲、中国、日本和印度。在我们的衡量模型中，“发射操作”领域通过以下三个指标进行衡量：

指标 69：发射场。一个国家要想完全自主地进入空间，其发射场设施必须没有任何限制，并完全适合使用。完全自主的国家应拥有以下条件的发射场：1）在本国领土内；2）邻近海洋或无人居住地区；3）在理想的纬度，以便能够进入多个轨道。在对这一指标进行评分时，考虑了这三个要素以及 2011—2020 年现役的发射场数据。该指标的赋分情况如下：

4＝该国的发射场具备所有三个要素。

3＝该国的发射场具备两个要素。

2＝该国的发射场具备一个要素。

1＝该国的发射场不具备任何要素（或根本没有发射场）。

指标 70：进入轨道。一个国家要想完全自主地到达任何所期望的轨道，就需要获得不同级别的发射装置。一个国家可能有能力进行发射并拥有多个发射服务提供商，但如果其方案依赖于在国外制造并由第三国提供商运营的发射装置，则无法实现自主。本指标将运载火箭分为四类：1）小型运载火箭；2）中型运载火箭；3）重型运载火箭；4）超重型运载火箭。根据 2011—2020 年期间在役的（即可有效使用的）发射装置进行评分。该指标的赋分情况如下：

4＝国家服务提供商涵盖三个或三个以上类别的发射装置。

3＝国家服务提供商涵盖两类发射装置。

2＝国家服务提供商涵盖一类发射装置。

1＝无发射装置。

（2）卫星操作

要想在卫星操作（航天器和有效载荷操作）中被视为完全自主的行为体，它应该能够访问 SSA 数据和服务以及 TT&C 功能。SSA 对太空操作至关重要——任何合格的操作人员都无法在不能适当获取 SSA 数据和服务（如避免碰撞服务、重返分析和碎片分析）的情况下操作卫星。同样重要的是，国家 TT&C 系统能够执行所有必要的任务，以确保国家卫星的成功运行（例如监测卫星的健康状况，确定卫星的准确位置，以及通过接收、处理和执行从地面传输的指令来控制卫星）（Guest，2013）。

在我们的衡量模型中，“卫星操作”领域通过以下两个指标进行衡量：

指标 71：空间态势感知。一个国家要想在太空自主运行，就必须获得本国生产的空间态势感知数据。这是为了避免本国的行动取决于第三方的意愿，例如第三方有意过滤掉信息或降低数据的质量。这一指标的赋分情况如下：

4＝该国在太空操作中完全自主地获取 SSA 数据和产品。

3＝该国自主开展大部分太空操作。

2＝该国的大部分太空操作依赖于第三方的数据和产品。

1＝该国完全依赖第三方的数据和产品。

指标 72：遥测、跟踪和指挥。一个国家要想在空间自主运行，就必须能够从本国控制的设施执行所有必要的遥测、跟踪和指挥功能，而不必依赖国外的地面站。如今，太空操作已具有内在的全球性，运营商和政府通过双边和多边协议在世界各地拥有地面站。这一指标考虑的是国家是否能够自主运行卫星，以及由于地理原因造成的运行限制程度——考虑了不同大小、不同纬度的国家在跟踪与卫星通信方面会有不同的优势和劣势。这一指标的赋分情况如下：

4＝该国可从本国领土并通过数据中继卫星和跟踪测量船等其他手段在全球范围内自主跟踪和指挥卫星。

3＝该国可自主地从本国领土跟踪和指挥卫星，而不会出现运行障碍。

2＝该国可自主地从其领土上跟踪和指挥卫星，但有操作限制。

1＝该国不能自主跟踪和指挥其太空任务。

（3）载人操作

实现载人操作的自主性是一项耗费资源的工作，需要大量的资金投入、相关的经验及关键技术。旨在开展载人航天活动的国家需要一支训练有素的宇航员队伍，从人力和财力的角度来看，这是一项资本密集型任务。较小的国家一直依赖国际伙伴关系来训练和发射宇航员，但代价是无法决定宇航员进入轨道后执行任务的类别。旨在开展自主载人航天活动的国家还需要有能力通过载人发射器和载人航天器自主发射和回收宇航员。

在我们的衡量模型中，“载人操作”领域通过以下两个指标进行衡量：

指标 73：宇航员训练。一个国家要想在载人运行方面实现自主，就必须能够训练自己的宇航员，而无须依赖第三国的训练设施。训练设施的存在可作为一个国家在训练宇航员方面自主程度的代用指标。这一指标的赋分情况如下：

4＝该国拥有先进的设施，不需要将宇航员送往国外接受训练。

3＝该国拥有先进的设施，但某些训练仍依赖外国设施。

2＝该国拥有基本设施，但其宇航员队伍需要在国外接受主要训练。

1＝该国几乎或完全依赖外国设施。

指标 74：载人运行。一个国家要想在载人运行方面实现自主，就必须具备自主发射和回收宇航员的能力。为此，一个国家需要：1）载人发射器；2）载人航天器；3）载人航天经验[④]；这一指标的赋分情况如下：

4＝该国具备上述所有要素。

3＝该国具备其中两个要素。

2＝该国具备其中一个要素。

1＝该国没有经验，也没有发射器。

3.3.1.3 开发阶段

“开发阶段”宏观领域分为两个不同的领域，涵盖了卫星系统进入轨道后开展有效应用的主要活动类型，即数据获取和服务提供。掌握这两个领域被认为是确保在各种活动中真正自主利用太空的基本条件。在此对这两个领域做一说明。

(1) 数据获取

自主获取卫星数据是确保适当利用太空资产的一个重要条件。只有当各国拥有本国制造的各类应用资产（如通信卫星、遥感卫星、科学卫星、SSA 卫星、PNT 卫星）时，才有可能做到这一点。在我们的衡量模型中，“数据获取”领域通过以下指标进行衡量：

指标 75：自主获取卫星数据。要实现自主利用太空相关数据，一个国家必须能够独立获取此类数据。这一指标考虑的是一个国家是否能自主获取以下数据：1）卫星通信数据；2）地球观测数据；3）定位、导航和授时数据；4）空间态势感知数据。该指标考虑了2011—2020 年期间发射的航天器，以及各国是否能获取通过主权能力（即本国制造能力）生成的数据。该指标的赋分情况如下：

4＝主权数据/航天器涵盖的所有应用。

3＝主权数据/航天器覆盖三个卫星应用。

2＝主权数据/航天器覆盖两个卫星应用。

1＝一个或没有主权数据/航天器覆盖的应用。

(2) 服务提供

一旦数据获取得到保障，就需要开发并提供产品和服务。空间服务可定义为从天基技术系统及其随后提供的数据和产品中方便最终用户使用的可访问应用程序。从这个意义上说，一项服务是（与太空有关的）研究和创新的产物，它不仅仅是提供数据，而是为一个确定的用户群提供一个有效的应用程序。在所考虑的政体内，服务可以通过不同的公共、私营和公私合营模式来资助和提供。因此，国家实体向最终用户（无论是政府用户、商业用户还是个人用户）提供服务是确保适当利用太空资产的另一个重要条件。

在我们的衡量模型中，“服务提供”领域通过以下指标进行衡量：

指标 76：自主提供卫星数据相关服务。一个国家要自主利用与太空有关的数据，就必须具备自主提供与上述数据有关的服务能力。本指标考虑的是一个国家是否有国家行为体提供以下方面的服务：1）卫星通信数据；2）遥感数据；3）定位、导航和授时数据；

---

④ 需要承认的是，这个指标目前反映了硬能力。随着世界向更具商业驱动的载人航天活动过渡，更多的国家将能够通过购买载人航天硬件和服务来获得能力。这将造成硬能力和技术自主性的脱钩。

4）卫星通信数据；5）空间态势感知数据[⑤]。该指标的赋分情况如下：

4＝国家行为体涵盖所有的应用。

3＝国家行为体覆盖三个卫星应用。

2＝国家行为体覆盖两个卫星应用。

1＝国家行为体覆盖一个或没有覆盖任何应用。

3.3.2　软（政治）自主性

衡量政治自主性需要衡量国家对太空事务的主权。正如 S. Krasner 所深入分析的那样，主权一词有四种不同的含义：1）国际法律主权，“指与相互承认有关的做法，通常存在于具有正式司法独立性的领土实体之间”；2）威斯特伐利亚主权，“指基于将外部行为体排除在特定领土内的权力结构之外的政治组织”；3）国内主权，“指国家内部政治权力的正式组织以及公共当局在其自身政体范围内行使有效控制的能力”；4）相互依存主权，“指公共当局监管信息、思想、货物、人员、污染物或资本跨越本国边界流动的能力”（Krasner，1999：3－4）。

在本书中，我们特别关注威斯特伐利亚主权和国内主权，并认为软（政治）自主性涉及国家自主制定与太空有关的政策的能力，这些政策是国家自主决定的，不受来自其国内或国外的特定利益冲突的影响。然而，正如第 2.2 节所述，重要的是要明确自主应被理解为一个程度问题，因此，不应将其强加于僵化的类型划分中。虽然理想的典型定义可以用来澄清概念——就像我们自己所做的那样——但它们应该用于相对而非绝对的表述。世界上很少有政体是完全“无国籍的”和完全由商业组织主导的。同样，世界上也很少有完全由国家主导的政体。此外，自主权的程度可能因所考虑的政策差异而异，只有牢记这一点，才能对自主性进行实证评估和衡量。事实上，不同的政策会调动不同性质、权重和资源的行为体，从而产生不同的影响力和权力平衡动态。在任何一个国家，根据不同的情况，国家在某一政策领域对任何影响因素都有较强的弹性，而在另一政策领域则没有那么大的弹性。

关于有可能影响国家太空事务自主性的主体，可以确定几种类型。其中包括外国、跨国公司和国际组织等外部代理人，以及军队和国内私营及国有企业等内部代理人。为简单起见，对影响力主体的分析仅限于外国、国家军队和国内公司。

在我们的衡量模型中，软（政治）自主性是在两个基本的宏观领域进行衡量的：“外部决策”和“内部决策”。这两个宏观领域各分为三个领域。表 3－4 概述了在每个领域中衡量政治自主性的条目。

---

⑤　值得承认的是，一旦对数据（无论是内部生成的，还是来自第三方参与者的）的访问得到保障，确保服务提供就相对简单了。几乎任何国家都有政府机构、学术机构或私人公司可以提供天基数据产品和服务。此类产品的质量应与软能力指标一起衡量。

表 3-4 政治自主性的衡量：宏观领域、具体领域和条目

宏观领域	具体领域	条目
外部决策	加入与太空相关的协定和组织	77:来自外国
		78:来自军队
		79:来自国内公司
	在与太空相关的多边组织内采取行动	80:来自外国
		81:来自军队
		82:来自国内公司
	遵守与太空相关的国际法	83:来自外国
		84:来自军队
		85:来自国内公司
内部决策	制定国家太空政策	86:来自外国
		87:来自军队
		88:来自国内公司
	制定国家太空计划	89:来自外国
		90:来自军队
		91:来自国内公司
	在太空领域选择合作伙伴	92:来自外国
		93:来自军队
		94:来自国内公司

“政治自主”指数的数值由 18 个专家编码指标综合得出。构成该指数的每项指标的得分均由参与“衡量太空力量”专门调查的受访者确定。

3.3.2.1 外部决策

“外部决策”宏观领域旨在衡量行为体在国际舞台上就其政治行为做出决策时，在多大程度上可以不受（政体内外的）不同因素的影响。我们尤其关注行为体在以下方面的自主性：1）决定是否参与国际协议或条约，以及/或成为国际组织或论坛的成员；2）在其作为成员的多边论坛或组织中选择政治行动的程度（例如投票、否决和建立联盟）；3）决定是否遵守国家正式承诺的国际义务，无论这些义务是具有法律约束力的工具（如条约），还是软法文书（如指南、最佳实践、行为规则或技术标准）。

根据这一分类，“外部决策”宏观领域包括三大类决策，即加入与太空相关的条约和论坛、在与太空相关的多边论坛内采取行动、遵守与太空相关的国际法。

有多个国际论坛正在宣传、讨论和商定与开展太空活动有关的原则、准则、规则、标准和程序。在本研究考虑的时间范围内（2011—2020 年），最相关的有：

- 联合国大会、第四委员会和第一委员会。
- 联合国和平利用外层空间委员会（COPUOS）及其两个小组委员会。
- 裁军谈判会议（裁谈会）。

• 2012/13 透明度和建立信任措施（TCBMs）政府专家组。

• 2018/19 防止外层空间军备竞赛（PAROS）政府专家组。

• 减少空间威胁不限成员名额工作组（OEWG）。

• 机构间空间碎片协调委员会（IADC）。

• 全球导航卫星系统国际委员会（ICG）。

• 政府间地球观测组织。

• 对地观测卫星委员会。

• 国际标准化组织（ISO）。

• 太空数据系统咨询委员会（CCSDS）。

• 国际通信联盟（ITU）。

至于本研究考虑的国际安排，既包括具有法律约束力的工具，也包括软法律文书：

• 与外层空间相关的主要国际条约［特别是 1963 年《部分禁止核试验条约》、1967 年《外层空间条约》、1968 年《营救协定》、1972 年《责任公约》、1975 年《关于登记射入外层空间物体的公约》（《登记公约》）、1979 年《月球协定》］。

• 联合国的五项宣言和法律原则（特别是 1963 年《法律原则宣言》、1982 年《广播原则》、1986 年《遥感原则》、1992 年《核动力源原则》和 1996 年《利益宣言》）。

• 联合国大会的年度决议。

• ISO 标准。

• 世界无线电通信大会（WRC）《无线电规则》。

（1）加入与太空相关的协定和组织

在此，我们主要关注的是衡量行为体在决定是否加入国际协定或条约和/或成为国际组织或论坛成员时的自主性。每项指标都专门用于衡量这种独立于特定影响因素［即外国、军方和（国营和私营）公司］的自主性。在我们的衡量模型中，“加入与太空相关的协定和组织”领域通过以下指标进行权更具体的评估：

指标 77：在“加入”方面独立于外国的自主性。本指标衡量国家在决定签署国际太空相关安排（无论是否具有法律约束力）和/或成为太空相关国际组织或论坛的成员时，独立于外国的自主程度。这一指标的重点是国家通过决定加入或不加入国际协定和论坛，在国际太空领域独立实现其意愿的能力，而不论其相关的定义或内容如何：在这样做时，它不以签署的条约或加入的组织数量来区别对待国家，也不假定“孤立主义”强国在定义上比“国际主义”强国更自主。具体而言，该指标可衡量国家在条约制定和成员资格申请过程中应对外国邀请和干预的鲁棒性。分数由受邀回答调查问题的各国专家评定：“在 1 到 4 分的范围内，你认为在决定加入与太空有关的双边和/或多边安排时，国家独立于外国的自主程度如何？”评分范围从 1（完全不自主）到 4（完全自主）。每个国家至少提交 3 份答复。多个受访者的答案取平均值，得出一个分数。

指标 78：在“加入”方面独立于军方的自主性。该指标衡量一个国家在决定签署与太空有关的国际协定（无论是否具有法律约束力）和/或成为太空相关国际组织或论坛的成员时，独立于军方的自主程度。得分由受邀回答调查问题的各国专家评定："在 1 至 4 分的范围内，在决定加入与太空相关的双边和/或多边安排时，您认为该国在多大程度上独立于军方?"评分范围从 1（完全不自主）到 4（完全自主）。每个国家至少提交 3 份答复。对多个受访者的答案取平均值，得出一个分数。

指标 79：在"加入"方面独立于公司的自主性。该指标衡量国家在决定签署与太空有关的国际协定（无论是否具有法律约束力）和/或成为太空相关国际组织或论坛的成员时，在多大程度上保持了独立于国内公司（国营和私营）的自主权。得分由受邀回答调查问题的各国专家评定："在 1 至 4 分的范围内，您认为国家在决定加入与太空有关的双边和/或多边安排时，独立于国内公司（国营或私营）的自主程度如何?"评分范围从 1（完全不自主）到 4（完全自主）。每个国家至少提交 3 份答复。对多个受访者的答案取平均值，得出一个分数。

（2）在与太空相关的多边组织内采取行动

我们的目标是衡量行为体在其加入的多边论坛或组织中选择政策行动方针（如投票、否决和建立联盟）的自主性。每项指标都专门用于衡量这种独立于特定影响力主体［即外国、军方和公司（包括国营和私营）］的自主权。在我们的衡量模型中，"在与太空相关的多边组织内采取行动"这一领域通过以下三个指标得到更具体的评估：

指标 80：在"行动"方面独立于外国的自主性。本指标衡量国家在上述与太空相关的多边组织和论坛内独立于外国的程度。该指标重点关注行为体通过参与太空相关组织活动，在国际舞台上独立制定其利益的能力，无论这些利益的定义或内容如何。具体而言，该指标可用于评价国家在国际论坛内投票、否决和建立联盟等活动中应对外国邀请和干预的鲁棒性。得分由受邀回答调查问题的各国专家确定："在 1 到 4 分的范围内，您认为国家在主要国际太空论坛上的行动（如投票、建立联盟等）独立于外国的自主程度如何?"评分范围从 1（完全不自主）到 4（完全自主）。每个国家至少提交 3 份答复。多个受访者的答案取平均值，得出一个分数。

指标 81：在"行动"方面独立于军方的自主性。本指标衡量国家在与太空相关的多边组织和论坛中采取行动时独立于国内军方的程度。得分由受邀回答调查问题的各国专家评定："在 1 到 4 分的范围内，您认为国家在主要国际太空论坛上的行动（如投票、建立联盟等）在多大程度上独立于国内军方?"评分范围从 1（完全不自主）到 4（完全自主）。每个国家至少提交 3 份答复。多个受访者的答案取平均值，得出一个分数。

指标 82：在"行动"方面独立于国内公司的自主性。该指标衡量国家在与太空相关的多边组织和论坛中采取行动时独立于国内公司（国营和私营）的程度。得分由应邀回答调查问题的各国专家确定："在 1 到 4 分的范围内，您认为国家在主要国际空间论坛上的行动（如投票、建立联盟等）独立于国内公司（国营或私营）的自主程度如何?"评分范围从 1（完全不自主）到 4（完全自主）。每个国家至少提交 3 份答复。多个受访者的答案取平均值，得出一个分数。

（3）遵守与太空有关的国际法

该领域旨在衡量行为体在决定是否遵守国家正式承诺的国际义务方面的自主性，无论这些义务是来自具有法律约束力的工具，还是软法律文书，如准则、最佳实践、行为规则或技术标准。每个指标都专门用于衡量独立于特定影响力主体［即外国、军事行为体和公司（国营和私营）］的自主性。当决策不是由这些影响力主体决定时，该行为体被认为是自主的。在我们的衡量模型中，“在与太空相关的多边组织内采取行动”这一领域通过以下三个指标得到更具体的评估：

指标 83：在“遵守”方面独立于外国的自主性。本指标衡量国家在决定遵守（或不遵守）与太空相关的国际决定（无论是具有法律约束力的还是软法律性质的）时独立于外国的程度。这一指标的重点是行为体独立做出承诺或不承诺国际义务的决定的能力，而不是纯粹遵守法律法规的程度。具体而言，该指标可用于衡量国家在遵守国际法（无论是“软”国际法还是“硬”国际法，习惯法还是条约）方面应对外国邀请和干预的鲁棒性。分数由受邀回答调查问题的各国专家确定：“在遵守与太空有关的国际法（包括“硬”和“软”法律）方面，您认为本国在多大程度上独立于外国?”评分范围从 1（完全不自主）到 4（完全自主）。多位受访者的答案取平均值，得出一个分数。

指标 84：在“遵守”方面独立于军方的自主性。该指标衡量国家在决定遵守与太空相关的国际法规时，在多大程度上独立于国内军方。得分由受邀回答调查问题的各国专家评定：“在遵守与太空有关的国际法（包括“硬”和“软”法律）方面，您认为本国在多大程度上独立于国内军方?”得分范围从 1（完全不自主）到 4（完全自主）。多位受访者的答案取平均值，得出一个分数。

指标 85：在“遵守”方面独立于国内公司的自主性。该指标衡量国家在决定遵守与太空相关的国际法规时，在多大程度上独立于国内公司（包括国营和私营公司）。得分由受邀回答调查问题的各国专家确定：“在遵守与太空有关的国际法（包括‘硬’和‘软’法律）方面，您认为本国在多大程度上独立于国内公司（国营或私营）?”得分从 1（完全不自主）到 4（完全自主）。多个受访者的答案取平均值，形成一个分数。

3.3.2.2　内部决策

“内部决策”宏观领域旨在衡量一个行为体就国内拟采取的政治行为做出决定时，在多大程度上不受（其国界内外的）各种影响力主体的左右。特别是，我们主要关注行为体在以下方面的自主性：1）制定与国内开展空间活动有关的国家战略、政策、法律和法规；2）设计技术方案，概述国家和国家以下各级机构、国营和私营企业、研究机构等如何执行这些政策；3）选择政策实施和方案执行伙伴，包括向这些实体分配资源和采取激励措施（如公共合同、公私伙伴关系、国内外合作安排等）。

根据这一分类，“内部决策”宏观领域包括三大类决策，即制定国家太空政策、制定国家太空计划和在太空领域选择合作伙伴。在此对这三个领域进行说明。

（1）制定国家太空政策

这一领域衡量国家在制定与国内开展太空活动有关的政策方面的决策自主性。太空政策是一个宽泛的总称，指国家最高行政部门就国家实体开展太空活动所制定的深思熟虑的行动方针。该术语包括严格意义上的公共政策、战略文件、指导方针、法律和法规。该指标侧重于国家独立制定其太空政策的政治能力，而不是其内容或范围。

每项指标都专门用于衡量这种独立于特定影响力主体［即外国、军方和公司（国营和私营）］的自主性。当国家太空政策不是由这些影响力主体制定和决定时，该行为体就被认为是自主的。更具体地说，在我们的衡量模型中，“制定国家太空政策”这一领域通过以下三个指标得到更具体的衡量：

指标 86：在“制定政策”方面独立于外国的自主性。该指标衡量行为体在制定国家太空政策时独立于外国的自主程度。得分由受邀回答调查问题的各国专家确定：“在 1 到 4 分的范围内，您认为国家在制定国家太空政策时在多大程度上独立于外国?”评分范围从 1（完全不自主）到 4（完全自主）。每个国家至少提交 3 份答复。多位受访者的答案取平均值，得出一个分数。

指标 87：在“制定政策”方面独立于军方的自主性。该指标衡量国家在制定国家太空政策时独立于国内军方的自主程度。得分由受邀回答调查问题的各国专家评定：“在 1 到 4 分的范围内，您认为国家在制定国家太空政策时在多大程度上独立于国内军方?”评分范围从 1（完全不自主）到 4 分（完全自主）。每个国家至少提交 3 份答复。多个受访者的答案取平均值，得出一个分数。

指标 88：在“制定政策”方面独立于国内公司的自主性。该指标衡量国家在制定国家太空政策时独立于国内公司（包括国营和私营公司）的自主程度。得分由受邀回答调查问题的各国专家评定：“在 1 到 4 分的范围内，您认为国家在制定国家太空政策时独立于国内公司（国营或私营）的自主程度如何?”评分范围从 1（完全不自主）到 4（完全自主）。每个国家至少提交 3 份答复。多个受访者的答案取平均值，得出一个分数。

（2）制定国家太空计划

我们的目标是衡量国家在制定其国家太空计划方面的决策自主性。这里所说的太空计划是指国家太空机构、国营和私营太空机构以及科学机构为实施国家太空战略和政策而开展的业务活动。该领域更具体地侧重于国家独立制定太空计划的政治能力（决策过程），而不是其管理和执行（决策执行过程）。

每项指标都专门用于衡量这种独立于特定影响力主体［即外国、军方和公司（国营和私营）］的自主性。如果国家太空计划不是由这些影响力主体制定和决定时，就可以认为该行为体是自主的。更具体地说，在我们的衡量模型中，“制定国家太空计划”这一领域通过以下三个指标得到更具体的评估：

指标 89：在“制定计划”方面独立于外国的自主性。该指标衡量国家在制定国家太空计划时独立于外国的自主程度。得分由应邀回答调查问题的各国专家确定：“从 1 到 4 分，您认为本国在制定国家航天计划方面独立于外国的自主程度如何?”评分范围从 1（完全不自主）到 4（完全自主）。每个国家至少提交 3 份答复。多个受访者的答案取平均值，得出一个分数。

指标 90：在“制定计划”方面独立于军方的自主性。该指标衡量国家在制定国家太空计划时独立于国内军方的自主程度。得分由受邀回答调查问题的各国专家确定：“在 1 到 4 分的范围内，您认为国家在制定国家太空计划时，在多大程度上独立于国内军方?”评分范围从 1（完全不自主）到 4（完全自主）。每个国家至少提交 3 份答复。多个受访者的答案取平均值，得出一个分数。

指标 91：在“制定计划”方面独立于国内公司的自主性。该指标衡量国家在制定其国家太空计划时独立于国内公司（国营和私营）影响的自主程度。得分由受邀回答调查问题的各国专家评定：“在 1 到 4 分的范围内，您认为国家在制定国家太空计划时独立于国内公司（国营或私营）的自主程度如何?”评分范围从 1（完全不自主）到 4（完全自主）。每个国家至少提交 3 份答复。多个受访者的答案取平均值，得出一个分数。

（3）在太空领域选择合作伙伴

这一领域涉及衡量国家在选择合作伙伴以实施其政策和执行其计划方面的决策自主性，特别是在具有战略意义领域的技术供应和援助。该领域更具体地侧重于国家自主选择具体合作伙伴（如国内实体、外国、外国公司等）以及具体合作计划的能力，包括资源分配和对合作实体的激励（如公共合同、公私伙伴关系、国内外合作安排等）。

每项指标都专门用于衡量这种独立于特定影响力主体［即外国、军方和公司（国营和私营）］的自主性。如果在太空领域选择合作伙伴不是由这些影响力主体决定，就可以认为该行为体是自主的。更具体地说，在我们的衡量模型中，“在太空领域选择合作伙伴”这一领域通过以下三个指标得到更具体的衡量：

指标 92：在“选择合作伙伴”方面独立于外国的自主性。本指标衡量国家在太空政策领域选择合作伙伴时独立于外国的自主程度。得分由应邀回答调查问题的各国专家确定：“从 1 到 4 分，您认为该国在选择太空领域合作伙伴时独立于外国的自主程度如何?”评分范围从 1（完全不自主）到 4（完全自主）。每个国家至少提交 3 份答复。多个受访者的答案取平均值，得出一个分数。

指标 93：在“选择合作伙伴”方面独立于军方的自主性。该指标衡量国家在太空政策领域选择合作伙伴时独立于国内军方的自主程度。得分由应邀回答调查问题的各国专家确定：“从 1 到 4 分，您认为国家在选择太空领域合作伙伴时独立于国家军队的自主程度如何?”评分范围从 1（完全不自主）到 4（完全自主）。每个国家至少提交 3 份答复。多个受访者的答案取平均值，得出一个分数。

指标 94：在“选择合作伙伴”方面独立于国内公司的自主性。该指标衡量国家在太空政策领域选择合作伙伴时独立于国内公司（包括国营和私营公司）的自主程度。得分由应邀回答调查问题的各国专家确定：“在 1 到 4 分的范围内，您认为国家在太空领域选择合作伙伴时独立于国内公司（国营或私营）的自主程度如何?”评分范围从 1（完全不自主）到 4（完全自主）。每个国家至少提交 3 份答复。多个受访者的答案取平均值，得出一个分数。

3.4 能力和自主性指数

自主指数和能力指数的结合产生了所谓的太空力量矩阵（见图 3－4）。

通过该矩阵，可沿两个基本坐标轴绘制太空行为体。它根据能力和自主性得分的交叉点，对太空行为体的相对实力进行了理想的典型表示：具体而言，能力得分决定了国家在 Y 轴上的位置，而自主性得分则绘制在 X 轴上。为便于分析，可将自主性轴和能力轴所界定的表面区域划分为四个主要单元或象限。图 3－4 中的数值与本研究采用的四分法一致。分界线能够区分在能力和自主性方面获得低、中、高分值的国家。最重要的是，图 3－4 所示的太空行为体类型是建立在能力和自主性指数的得分，以及第 2 章所定义的分类基础之上的。

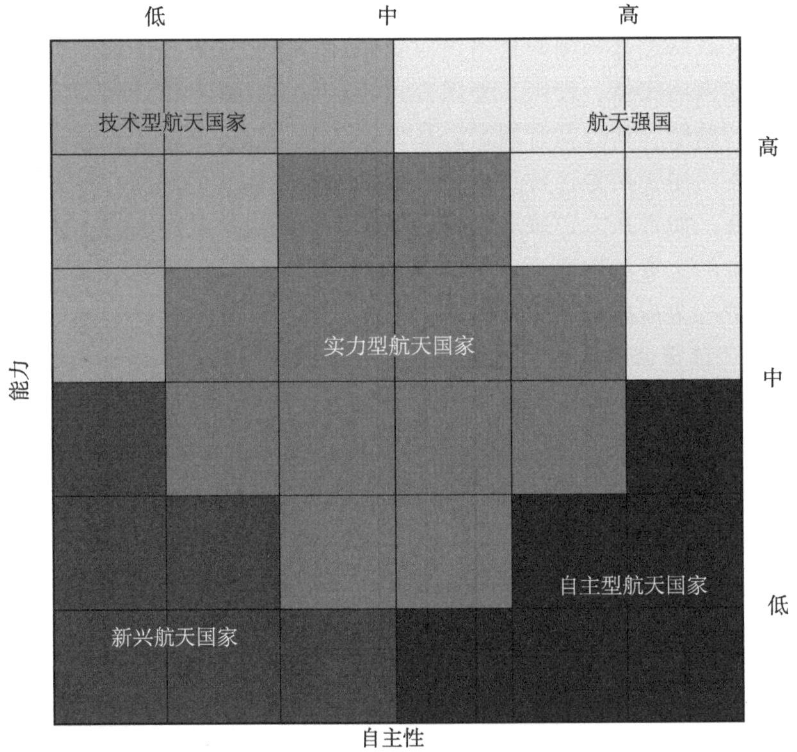

图 3－4 太空力量矩阵概览

此外，还可将能力指数和自主性指数合并为一个综合合成衡量指标，即“太空力量指数”，这是一个由太空力量的两个维度组成的综合指标。

参考文献

Aliberti, M. (2015) . When China Goes to the Moon. Springer.

Aliberti, M. (2018) . India in Space Between Utility and Geopolitics. Springer.

Aliberti, M., & Tugnoli M. (2015) . European Launchers Between Commerce and Geopolitics (ESPI Report 56) . European Space Policy Institute.

Bataille, M., & Hrozensky, T. (2022) . Space in Support of Security Missions (ESPI Report 80) . European Space Policy Institute.

Bataille, M., & Messina, V. (2020) . Europe, Space and Defence (ESPI Report 72) . European Space Policy Institute.

Caito, L. (2015) . European Technological Non-Dependence in Space (ESPI Report 51) . European Space Policy Institute.

Cunningham, F. (2009) . The Stellar Status Symbol: True Motives for China's Manned Space Program. China Security, 5 (3), 73-88.

DIA. (2022) . Challenges to Security in Space. Space Reliance in An Era of Competition and Expansion. Defence Intelligence Agency. https://www.dia.mil/Portals/110/Documents/News/Military_Power_Publications/Challenges_Security_Space_2022.pdf (Accessed 10 February 2023) .

DoD. (2022) . DoD Directive 3100.10 Space Policy. United States Department of Defense—Office of the Under Secretary of Defense for Policy. https://www.esd.whs.mil/Portals/54/Documents/DD/issuances/dodd/310010p.PDF (Accessed 15 December 2022).

ESA. (2009) . What is Space Weather. European Space Agency. https://swe.ssa.esa.int/what-is-space-weather (Accessed 22 January 2023).

ESA. (2023a) . Telecommunications Satellites. European Space Agency. https://www.esa.int/Applications/Telecommunications_Integrated_Applications/Telecommunications_satellites (Accessed 10 January 2023).

ESA. (2023b) . About asteroids and Planetary Defence. European Space Agency. https://www.esa.int/Space_Safety/About_asteroids_and_Planetary_Defence (Accessed on 20 January 2023).

ESA. (2023c) . About Space Science. European Space Agency.

ESA. (2023d) . ESA's Climate Change Initiative. European Space Agency. <https://www.esa.int/Applications/Observing_the_Earth/Space_for_our_climate/ESA_s_Climate_Change_Initiative> (Accessed 1 February 2023).

EUMETSAT. (2023) . What We Do. European Organisation for the Exploitation of Meteorological Satellites. https://www.eumetsat.int/about-us/what-we-do (Accessed 5 December 2022) .

EUSatCen. (2023) . SSA. EUSatCen. https://www.satcen.europa.eu/page/ssa (Accessed 10 May 2023) .

EUSPA. (2021a) . What is Earth Observation? European Union Agency for the Space Programme.

https: //www. euspa. europa. eu/european - space/eu - space - programme/what - earth - observation (Accessed 1 February 2023).

EUSPA. (2021b) . What is GNSS? European Union Agency for the Space Programme. https: //www. euspa. europa. eu/european - space/eu - space - programme/what - gnss (Accessed 1 February 2023).

Gasparini, G. , & Miranda, V. (2010) . Space Situational Awareness: An Overview. In W. Rathgeber, K. U. Schrogl, & R. A. Williamson (Eds.), The Fair and Responsible Use of Space. Studies in Space Policy. Springer.

Guest, A. N. (2013) . Telemetry, Tracking, and Command (TT&C) . In J. N. Pelton, S. Madry, & S. Camacho - Lara (Eds.), Handbook of Satellite Applications. Springer. https: //www. esa. int/ Science _ Exploration/Space _ Science/About _ Space _ Science (Accessed on 30 January 2023).

ISECG. (2013) . The Global Exploration Roadmap. International Space Exploration Coordination Group. https: //www. globalspaceexploration. org/wordpress/wp - content/uploads/2013/10/ GER _ 2013. pdf (Accessed 5 February 2023).

Joint Chiefs of Staff. (2020) . Joint Publication 3 - 14: Space Operations. Joint Chiefs of Staff. https: // www. jcs. mil/Portals/36/Documents/Doctrine/pubs/jp3 _ 14Ch1. pdf (Accessed 10 February 2023).

Krasner, S. D. (1999) . Sovereignty: Organized Hypocrisy. Princeton University Press.

Labrador, V. (2023) . Satellite Communication . Encyclopaedia Britannica. https: //www. britannica. com/technology/satellite - communication (Accessed 10 January 2023) .

Logsdon, J. M. (2023) . Space Exploration. Encyclopaedia Britannica. https: //www. britannica. com/ science/space - exploration (Accessed on 5 March 2023) .

Madry, S. (2013) . Introduction and History of Space Remote Sensing. In J. N. Pelton, S. Madry, S. Camacho - Lara (Eds.), Handbook of Satellite Applications. Springer.

Moranta, S. , Pavesi, G. , Perrichon, L. , Plattard, S. , & Sarret, M. (2018) . Security in Outer Space: Rising Stakes for Europe (ESPI Report 64) . European Space Policy Institute.

NASA. (2014) . Remote Sensing. National Aeronautics and Space Administration. https: //www. nasa. gov/content/remote - sensing/ (Accessed 1 February 2023).

NASA. (2021) . Technology Demonstration Missions Overview. National Aeronautics and Space Administration. https: //www. nasa. gov/mission _ pages/tdm/main/overview. html (Accessed 10 February 2023).

OECD. (2011) . The Space Economy at a Glance 2011. OECD Publishing.

OECD. (2012) . The Space Economy in Figures. How Space Contributes to the Global Economy. Organisation for Economic Co - operation and Development. OECD Publishing.

Oltrogge, D. L. , & Alfano, S. (2019) . The technical challenges of better Space Situational Awareness and Space Traffic Management. Journal of Space Safety Engineering, 6 (2), 72 - 79.

Payne, G. , & Payne, J. (2004) . Key Concepts in Social Research. SAGE Publications.

Pelton, J. N. , & Camacho - Lara, S. (2013) . Introduction to Satellite Navigation Systems. In J. N. Pelton, S. Madry, & S. Camacho - Lara (Eds.), Handbook of Satellite Applications. Springer.

Pelton, J. N. , Madry, S. , & Camacho Lara, S. (2013) . Satellite Applications Handbook: The Complete Guide to Satellite Communications, Remote Sensing, Navigation, and Meteorology. In J. N. Pelton, S. Madry, S. Camacho - Lara (Eds.), Handbook of Satellite Applications. Springer.

Robinson, J. (2011) . Enabling Europe's Key Foreign Policy Objectives via Space (ESPI Report 30). European Space Policy Institute.

UNCOPUOS. (2018) . Thematic priority 1. Global Partnership in Space Exploration and Innovation. United Nations Committee on the Peaceful Uses of Outer Space. Series A/AC. 105/.

UNDESA. (2022) . World Population Prospects 2022 Summary of Results. United Nations Department of Economic and Social Affairs. UN DESA/POP/2021/TR/NO. 3. https: //www. un. org/development/desa/pd/sites/www. un. org. development. desa. pd/files/wpp2022 _ summary _ of _ results. pdf (Accessed 5 January 2023).

UNOOSA. (2018) . European Global Navigation Satellite System and Copernicus: Supporting the Sustainable Development Goals. Building Blocks Towards the 2030 Agenda. United Nations Office for Outer Space Affairs. https: //www. unoosa. org/res/oosadoc/data/documents/2018/stspace/stspace71 _ 0 _ html/st _ space _ 71E. pdf (Accessed 15 December 2022).

UNOOSA. (2023a) . Benefits of Space: Communication. United Nations Office for Outer Space Affairs. https: //www. unoosa. org/oosa/en/benefits - of - space/communication. html (Accessed 10 November 2022).

UNOOSA. (2023b) . Benefits of Space: Disaster Management. United Nations Office for Outer Space Affairs. https: //www. unoosa. org/oosa/en/benefits - of - space/disasters. html (Accessed 10 November 2022).

UNOOSA. (2023c) . Benefits of Space: Agriculture. United Nations Office for Outer Space Affairs. https: //www. unoosa. org/oosa/en/benefits - of - space/agriculture. html (Accessed 10 November 2022).

UNOOSA. (2023d) . "Benefits of Space: Global Health" . United Nations Office for Outer Space Affairs. https: //www. unoosa. org/oosa/en/benefits - of - space/global - health. html (Accessed 10 November 2022).

UNOOSA. (2023e) . Benefits of Space: Education. United Nations Office for Outer Space Affairs. https: //www. unoosa. org/oosa/en/benefits - of - space/education. html (Accessed 10 November 2022).

US Department of Defense. (2011) . National Security Space Strategy. Unclassified Summary. http: //www. defense. gov/home/features/2011/0111 _ nsss/docs/NationalSecuritySpaceStrategyUnclassifiedSummary _ Jan2011. pdf (Accessed 1 February 2023).

US Department of Transportation. (2023) . What is Positioning, Navigation and Timing? https: //www. transportation. gov/pnt/what - positioning - navigation - and - timing - pnt (Accessed 10 January 2023) .

Weeden, B. (2017) . Space Situational Awareness Fact Sheet. Secure World Foundation. https: //swfound. org/media/205874/swf _ ssa _ fact _ sheet. pdf (Accessed 2 February 2023) .

Weeden, B. , & Samson, V. (Eds.) . (2022) . Global Counterspace Capabilities. An Open Source Assessment. Secure World Foundation.

Windley, B. F. , & Albritton, C. (2021) . Earth sciences. Encyclopaedia Britannica. https: //www. britannica. com/science/Earth - sciences (Accessed 1 March 2023).

Zarkan Cesari, L. (2021) . What's in a Word? Notions of 'Security' and 'Safety' in the Space Context. United Nations for Disarmament Research (UNIDIR) . https: //unidir. org/commentary/whats word - notions - security - and - safety - space - context (Accessed 20 November 2022) .

第 4 章　比对太空行为体：实证评估

本章根据我们的理论框架，对收集到的原始实证数据进行分析。它从能力和自主性这两个重要的维度对主要的太空行为体进行了比较，并对相关的子维度进行了详细分析。所选行为体是过去十年中在太空领域最活跃的行为体之一，也是最受一般媒体、从业人员和学者关注的行为体。它们是澳大利亚、巴西、加拿大、中国、欧洲、印度、以色列、日本、俄罗斯、韩国和美国。本章以衡量工作的结果为基础，最终对所分析的行为体在太空力量矩阵中的地位和相对位置进行比较评估。

4.1　概述

4.1.1　案例选择和数据

本章对澳大利亚、巴西、加拿大、中国、印度、以色列、日本、俄罗斯、韩国、美国和欧洲等 11 个著名的太空行为体的 94 项指标进行了深入评估。在本书中，这些行为体被视为国际“太空格局（spacescape）”中的独特角色。

欧洲作为一个单一的太空行为体

将欧洲作为国际“太空格局”中的一个统一的行为体的决定似乎与本书提出的理论框架（即以“国家”行为体为重点）不一致，这无疑为准确界定欧洲太空行为体带来了重大的分析挑战。欧洲显然不是威斯特伐利亚意义上的民族国家，也不像其他航天国家那样是一个从单一政权产生的政体（Aliberti 等，2019）。欧洲联盟（EU）是半个多世纪前启动的长期一体化项目的结果，因此通常被视为代表欧洲的地缘政治实体。由于“它并不只是一个政府间组织，但也构不成一个完全成熟的欧洲国家”（Wallace，2005），欧盟本身也存在问题。更重要的是，从太空活动的角度来看这个问题，欧盟既不是唯一、也不是最直接参与管理欧洲太空事务的行为体。这一角色历来由 ESA 承担（Aliberti 等，2019）。

事实上，如果要确定欧洲的太空行为体，可以说是欧空局、欧盟和这两个组织的各个成员国之间复杂相互作用的结果，尽管它们有一个共同的基础，但并不一致。每个成员国都有自己的治理结构，并参与了几个从事太空事务的组织。在 27 个欧盟成员国和 22 个欧空局成员中，有 19 个同时属于这两个组织。

国家、政府和共同体框架之间的相互作用造成了体制上的错位，使决策过程显得尤为烦琐。

尽管存在明显的局限性，但本研究认为，将欧洲作为一个单一但独特的太空行为体进行实证分析是可行的。做出这一决定的理由是多方面的。

第一，这一决定源于这样一个事实，即目前欧洲范围内的太空活动和能力，即使是由单个国家领导的活动和能力，也是如此紧密地相互联系在一起，以至于几乎不可能在各个能力、资产或计划之间建立明确的界限，也不可能将我们在这里考虑的大多数指标分离出来。在我们提出的矩阵中分析单个欧洲国家，会导致对该国在太空领域紧密合作中角色的误导性定位。

第二，欧洲航天工业基础高度统一，整个欧洲大陆的垂直一体化程度很高。由于太空业务的基本特征，垂直一体化太空企业的出现是一种自然趋势（Hayward，2011）。20 世纪 90 年代，欧洲航天公司通过兼并和收购经历了一次整合转型，最终形成了两个主承包商级的航天公司集团：空客防务与航天公司和泰雷兹·阿莱尼亚航天公司。作为另一个主要系统集成商，OHB 对这两个集团进行了补充（Al-Ekabi，2016）。因此，就供应链整合而言，如今欧洲航天部门比任何其他工业部门都要先进。

第三，在过去 20 年里，欧洲航天管理一体化进程不断深化。除了欧空局不断向所有尚未成为该机构成员的欧盟成员国扩展之外，欧空局与欧盟之间更加密切的合作也证明了这一点。这两个组织已经认识到，双方都有特定的互补和相辅相成的优势，需要彼此来实现公共政策目标，并为欧洲的太空活动提供一个更加协调一致的框架（Aliberti，2015）。欧盟拥有立法权和政治影响力，而欧空局则具备技术和运营方面的专业知识。自 2004 年发布第一份《欧盟委员会/欧空局框架协议》以来，欧盟和欧空局一直致力于合作实施互惠互利的太空项目，避免重复劳动，优化资源分配。目前，欧盟将其航天预算的很大一部分委托给欧空局，用于哥白尼和伽利略等泛欧计划。

第四，尽管各行为体与各自战略中规定的核心利益之间存在体制上的不匹配，但近年来，构成欧洲太空治理的所有利益攸关方的重要共识和一系列共同目标日益巩固。这种整合最终体现在 2016 年 10 月 26 日通过的欧盟/欧空局关于“欧洲空间未来的共同愿景”的联合声明中。这份文件尽管不具有法律约束力，但却十分关键，因为它不仅代表了欧空局和欧盟就欧洲航天领域的若干共同目标达成的协议，而且还得到了成员国的明确支持，代表了全欧洲对太空活动共同战略愿景的趋同（Aliberti 等，2020）。这份联合声明之后，欧盟委员会（EU）与欧空局于 2021 年 6 月 22 日签署了《财政框架伙伴关系协定》（FFPA）。该文件规定了欧盟委员会、欧盟空间计划局（EUSPA）和欧空局在太空计划各组成部分方面的作用、责任和义务，涉及欧洲太空计划的分摊费用，并提供了协调和控制机制。

鉴于所有这些考虑因素，将欧洲在太空力量矩阵中的地位衡量为一个统一的国际行为体（尽管有些独特）似乎是恰当的。

分析局限于这些特定行为体的原因是多方面的。第一，在本书研究期间（2011—2020 年），这些国家在太空技术、探索和利用领域是全球最为活跃的。表 4-1 提供了本分析所包括的 11 个国家的太空活动与世界其他国家相比的概览。该概览包含几个客观指标的数据，包括现役卫星数量、十年间发射的卫星数量、发射次数、发射频率、发射总质量以及太空探索任务数量。显然，我们的 11 个案例代表了 2011—2020 年期间全球开展的所有太空活动的绝大多数。

第二，与此密切相关的是，在过去的十年中，人们对这些国家太空活动的兴趣一直在稳步增长：澳大利亚、中国、印度和巴西等不同国家的太空壮举吸引了非专业媒体、从业人员和学术界的关注，数十种出版物脱颖而出，为进行比较分析提供了宝贵的信息来源。

第三，被选中进行评估的国家包括美国及其在欧洲的盟友，中东的以色列，太平洋地区的澳大利亚、日本、韩国，以及金砖国家（BRICS）中最强大的新兴经济体，即俄罗斯、中国、印度和巴西。

第四，由于阿根廷、伊朗、尼日利亚、南非、土耳其、阿拉伯联合酋长国等新兴航天国家的太空活动硬数据和愿意进行调查的专家（包括政体内外的专家）有限，在扩大比较范畴方面存在客观困难。排除这些新兴航天国家自然会使数值分布偏高，但也为更有针对性地比较更成熟的太空行为体奠定了基础。未来的比较分析以及针对具体国家的太空力量著作应更详细地研究这些“新兴航天国家”的太空活动。

表 4－1　2011—2020 年期间太空活动概览

运营商/所有者所在国家	卫星发射数量	发射次数	发射频率	发射总质量/吨	太空探索任务数量
澳大利亚(AUS)	15	0	0	16.2	0
巴西(BRA)	10	0	0	21	0
加拿大(CAN)	41	0	0	39.5	4
中国(CHN)	457	240	24	584.1	19
欧洲(EUR)	459	96	9.6	272.6	16
印度(IND)	65	44	4.4	92.2	3
以色列(ISR)	17	3	0.3	19.9	0
日本(JAP)	118	39	3.9	240.2	15
韩国(KOR)	25	1	0.1	22.7	3
俄罗斯(RUS)	259	236	23.6	832.3	83
美国(US)	2 317	240	24	1 396.6	70
世界其他地区	201	28	2.8	215.7	2
总计	3 984	927	92.7	3 953	215

如第 3 章所述，本研究中设计的实证评估既有定量数据，也有定性数据：定量数据取自各种专门来源，而定性数据则来自对著名太空专家进行调查的结果。我们对定量数据进行了审核、标准化和整合，以确保充分的可比性。同样，在提交调查的答案时，我们希望各国专家提供基于证据的判断和/或参考客观指标。

4.1.2 太空行为体在太空力量矩阵中的定位

本章的最终目标是利用收集到的大量实证数据，生成一个太空力量矩阵，用于有效比较太空行为体的太空力量。为了生成这一矩阵，按照本书理论框架（见第 2.3 节），为提出的衡量太空力量的两个基本维度——能力和自主性——分别生成了两个子矩阵。下一节将深入讨论能力维度和能力子矩阵。然后将详细讨论自主性维度和自主性子矩阵。一旦建立了这两个子矩阵，就能创建航天强国矩阵，将分析中的每个国家置于该矩阵中，并简要讨论各国的结果。

我们最终发现，按照本书定义，享有通常理解的航天强国地位的太空行为体，其能力和自主性也高于我们所定义的平均水平。图 4－1 显示了比较分析的最终结果。

美国、中国和俄罗斯成为无可争议的三个航天强国，它们是在两个维度上都得分较高的国家。欧洲紧随其后，日本和印度则相距甚远。有趣的是，在我们的样本中，没有一个国家适于新兴航天国家象限（能力低和自主性低）或技术型航天国家象限（自主性相当有限的高能力航天国家）。相反，除了欧洲之外，大多数国家的自主性（尤其是在硬自主性领域，我们稍后讨论）似乎比能力更强，因此属于自主型航天国家象限。

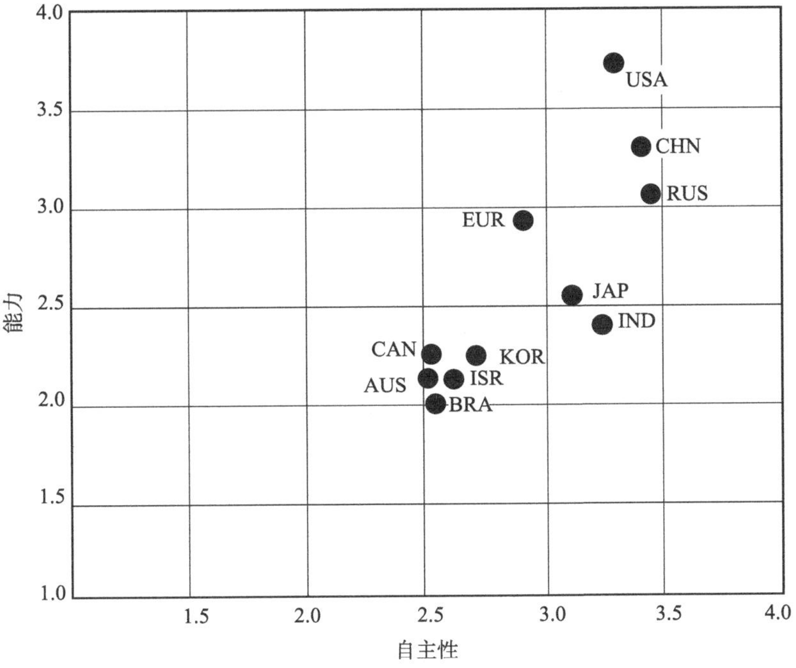

图 4－1　太空行为体在太空力量矩阵中的定位

4.2　衡量和比较能力

在我们的分类法中，“能力”指的是一个国家实施太空战略以及在政治、外交、军事、经济或社会领域实现相关目标的本领。我们将能力概念细分为“硬能力”和“软能力”两个子维度。硬能力包括使行为体能够在太空环境中、借助太空手段和从太空视角开展行动的各种物质资产和技术技能，它是通过硬数据和客观指标来衡量的。软能力则是指行为体将其资产和技能有效整合到从国内社会经济基础设施到外交和安全政策等各个领域的能力。软能力的衡量更为复杂和微妙，因此依赖于各国专家的主观评估。

4.2.1　衡量硬能力

我们所说的硬能力横跨四个重要的宏观领域："应用卫星""科学与探索""太空安全与防卫措施"以及"使能与支持"。每个宏观领域又涵盖四个领域，共有 38 个指标。指标值取自欧洲太空政策研究所（ESPI）的数据库和其他开源数据集，包括战略与国际研究中心（CSIS，2019）、科技政策研究所/国防分析研究所（IDA，2020）和忧思科学家联盟（UCS，2021）。评分标准从 1 分（最低）到 4 分（最高）不等。图 4 - 2 总结了我们研究中所有 11 个太空行为体的硬能力分析结果。

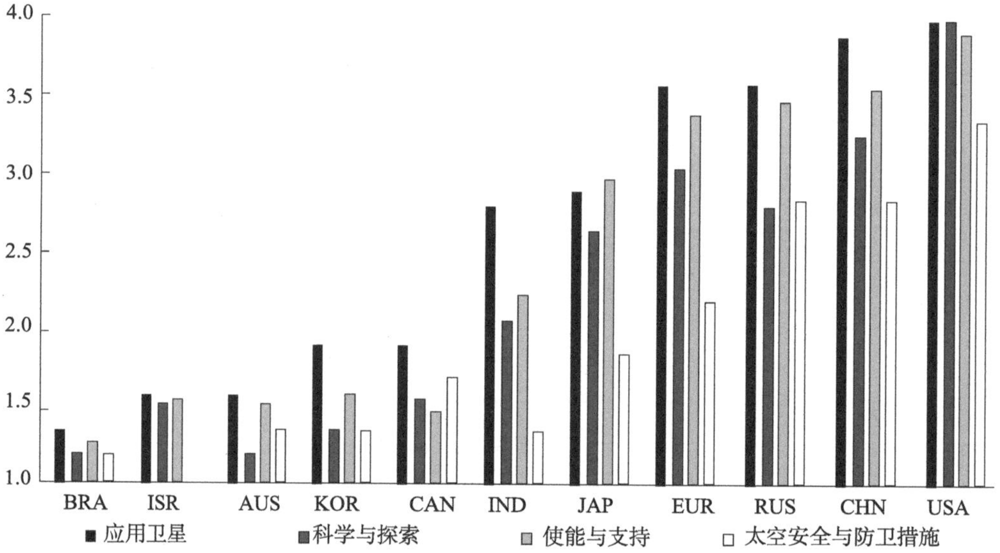

参考数据

	BRA	ISR	AUS	KOR	CAN	IND	JAP	EUR	RUS	CHN	USA
应用卫星	1.3	1.6	1.5	1.89	1.89	2.78	2.89	3.56	3.56	3.89	4.0
科学与探索	1.2	1.5	1.2	1.3	1.5	2.1	2.6	2.8	3.0	3.2	4.0
使能与支持	1.3	1.5	1.5	1.6	1.5	2.2	3.0	3.4	3.5	3.6	3.9
太空安全与防卫措施	1.2	1.0	1.4	1.4	1.7	1.3	1.9	2.2	2.9	2.9	3.4
硬能力指数(平均)	1.2	1.4	1.4	1.6	1.7	2.1	2.5	3.0	3.3	3.4	3.8

图 4 - 2　硬能力一览*

不出所料，美国、中国和俄罗斯在所有宏观领域的得分位列前三，欧洲紧随其后。美国在所有宏观领域中都处于领先地位，其内部结构也最为平衡：特别是，美国的"科学与探索"宏观领域与"应用卫星"和"使能与支持"宏观领域得分几乎相同，而"太空安全与防卫措施"则相对落后。除加拿大、澳大利亚和俄罗斯外，所有国家的"太空安全与防

* 原著中本章图中数据与正文数据存在不一致的情况，为方便读者阅读，已对图中数据进行修正。——译者注

卫措施”都落后于其他宏观领域，只有美国对“科学与探索”的重视程度与“应用卫星”相同，而“应用卫星”是其他国家发展最多的一个宏观领域。这种对“科学与探索”的重视可能是美国明显处于世界领先地位的原因之一。接下来，将对所考虑的四个宏观领域逐一进行更详细的介绍。

4.2.1.1　硬能力：应用卫星

总体而言，在“应用卫星”这一宏观领域，美国（4.0）处于世界领先地位，中国（3.89）紧随其后，两国在 2011—2020 年十年间的努力展示了太空资产如何成为国民经济和基础设施不可分割的一部分，在发射和运行卫星方面发展并实现了重大的技术能力。俄罗斯（3.56）和欧洲（3.56）紧随其后，前者是在遥感方面得益于其对空间的军事利用，而后者得益于其由私营公司运营的商业通信卫星，如 SES 集团、欧洲通信卫星组织和 OneWeb。在应用卫星宏观领域，日本（2.89）和印度（2.78）总体上表现不俗，韩国（1.89）和加拿大（1.89）紧随其后。从更详细的结果来看，宏观领域“应用卫星”分为三个领域：通信、遥感和导航，每个领域都根据三项指标进行衡量，如图 4－3 所示。

在“通信卫星”领域，美国（4.0）在样本中遥遥领先，中国和欧洲（3.7）仅次于美国，这是因为 2011 年至 2020 年期间发射的卫星数量较少（在不考虑巨型星座的情况下，美国发射了 217 颗通信卫星，欧洲发射了 92 颗，中国发射了 42 颗）。印度和日本的得分与澳大利亚相同（2.3）。尽管澳大利亚发射的卫星数量少于印度和日本，但其通过卫星部署的不同技术（如高通量卫星和物联网）获得了相应的认可。印度和日本这两个亚洲国家在卫星通信领域有着悠久的历史，其中印度在 20 世纪 70 年代是最早拥有国家通信卫星的亚洲国家之一。

值得注意的是，巨型星座（尤其是 SpaceX 的 Starlink）并未计入卫星数量。即使不考虑 SpaceX 自 2019 年以来发射的 1 600 多颗 Starlink 卫星，美国仍是迄今为止发射通信卫星数量最多的国家。

在“遥感”领域，中国和美国得分最高（4.0），紧随其后的是俄罗斯（3.7）。这三个国家（尽管十年间发射的卫星数量存在差异，美国发射了 592 颗卫星，中国发射了 191 颗卫星，俄罗斯发射了 36 颗卫星）在这一领域投入巨大，拥有大量卫星和相当数量的机构用户，满足了对卫星图像的需求。欧洲紧随其后（3.3），但在考虑的时间段内，由于缺乏从太空提供预警和 SIGINT 支持的军事卫星，因此略有欠缺。由于部署了大量传感器，日本（3.0）、印度（3.0）和韩国（2.7）的得分也相对较高。澳大利亚（1.0）在 2011—2020 年十年间没有发射过一颗遥感卫星，因此得分最低。

最后，在“导航”方面，美国和中国再次获得最高分（均为 4.0）。这两个强国部署了完整的全球导航卫星系统（GNSS）和天基增强系统，其系统能够达到相当高的精度（亚米级）。欧洲和俄罗斯（均为 3.7）紧随其后，后者因其 GLONASS 系统的精度相对较低而受到影响，而前者则因“伽利略”卫星在所考虑的时间范围（2011—2020 年）结束时仍未完全部署而受到影响。印度（3.0）和日本（3.3）由于部署了区域导航卫星系统（RNSS）NaVIC 和 SBAS，得分可观。由于缺乏国家导航卫星系统，其他国家的得分较低也就不足为奇了。澳大利亚打算与新西兰合作开发一个天基增强系统（SBAS）（LINZ，2022），因此该国在该领域的得分（1.3）略高于能力有限的其他国家。

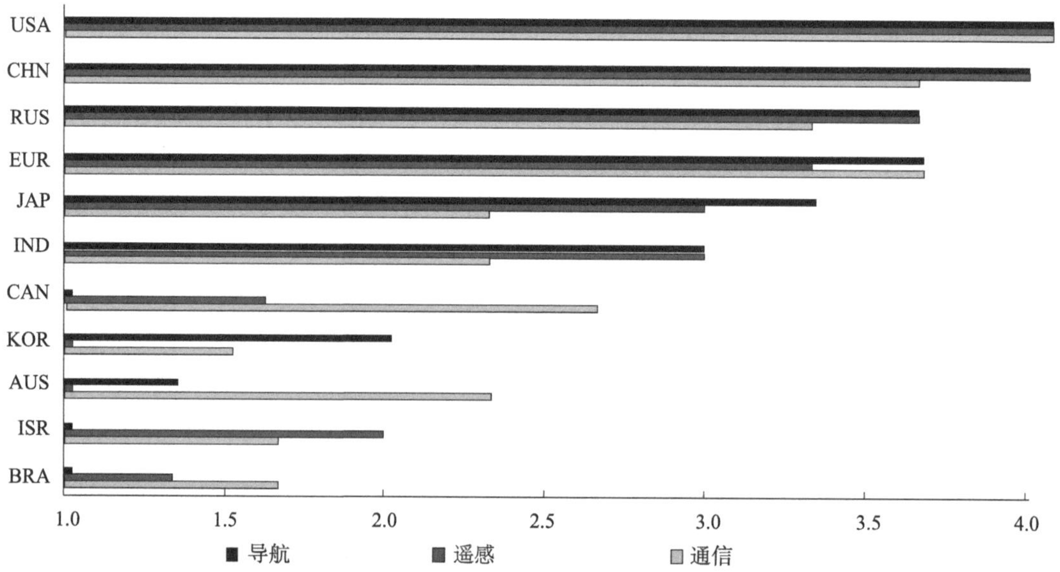

参考数据

	BRA	ISR	AUS	KOR	CAN	IND	JAP	EUR	RUS	CHN	USA
通信	1.7	1.7	2.3	1.7	2.7	2.3	2.3	3.7	3.3	3.7	4.0
遥感	1.3	2.0	1.0	2.7	2.0	3.0	3.0	3.3	3.7	4.0	4.0
导航	1.0	1.0	1.3	1.3	1.0	3.0	3.3	3.7	3.7	4.0	4.0
应用卫星(平均)	1.3	1.6	1.5	1.89	1.89	2.78	2.89	3.56	3.56	3.89	4.0

图 4－3　应用卫星

4.2.1.2　硬能力：科学与探索

“科学与探索”宏观领域分为三个领域：空间和地球科学、载人航天和机器人探索，每个领域都有专门的指标，总体结果如图 4－4 所示。

在这个宏观领域，美国继续以明显的优势在国际太空秩序中领先于其他国家。与其他国家相比，美国十年来在发射“天文学和空间科学”任务以及“地球科学”任务方面表现出一致性。事实上，美国人在过去十年中为此发射了 67 颗卫星，比欧洲人（31 颗）、中国人（16 颗）和俄罗斯人（14 颗）为此发射的卫星总和还要多。

然而，值得承认的是，这类任务在范围上具有国际性，数据是跨国界共享的，来自世界各地的科学家共同使用相同的数据集。因此，小国将自己的科学任务建立在外国更先进的航天器上是合理的，或许可以为各种任务提供有效载荷、传感器或特定的专业知识。

在“载人航天”领域，美国（4.0）和俄罗斯（3.8）毫无悬念地领先于其他国家。这两个国家拥有丰富的经验、轨道基础设施和载人运载火箭，是目前全球载人航天的中坚力

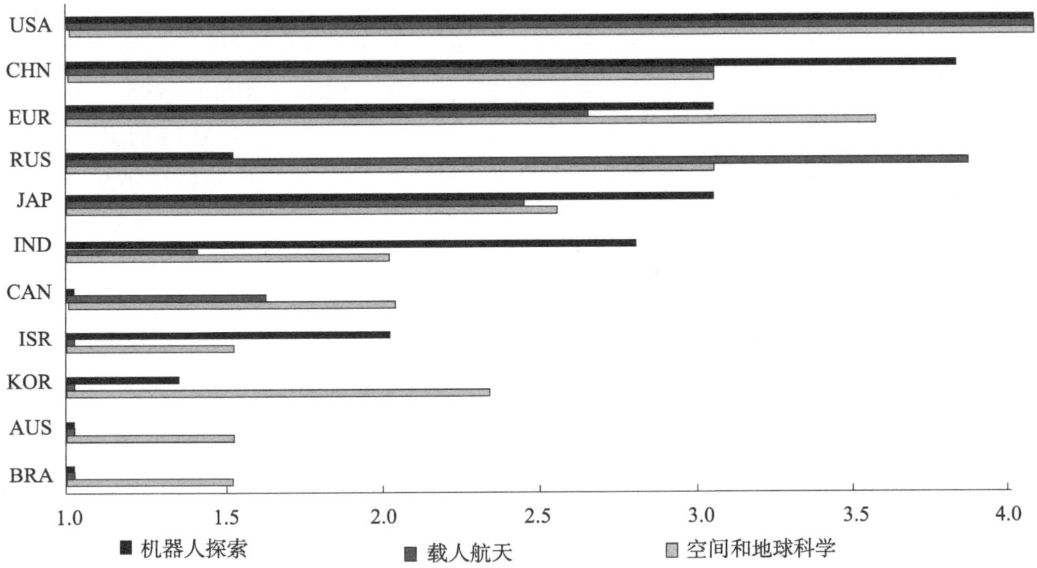

参考数据

	BRA	AUS	KOR	ISR	CAN	IND	JAP	RUS	EUR	CHN	USA
空间和地球科学	1.5	1.5	2.0	1.5	2.0	2.0	2.5	3.0	3.5	3.0	4.0
载人航天	1.0	1.0	1.0	1.0	1.6	1.4	2.4	3.8	2.6	3.0	4.0
机器人探索	1.0	1.0	1.0	2.0	1.0	2.8	3.0	1.5	3.0	3.7	4.0
科学与探索(平均)	1.2	1.2	1.3	1.5	1.5	2.1	2.63	2.77	3.03	3.25	4.0

图 4－4　科学与探索

量。中国的得分（3.0）不高，这只是因为中国在载人航天方面的参与时间相对较短，而且在所考虑的时间范围内缺乏舱外活动（EVA），例如，中国的首次舱外活动发生在 2008 年，而第二次是在 2021 年（Jones，2021）。毫无疑问，中国目前的成就，如组装新的天宫空间站，将在中短期内对这一指标产生积极影响。欧洲（2.6）和日本（2.4）紧随其后，欧洲对猎户座飞船（欧空局，2021a）等载人太空舱项目的贡献使其获得了回报，由于对国际空间站（ISS）基础设施和计划的贡献，这两个国家超过了加拿大（1.6）、澳大利亚（1.0）、巴西（1.0）和韩国（1.0）。在其余国家中，加拿大凭借包括 Canadarm－2 在内的杰出贡献以及加拿大宇航员在空间站上的显著身影而脱颖而出。

最后，“机器人探索”展示了美国（4.0）的实力，同时见证了中国（3.7）作为该领域重要太空行为体的崛起。机器人探索是一项成本高昂、技术要求高、风险大的工作，这也解释了为什么在过去的十年中，只有美国能几乎每年都在太阳系中发射一次新任务，目标包括火星、小行星和矮行星（如谷神星和冥王星）等各种天体，并且航天器结构多样，包括样本返回任务和技术演示器“独创性（Ingenuity）”。中国紧随美国之后，每隔一年就会发射一次以上的新任务，从早期的嫦娥系列任务到成功的嫦娥四号和嫦娥五号（行星协会，2021a，b），再到雄心勃勃的天问一号任务，其中包括轨道器、着陆器和最近刚刚成功部署在火星表面的“祝融号”漫游车（行星协会，2021d）。欧洲（3.0）、日本（3.0）和印度（2.8）在2011—2020年期间发射的任务较少，尽管它们发射的任务肯定是雄心勃勃的，但欧洲却因罗莎琳德·富兰克林火星漫游车（Rosalind Franklin rover）的推迟而扣分，其发射从2020年推迟到2022年（O'Callaghan，2020）。令人惊讶的是，俄罗斯（1.5）的机器人探索工作在过去十年中几乎为零，唯一的独立尝试是发射了不成功的“火卫一-土壤”号（NASA，2021a），并为欧空局领导的ExoMars任务做出了贡献。

总体而言，在“科学与探索”方面，美国（4.0）和中国（3.25）是最突出的两个行为体，俄罗斯“载人航天”是该国得分仍高于中国的唯一指标。

欧洲（3.03）和日本（2.63）的表现也不错，这要归功于这两个国家都参与了国际空间站计划，以及在本书所述期间开展的雄心勃勃的任务，如欧空局的罗塞塔任务对67P/Churyumov-Gerasimenko彗星的访问（ESA，2021b），隼鸟-2号对小行星“龙宫”的访问（JAXA，2021）。

4.2.1.3 硬能力：太空安全与防卫措施

“太空安全与防卫措施”宏观领域包括两个领域：“空间态势感知”（SSA）和“太空防卫”。在这个宏观领域，美国（3.34）领先，其次是中国和俄罗斯，均为2.84分。欧洲（2.17）是唯一得分高于2分的其他行为体。美国在这一宏观领域的整体优势并不令人意外，因为美国在SSA方面尤其值得称道。俄罗斯和中国紧随其后。欧洲之所以能跻身前列，主要得益于其在SSA上的得分，尤其是空间天气方面。值得一提的还有日本（1.84）和加拿大（1.67），它们的得分几乎是美国的一半，这要归功于其均衡的SSA能力组合（见图4-5）。

至于“空间态势感知”领域，即由“太空监视和跟踪”（SST）、“近地天体”（NEOs）和“空间天气”三个条目表征的领域，美国（4.0）再次脱颖而出，成为能力最强的国家。由于美国的军事存在以及与“五眼联盟”国家的双边关系，美国拥有发达的全球观测站网络。在空间天气和近地天体跟踪方面，美国也拥有资金充足的计划。

欧洲（3.0）紧随美国之后，在SST方面得分较低，但在近地天体和空间天气方面表现良好。鉴于欧洲在欧洲空间交通管理和SST联合解决方案方面的努力，欧洲的得分很可能会提高（欧盟委员会，2022年）。中国和俄罗斯（各得2.7分）紧随其后，两国在SST（雷达和光学）方面都已发展出先进的能力，但在近地天体方面则相对落后。其他国家得分较低。SSA能力是特定于太空的，一旦一个国家拥有许多太空资产，这种能力就会被认为是必不可少的，印度（1.3）是主要太空行为体中唯一的例外，它非常活跃，但不具备SSA能力。加拿大（2.3）和澳大利亚（1.7）拥有一些SST能力，这极大地促进了它们与美国的伙伴关系，这两个国家还开发了试验性在轨SSA能力。

对“太空防卫”领域的衡量有些令人费解，这主要归因于其内在的不透明性，以及难于评估政府和私人行为体轨道行动的性质［如交会和临近操作（RPO）机动］或获取外国武库的具体信息（如电子战和网络战设备、直接上升式或共轨式反卫星武器的数量）。

俄罗斯的太空资产曾被观测到进行未事先宣布的RPO，例如俄罗斯的Kosmos 2504、

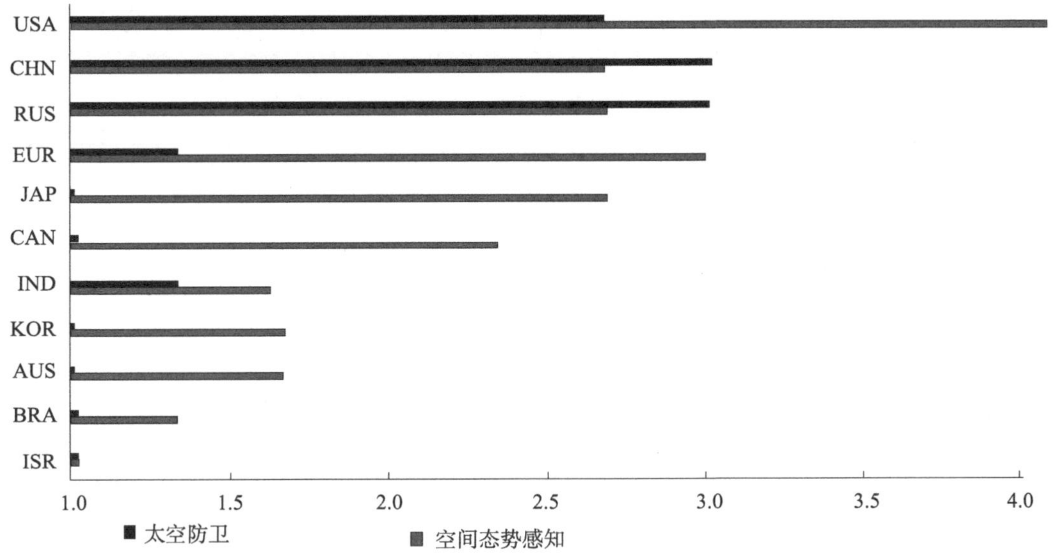

参考数据

	ISR	BRA	AUS	KOR	IND	CAN	JAP	EUR	RUS	CHN	USA
空间态势感知	1.0	1.3	1.7	1.7	1.3	2.3	2.7	3.0	2.7	2.7	4.0
太空防卫	1.0	1.0	1.0	1.0	1.3	1.0	1.0	1.3	3.0	3.0	2.7
太空安全与防卫措施(平均)	1.0	1.2	1.4	1.4	1.3	1.67	1.84	2.17	2.84	2.84	3.34

图 4-5　太空安全与防卫措施

Kosmos 2542 和 Luch/Orch 等（Martin 等，2021）。这次，美国（2.7）紧随其后，因缺乏有关其部署和测试能力的信息而略微失分，因为美国政府没有更多披露开源情报中的信息和来源。其他国家的得分都在最低水平，印度（1.3）在研究和测试直接上升式和定向能反卫星武器方面表现突出，2019 年 3 月进行的反卫星武器测试就是一个明显的例子（MEA，2019），而欧洲（1.3）——主要是法国——致力于试验和部署定向能武器以及进行电子战的手段。

4.2.1.4　硬能力：使能与支持

我们的宏观领域“使能与支持”涵盖实现与维持任何太空任务所需的所有不同类型的活动、技术能力和基础设施。最明显的使能因素是太空运输，它是任何轨道活动和在太空部署任何资产的门户。除发射系统本身外，支持太空资产发射、部署和运行的所有基础设施要素对成功开展太空活动也至关重要。其中包括发射设施，飞行任务指挥和控制中心，不同的陆基、海基和天基站、跟踪站，以及更广泛意义上的所有执行 TT&C 功能的设施。

总体分析表明，美国（3.92）处于领先位置，紧随其后的是中国（3.54）和俄罗斯（3.46），欧洲（3.38）稍稍落后于中国和俄罗斯（见图 4-6）。

在“太空运输”领域，美国的得分最高，这得益于其发射器的多样性、性能和可靠性得到了全球认可，也得益于过去十年中令人难以置信的发射频率，特别是受到 SpaceX 公

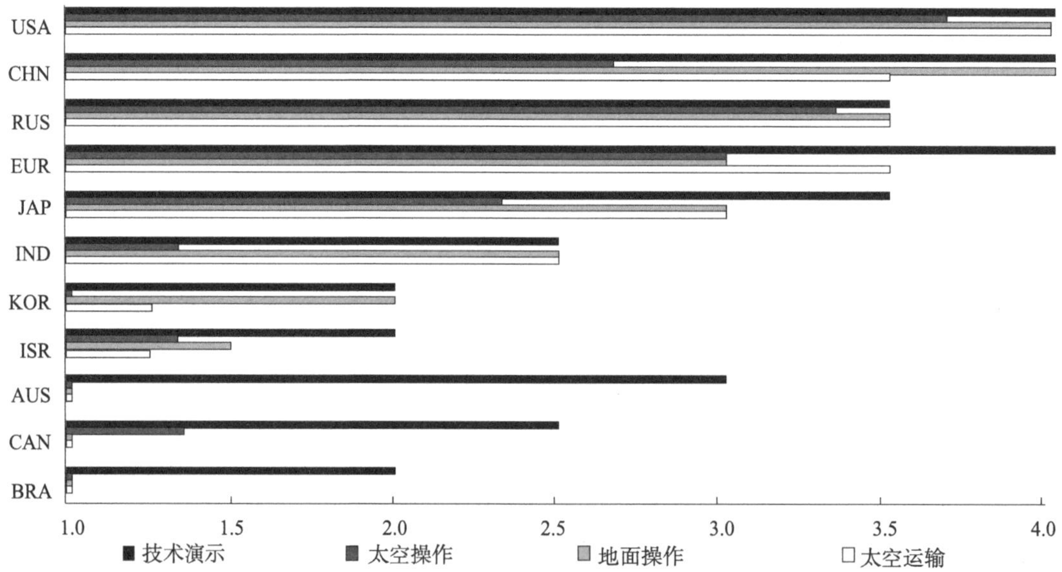

参考数据

	BRA	CAN	AUS	ISR	KOR	IND	JAP	EUR	RUS	CHN	USA
太空运输	1.0	1.0	1.0	1.2	1.2	2.5	3.0	3.5	3.5	3.5	4.0
地面操作	1.0	1.0	1.0	1.5	2.0	2.5	3.0	3.0	3.5	4.0	4.0
太空操作	1.0	1.3	1.0	1.3	1.0	1.3	2.3	3.0	3.3	2.7	3.7
技术演示	2.0	2.5	3.0	2.0	2.0	2.5	3.5	4.0	3.5	4.0	4.0
使能与支持(平均)	1.3	1.5	1.5	1.5	1.6	2.2	3.0	3.38	3.46	3.54	3.92

图 4－6 使能与支持

司的影响（在 2011—2020 年美国进行的 240 次发射中占 101 次）。中国（3.5）、欧洲（3.5）和俄罗斯（3.5）以相同的分数紧随其后，欧洲得益于其发射器的可靠性（96 次发射，2 次失败，2 次部分失败），而俄罗斯和中国则得益于其更高的发射频率（分别有 240 次和 236 次发射）。日本（3.0）凭借其发射器的可靠性和现已退役的 H－2B 的性能脱颖而出，而印度（2.5）则因其完美的发射成功率（总共 44 次发射全部成功）而受到积极影响。在其他被考虑的国家中，只有以色列（1.2）和韩国（1.2）在 2011—2020 年期间拥有现役发射器，但其发射率（2011—2020 年，以色列发射了 3 次，韩国发射了 1 次）太低，无法提供有意义的数据来衡量“发射频率”和“发射器可靠性”指标。

在“地面操作”领域，美国（4.0）和中国（4.0）在 TT&C 基础设施和发射设施方面得分最高，其次是俄罗斯（3.5），然后是欧洲（3.0）和日本（3.0）。欧洲因其 ESTRACK 深空网络（ESA，2021b）而获益，但因其活跃的发射设施数量较少而受到影响[在这十年中，仅从一个航天发射场即圭亚那航天中心（GSC）发射过]，如果欧洲决定增加其太空活动，这可能会成为一个瓶颈。印度（2.5）、韩国（2.0）和以色列（1.5）也同样因发射设施数量少而受到影响，不过与欧洲相比，这些国家的太空活动数量少，因此影响也较小。澳大利亚（1.0）、巴西（1.0）和加拿大（1.0）都因缺乏广泛的、遍布全球的 TT&C 网络（没有跟踪测量船，也没有国家卫星数据中继系统）以及缺乏活跃的轨道发射设施而受到影响。这三个国家已承诺增加活动，参与《阿尔忒弥斯协议》，并发展本土发射能力，因此它们很可能会在未来十年提高这些分数。

在“太空操作”领域，美国（3.7）领先，这要归功于民用、军用和商业任务，这些任务帮助美国在“寿命延长”（如 SpaceLogistics 公司/诺斯罗普·格鲁曼公司的 MEV 任务）、“部署”（如 Nanorack 公司的 Bishop、国际空间站）、“太空拖船”（如 Sherpa、Vigoride）和“太空飞机”（X-37B）等指标上得分，此外，机器人服务任务“OSAM-1”的开发（NASA，2021b）也是加分项。俄罗斯（3.3）紧随其后，这要归功于其展示的 Kosmos-2519 军用卫星的在轨部署能力（Krebs，2021），从国际空间站通过舱外活动部署卫星的能力，以及 2017 年 7 月 14 日联盟号火箭在轨部署 70 多颗卫星的壮举（Clark，2017）。欧洲（3.0）紧随其后，这要归功于对可用于主动碎片清除和寿命延长的技术进行的一系列均衡的在轨验证。与这些国家相比，中国（2.7）由于从未展示过在轨部署和太空拖船的能力而落在后面，但这种情况可能很快就会改变。在其他国家中，日本（2.3）得益于 ELSA-d 任务。以色列（1.3）的“有效空间解决方案”虽然现已被收购，但该国在“延寿服务”方面获得了 1 分（Van Wagenen，2015），而印度（1.3）在“部署”方面获得了奖励，这要归功于 2017 年发射的载有 104 颗卫星的 PSLV（ISRO，2021）。

最后，在“技术演示”领域，美国、中国和欧洲得分最高（4.0），这三个国家在 2011—2020 年的十年间各自发射了超过 100 颗的试验卫星（美国 300 颗、欧洲 125 颗、中国 114 颗）。此外，运营此类卫星的组织也多种多样，包括学术界、军方、政府机构和商业公司。俄罗斯（3.5）和日本（3.5）紧随其后，但发射的试验卫星数量较少（俄罗斯 20 颗，日本 50 颗）。

印度（2.5）与其他著名的太空行为体相比，发射的试验航天器数量较少，在 2011—2020 年的十年间仅发射了 6 个技术演示器，这可能会让人感到惊讶。最后，澳大利亚（3.0）因政府、军队、商业和学术界许多不同实体的参与而得分较高，尽管发射的试验航天器数量总体上仍然很少（十年间只有 5 个）。

4.2.2　衡量软能力

软能力指有效利用和整合国家政策、基础设施和活动中的资产和专门知识的能力。它横跨两大宏观领域：“外交与安全政策”和“社会经济政策”，这两个宏观领域又分别包括 3 个和 4 个领域（安全、国防和外交政策属于第一个宏观领域，而环境与资源、基础设施、发展与增长和公民社会属于第二个宏观领域）。

总体而言，软能力指数共涵盖 26 个条目，每个条目都根据专家调查的结果进行了评分，评分标准从 1 分（最低）到 4 分（最高）不等。

重要的是，如第 3 章所述，每个条目的得分都已平均，形成每个国家的单一数值。同样，每个领域的得分也是一个平均值。每个宏观领域的得分也是如此。

如图 4－7 所示，美国、中国和俄罗斯的全球软能力指数（平均值）位列前三，欧洲紧随其后。

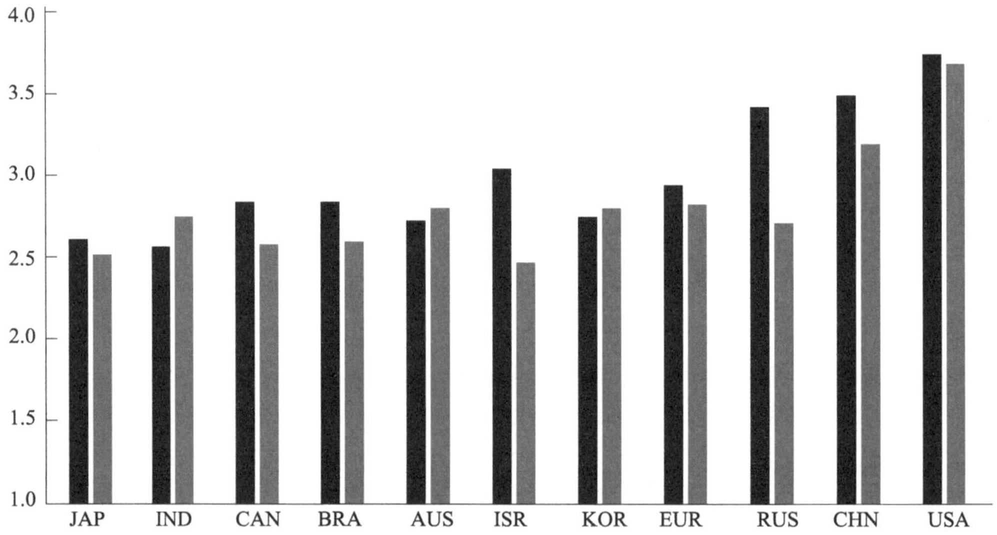

参考数据

	JAP	IND	CAN	BRA	AUS	ISR	KOR	EUR	RUS	CHN	USA
外交与安全政策	2.6	2.6	2.8	2.8	2.7	3.1	2.8	2.9	3.4	3.5	3.7
社会经济政策	2.5	2.8	2.6	2.6	2.8	2.5	2.8	2.8	2.7	3.2	3.7
软能力指数(平均)	2.6	2.7	2.7	2.7	2.8	2.8	2.8	2.9	3.1	3.4	3.7

图 4－7 软能力一览

在所有国家（美国、印度、澳大利亚和韩国除外）中，“外交与安全”宏观领域的得分都高于“社会经济”宏观领域。中国、俄罗斯和以色列在这一点上尤为明显（反映了太空军事用途对这些国家的极端重要性），而美国、欧洲、韩国和澳大利亚在这两个宏观领域似乎趋于平衡，证明这些国家对太空技术的使用更复杂并更具差异性（见图 4－7）。

接下来，我们将对所考虑的两个宏观领域逐一进行更详细的介绍。

4.2.2.1 软能力：外交与安全政策

将太空用于“外交与安全政策”更多地是与太空活动的传统联系在一起的，因为自第一次太空探索和能够维持这些艰辛探索的工业机构建立以来，太空是与战略和军事考虑密切相关的部分。在这一宏观领域，美国的得分最高（3.71），紧随其后的是中国（3.51）和俄罗斯（3.4）（见图 4－8）。

在这一宏观领域的三个领域中，对“安全”领域利用太空的结果平均值最高（3.15），根据受访者的答复，这是许多国家在安全方面经常或更频繁利用太空的结果。调查认为，美国（3.8）、中国（3.63）和俄罗斯（3.6）是最经常为安全应用部署太空能力的国家，其次是韩国（3.08）和以色列（3.08），这两个国家与美国结盟，与美国在全球投射太空能力密切相关。巴西和加拿大的得分也相对较高（均为 3.0），而值得注意的是，得分最低

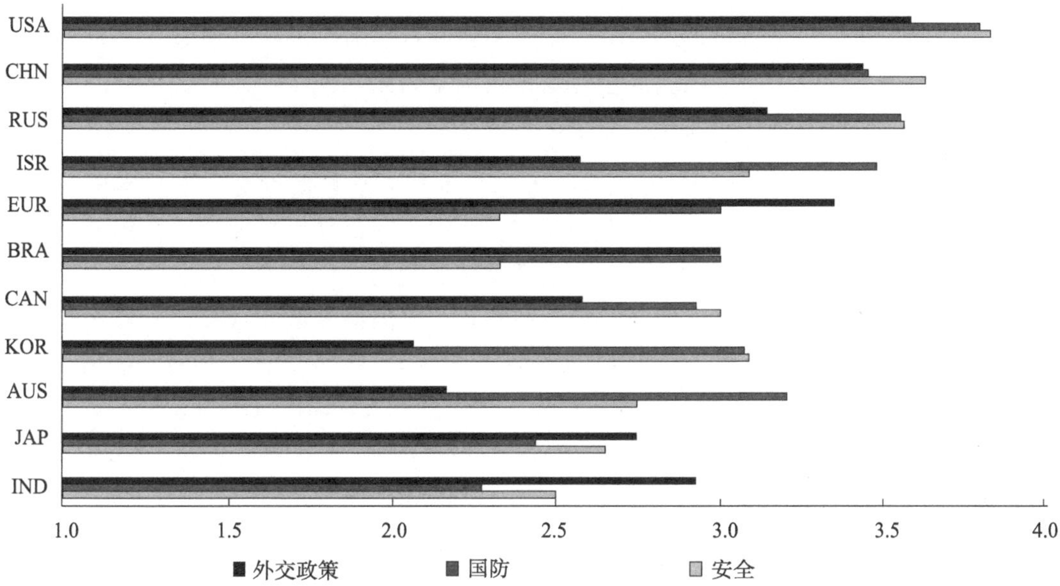

参考数据

	IND	JAP	AUS	KOR	CAN	BRA	EUR	ISR	RUS	CHN	USA
安全	2.5	2.7	2.7	3.08	3.0	3.0	2.8	3.08	3.6	3.63	3.8
国防	2.3	2.4	3.2	3.1	2.9	2.6	2.9	3.5	3.5	3.5	3.8
外交政策	2.92	2.8	2.2	2.1	2.6	2.92	3.0	2.6	3.1	3.4	3.6
外交与安全政策(平均)	2.6	2.6	2.7	2.8	2.8	2.8	2.9	3.1	3.4	3.51	3.71

图 4－8　外交与安全政策

的太空行为体——欧洲（2.8）、澳大利亚（2.7）、日本（2.7）和印度（2.50）——都因没有将太空纳入国家安全政策而被扣分，欧洲和日本在这一点上正在慢慢改变（Aliberti 和 Hadley，2020）。

美国（3.8）、俄罗斯（3.5）、中国（3.5）和以色列（3.5）在“国防”领域领先于其他国家，其次是澳大利亚（3.2）和韩国（3.1），受访者承认太空对国家军事战略和军事行动的重要性，这六个国家在这两个指标中特别突出，得分高于“3.0”。这些国家拥有大量公开的军事或双重用途太空资产，其中美国在 2011—2020 年期间发射了 161 颗此类卫星，俄罗斯发射了 91 颗，而以色列和澳大利亚则严重依赖商业运营商和盟友（美国）的伙伴关系与数据。

最后，在“外交政策”中利用太空方面，得分最高的三个国家是美国（3.6）、中国（3.4）和俄罗斯（3.1），其次是欧洲（3.0）。调查结果表明，巴西和印度紧随其后（均为 2.92），前者在国际太空论坛上的明智活动以及在处理外援和国际倡议时获得加分，后者尤其受益于利用太空提高国际声望。得分最低的国家是加拿大（2.6）、以色列（2.6）、澳大利亚（2.2）和韩国（2.1），后三个国家最近才决定（重新）提升其在国际舞台上作为航天国家的形象，并可能更加积极地参与联合国外空委等国际论坛，或利用太空提升国际声望。在这方面，以色列命运多舛的“创世纪（Beresheet）”任务提供了一个机会，目前正在计划第二次任务（行星协会，2021c）；而澳大利亚对《阿尔忒弥斯协定》和月球任务的参与可能会发挥类似的作用，韩国的新月球计划也是如此（Park，2021）。

4.2.2.2 软能力：社会经济政策

“社会经济政策”的宏观领域的特点是，太空技术和天基数据可对一系列不同领域产生积极影响。尽管有这种积极影响，但太空应用往往得不到最终用户的认可，因此决策者很难有针对性地实施政策，促进太空在这一宏观领域的利用（见图 4－9）。

在“环境与资源”领域，通过调查收集到的答复，美国得分最高（4.0），其次是澳大利亚（3.5），后者总体得分很高，特别是在农业和气象的太空利用方面。还有一些国家的得分高于“3.0”：巴西（3.4）、中国和韩国（均为 3.3）、加拿大和印度（均为 3.27）以及欧洲（3.2）。受访者评价最低的国家依次为日本（2.92）、俄罗斯（2.65）和以色列（2.2）。

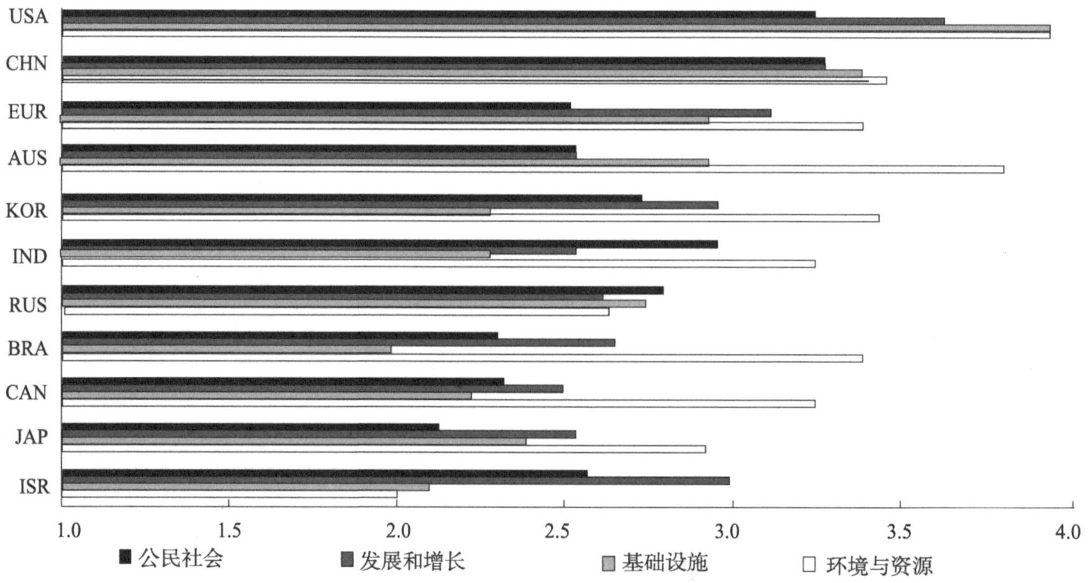

参考数据

	ISR	JAP	CAN	BRA	RUS	IND	KOR	AUS	EUR	CHN	USA
环境与资源	2.2	2.92	3.27	3.4	2.65	3.27	3.3	3.5	3.2	3.3	4.0
基础设施	2.1	2.4	2.2	2.0	2.75	2.3	2.2	2.8	2.7	3.25	4.0
发展和增长	3.0	2.5	2.5	2.7	2.6	2.5	2.9	2.5	2.9	3.13	3.67
公民社会	2.6	2.1	2.3	2.3	2.8	2.96	2.7	2.5	2.4	3.13	3.08
社会经济政策(平均)	2.5	2.5	2.6	2.6	2.71	2.8	2.8	2.8	2.8	3.2	3.69

图 4－9 社会经济政策

至于“基础设施”，受访者普遍认为“流动性”是所有国家得分最高的领域（平均 2.95），这在澳大利亚（“流动性”4.0，“基础设施”2.8）和俄罗斯（3.7，平均 2.75）尤为明显。“流动性”指标在“基础设施”领域中占主导地位，是因为基于 PNT 数据的应用已经成熟，而且由于智能手机等 GNSS 支持的便携式设备或新的天基自动识别系统（AIS）的普及，这些应用已成为主流。在过去二十年中，各行业对这些应用的依赖程度越来越高（Fournier 等，2018）。接受咨询的受访者认为，美国在该领域的所有指标中得分最高，其次是中国（3.25）和澳大利亚（2.8），而以色列和巴西得分最低（分别为 2.1、2.0）。

在关于利用太空促进“发展和增长”的调查答复中，美国虽然没有得到满分（3.67），但仍是领先国家，其次是中国（3.13）、以色列（3.0）、欧洲和韩国（2.9）。美国在这一领域的表现尤为突出，因为它努力利用太空发展市场和商业活动，这些努力甚至可以追溯到里根政府时期，美国曾尝试将遥感计划和航天飞机商业化（在挑战者号灾难之前）（Logsdon，2021），以及创建一个太空工业基地。

最后，调查对象认为中国是在“公民社会”领域利用太空最多的国家（3.13）。例如，中国迅速将太空纳入其培养国家认同感的工具中，发展了自己的“太空文化”（Silk，2021）。上文提到的天宫空间站的发射是中国的一个重要时刻。紧随其后的是美国（3.08）和印度（2.96）。在这些答复中，值得强调的是，欧洲和澳大利亚在利用航天创造/加强国家认同方面得分较低（分别为 1.6 和 1.3）。随着欧盟推出新的太空计划局（EUSPA，2021），欧洲空间局正开展有史以来规模最大的宇航员选拔活动（Foust，2021），同时，澳大利亚政府通过实施《阿尔忒弥斯协议》，激发了国民对澳大利亚航天活动的新热情，预示着未来可能会迎来新变局。

总体而言，“社会经济政策”宏观领域答复的平均值显示，得分最高的国家是美国（3.69），其次是中国（3.2）、韩国（2.8）、澳大利亚（2.8）、印度（2.8）、欧洲（2.8）和俄罗斯（2.71），美国的得分明显高于其他国家（与第二名相差 0.49），因为美国在利用太空方面有着悠久的历史，如 LandSat（NASA，2021c）或全球定位系统（GPS）。

4.2.3　建立能力指数和矩阵

在描述了硬能力和软能力各领域的结果后，现在可以将结果汇总，以获得每个国家的总能力，如本书第 3 章所述，硬能力和软能力是每个国家在所考虑的能力宏观领域中获得的分数的平均值。图 4－10 显示了 11 个行为体在能力矩阵中的位置。

能力矩阵显示，只有美国、中国和俄罗斯在两个能力子维度上的得分高于平均水平（>3）。欧洲紧随其后，但在软能力方面略微落后于这三个国家。所有其余的太空行为体似乎都倾向于整合它们所拥有（或可能获得）的任何太空资产和技能，以支持其国家政策（从而发展其软能力），尽管它们的硬能力水平远远低于平均水平。这三个航天强国加上欧洲领先甚多，其中美国的得分最高。

图 4－11 似乎表明，软硬能力之间的关系越平衡，一个国家就越接近航天强国的地位。然而，不容忽视的是，航天强国往往将硬实力置于软实力之上，而其他国家则恰恰相反，日本几乎处于完全平衡的状态。

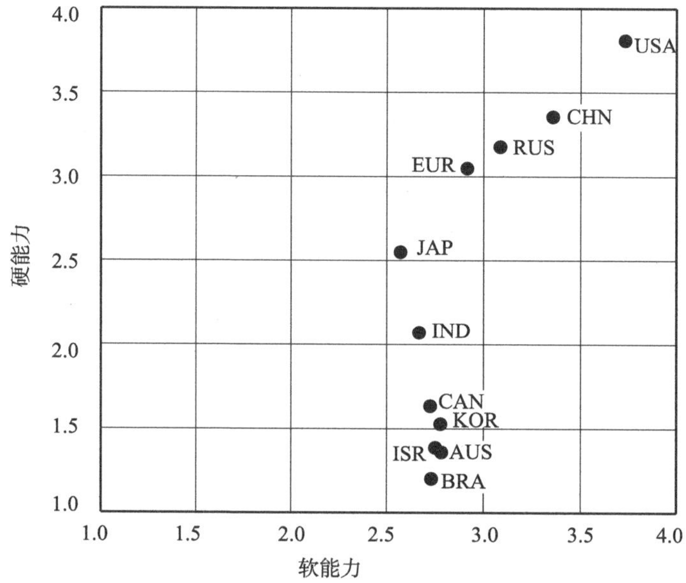

图 4-10 行为体在能力矩阵中的位置

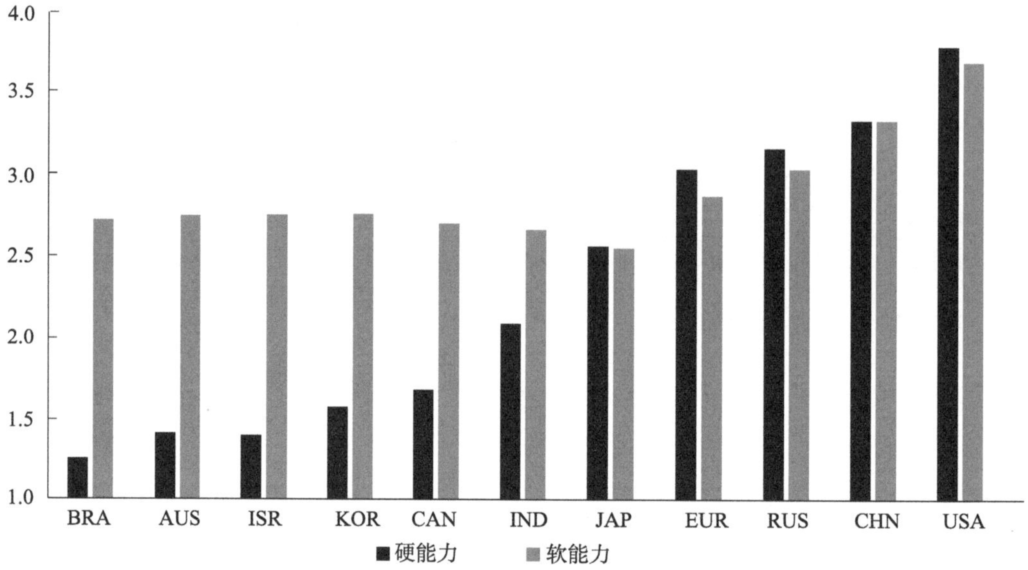

参考数据

	BRA	AUS	ISR	KOR	CAN	IND	JAP	EUR	RUS	CHN	USA
硬能力	1.2	1.4	1.4	1.6	1.7	2.1	2.6	3.1	3.2	3.4	3.8
软能力	2.7	2.8	2.8	2.8	2.7	2.7	2.6	2.9	3.1	3.3	3.7
能力指数(平均)	2.0	2.1	2.1	2.2	2.2	2.4	2.6	3.0	3.2	3.4	3.8

图 4-11 硬能力和软能力比较

在“硬能力”方面，美国以显著优势领先于其他国家，这一点不足为奇。中国位居第二，仅次于美国，展示了一个令人难以置信的蓬勃发展的太空生态系统。俄罗斯位居第三，紧随其后的是欧洲。日本和印度的得分高于 2 分，而澳大利亚、巴西、加拿大、以色列和韩国的硬实力都相对较低。这些国家得分相对较低的原因是，它们从未充分参与太空的全域应用和活动。然而，鉴于其中一些国家在发展国家太空部门方面获得了新的动力，这种情况可能很快就会改变。

在“软能力”方面，情况则有些不同。美国、中国和俄罗斯仍然是领先国家，但欧洲在软能力方面并不突出，得分与以色列、加拿大、巴西和澳大利亚相近。

在使用第 3 章中解释的方法计算各国的“能力指数”时，我们发现美国在这个国家群中处于领先地位，其次是中国，然后是俄罗斯。由于苏联时期的成就，俄罗斯一度被认为是领先的航天强国，但在过去十年的太空活动中，俄罗斯已被中国赶超。欧洲位居第四，紧随其后的是日本和印度这两个非常活跃的太空行为体。

4.3　衡量和比较自主性

在本书中，“自主性”指的是一个国家独立于或违背不同利益集团（包括国外和国内利益集团）的意愿，制定自己的太空利益和国家太空战略的能力。自主性包括“技术”和“政治”两个子维度。我们将技术自主称为“硬自主”，将政治自主称为“软自主”。接下来，我们将分别对这两个子维度进行详细阐述。

4.3.1　衡量硬（技术）自主性

技术自主性是指国家在不依赖外部供应来源的情况下进入太空并开展活动的能力。它体现在三个宏观领域：“生产阶段”包括航天硬件和基础设施，“运行阶段”包括发射操作、卫星操作和载人操作，“开发阶段”指数据获取和服务提供。技术自主性包括 13 个指标，以研究团队直接收集的定量数据为基础。与其他子维度一样，分值从 1（最低）到 4（最高）不等（见图 4 - 12）。

有趣的是，美国、中国和俄罗斯在所有三个宏观领域的得分都是最高的。欧洲和日本在生产阶段的得分也是最高的，但在运行和开发阶段却落后于三大强国。几乎所有国家在生产阶段的得分都相当高，但在运行阶段的表现却大相径庭。

4.3.1.1　硬自主性：生产阶段

“生产阶段”宏观领域涵盖开发和制造太空资产（包括组件、材料和工艺）所需的技术，分为两个领域。首先是航天硬件的生产，包括运载火箭、卫星系统、舱段、太空舱、探测器及其子系统的本土制造。其次是涉及所有这些资产得以生产和正常运行的地面基础设施，主要是组装、集成和测试设施，以及更广泛的地面段（见第 3.3.1 节）。总体结果如图 4 - 13 所示。

在“航天硬件”领域，美国、中国、俄罗斯、欧洲和日本的得分都是最高的（4.0），

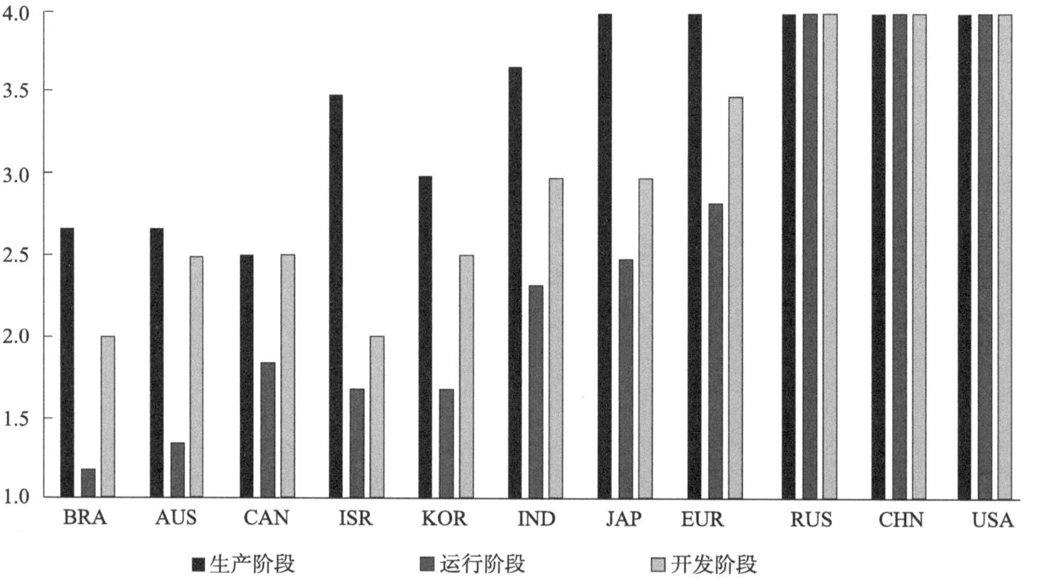

参考数据

	BRA	AUS	CAN	ISR	KOR	IND	JAP	EUR	RUS	CHN	USA
生产阶段	2.7	2.7	2.5	3.5	3.0	3.7	4.0	4.0	4.0	4.0	4.0
运行阶段	1.2	1.3	1.8	1.7	1.7	2.3	2.5	2.8	4.0	4.0	4.0
开发阶段	2.0	2.5	2.5	2.0	2.5	3.0	3.0	3.5	4.0	4.0	4.0
硬自主性(平均)	2.0	2.2	2.3	2.4	2.4	3.0	3.2	3.4	4.0	4.0	4.0

图 4－12　硬自主性一览

其次是印度（3.33），由于印度在载人航天方面的尝试相对较新，所以在“舱段、太空舱和探测器”这一项上略有欠缺。以色列的得分也很高（3.0），这主要归功于该国的运载火箭计划。在本国拥有和制造的卫星方面，澳大利亚和巴西得分相同（1.33），但由于两国在 2011—2020 年期间缺乏积极的本国发射能力计划，以及两国没有参与/执行太空探索任务，这两个国家减分很多。加拿大得分最低，尤其是与其拥有和运行的卫星相比，加拿大本土制造的卫星比例较低。

在“基础设施”领域，所有被分析的国家在“地面段基础设施”和“组装、集成和测试设施”这两项指标上的自主性得分都是满分（4.0）。要开展太空活动，行为体必须配备此类基础设施，因此，这些国家发展了足够的基础设施来满足其航天需要——从政府到“业余”水平的太空活动，这不足为奇。另外，由于与地面通信相连的无线电技术的使用相对广泛，这些国家在地面段技术方面得分较高。由于这些基础设施是根据各国的需求开发的，其功能和规模肯定因国而异。尽管如此，这种基础设施必须随着每个国家开展的活动的雄心和规模的不断扩大而相应发展，如果这些国家不以与它们所支持的太空活动相同的速度发展基础设施，它们的自主性就会受到影响。

因此，在“基础设施”领域的积极影响下，这一宏观领域的总体平均得分较高（3.45）。值得注意的是，中国、欧洲、日本、俄罗斯和美国等传统“航天”国家获得了最

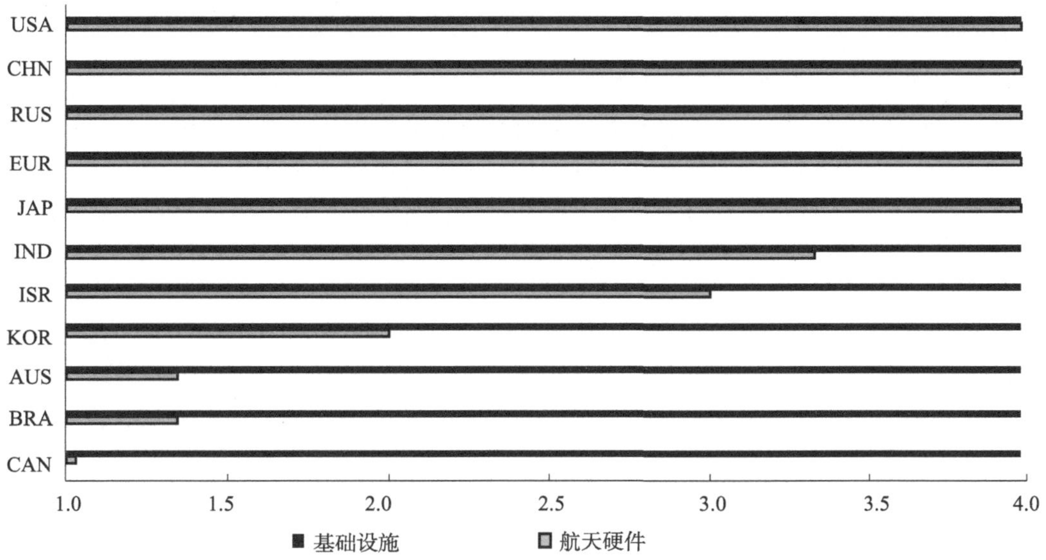

参考数据

	CAN	BRA	AUS	KOR	ISR	IND	JAP	EUR	RUS	CHN	USA
航天硬件	1.0	1.33	1.33	2.0	3.0	3.33	4.0	4.0	4.0	4.0	4.0
基础设施	4.0	4.0	4.0	4.0	4.0	4.0	4.0	4.0	4.0	4.0	4.0
生产阶段(平均)	2.5	2.7	2.7	3.0	3.5	3.67	4.0	4.0	4.0	4.0	4.0

图 4－13　生产阶段

高分（4.0），其次是印度（3.67）、以色列（3.5）和韩国（3.0），其余国家均低于 3.0 分，原因是这些国家在建造航天硬件方面的自主性较低。

一般来说，在生产阶段，真正的技术自主性需要验证到建造航天硬件和基础设施时使用的 EEE（电气、电子和机电）微组件。然而，这远远超出了太空领域的范畴。此外，由于缺乏各国的统一数据以及 EEE 组件的全球化价值链数据，这种衡量本身就成为一个需要进一步研究的课题。

4.3.1.2　硬自主性：运行阶段

“运行阶段”宏观领域包括三个不同的领域，涵盖主要类型的太空操作，即发射操作、卫星操作和载人操作。发射操作包括在本国领土上建立发射场和使用不同级别的发射器（小型运载火箭、中型运载火箭、重型运载火箭和超重型运载火箭）。卫星操作包括空间态势感知以及遥测、跟踪和指挥。载人操作领域包括宇航员训练和载人飞行。图 4－14 显示了这一宏观领域的总体结果。

在“发射操作”方面，美国、俄罗斯和中国都获得了最高分（4.0），其次是欧洲和日本（分别为 3.5），这两个国家在“进入轨道”指标中的自主性方面都被扣分，原因是缺乏拥有全部运载火箭级别的自主性，欧洲人依靠俄罗斯的联盟号运载火箭来发射中型有效载荷，而日本人则无法自主使用重型或超重型运载火箭。印度（3.0）和以色列（2.5）紧随其后。澳大利亚、巴西和加拿大获得最低分（1.0），原因是这些国家在现役发射场和运载火箭方面缺乏自主权。

“卫星操作”领域主要由完全自主运行的航天器的能力来界定。对外国太空领域感知能力和国际共享计划的依赖几乎对所有国家都产生了负面影响，只有美国、中国和俄罗斯在“空间态势感知”方面获得最高分。这三个国家的总体得分为 4.0 分，其次是欧洲、印度和加拿大（2.5），巴西和以色列得分最低（1.5），由于依赖外国的空间态势感知能力和数据而受到影响。

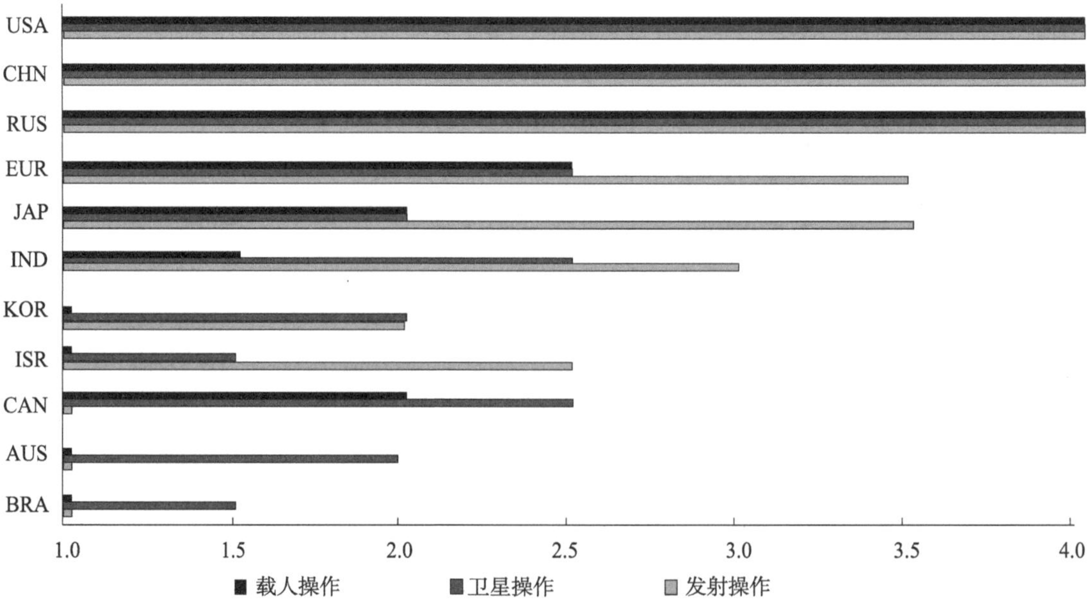

参考数据

	BRA	AUS	CAN	ISR	KOR	IND	JAP	EUR	RUS	CHN	USA
发射操作	1.0	1.0	1.0	2.5	2.0	3.0	3.5	3.5	4.0	4.0	4.0
卫星操作	1.5	2.0	2.5	1.5	2.0	2.5	2.0	2.5	4.0	4.0	4.0
载人操作	1.0	1.0	2.0	1.0	1.0	1.5	2.0	2.5	4.0	4.0	4.0
运行阶段(平均)	1.2	1.3	1.8	1.7	1.7	2.3	2.5	2.8	4.0	4.0	4.0

图 4-14　运行阶段

最后，在“载人操作”领域，能力和自主性之间存在着明显的联系：拥有载人航天计划和能力的国家也是在这方面拥有最高自主性的国家。随着全球太空行为体转向更加商业化的载人航天活动，更多的国家选择通过购买载人航天硬件和服务来简单地获得能力，这可能会造成载人航天方面的能力和自主性脱钩。鉴于当今载人航天飞行本质上是国际性的，大多数国家必须依赖第三方（或与之合作）进行载人活动，美国、俄罗斯和中国成为得分最高（4.0）的国家也就不足为奇了，前两个国家拥有最丰富的经验和其他国家所依赖的基础设施。中国已正式向其他国家的宇航员开放其国家空间站（Aliberti，2015）。总体而言，这三个国家在该国家群中遥遥领先。

欧洲紧随其后（2.5），还有日本和加拿大（均为 2.0），这两个国家自航天飞机时代以来一直是美国载人航天任务的贡献者，因此也是美国 NASA 的“首选”合作伙伴。其他被分析的国家在载人操作自主性方面得分较低，这是因为这些国家在所考虑的时期内没有开展自己主导的载人航天活动，而是完全依赖国际合作伙伴的资产和意愿来开展一些载人活动（例如，让本国宇航员在国际空间站上飞行，如 2019 年阿联酋的情况）。由于缺乏载人发射器和太空舱，这些国家自然无法在这一领域获得分数。

总体而言，在“运行阶段”宏观领域，美国、俄罗斯和中国的得分最高，与其他国家的分数差距很大。其次是欧洲（2.8）、日本（2.5）和印度（2.3），得分均高于 2.0。巴西得分最低（1.2），尤其是在“发射操作”和“载人操作”方面完全缺乏自主性。

4.3.1.3　硬自主性：开发阶段

第三个硬自主性宏观领域“开发阶段”主要包括进入轨道后需要有效利用卫星系统而开展的主要活动类型，即数据获取和服务提供。数据获取是指自主获取卫星数据，而服务提供是指自主提供与卫星数据相关的服务（见图 4－15）。

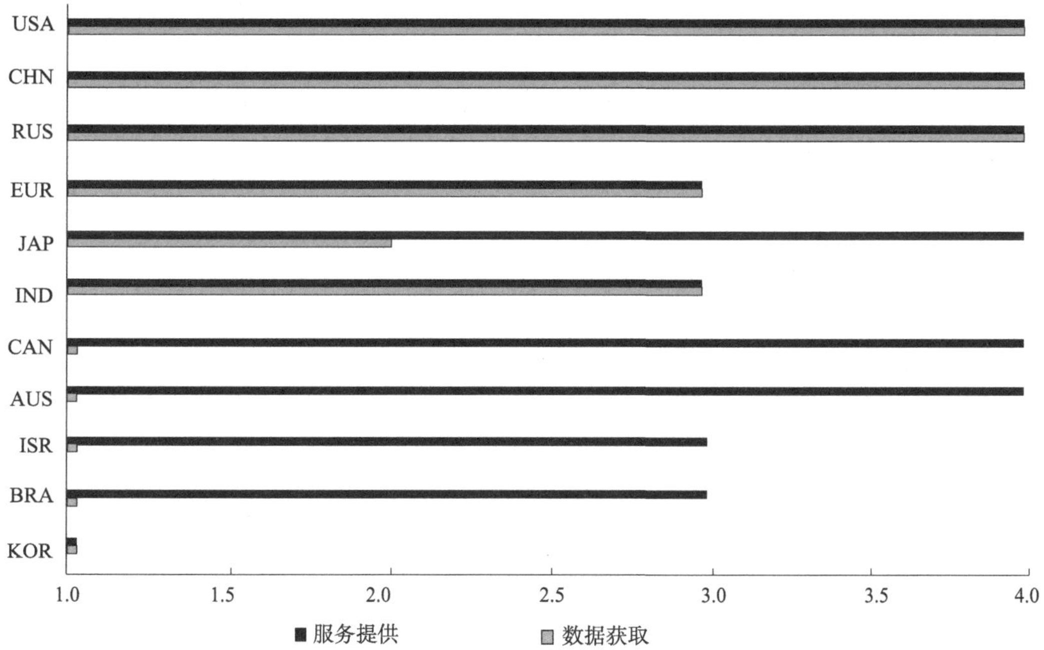

参考数据

	KOR	BRA	ISR	AUS	CAN	IND	JAP	EUR	RUS	CHN	USA
数据获取	1.0	1.0	1.0	1.0	1.0	3.0	2.0	3.0	4.0	4.0	4.0
服务提供	1.0	3.0	3.0	4.0	4.0	3.0	4.0	3.0	4.0	4.0	4.0
开发阶段(平均)	1.0	2.0	2.0	2.5	2.5	3.0	3.0	3.0	4.0	4.0	4.0

图 4－15　开发阶段

在“开发阶段”宏观领域，美国、中国和俄罗斯的自主性最高（4.0），其次是欧洲、印度和日本（3.0）。所有其他行为体的得分均低于 3.0。

具体到所考虑的领域，自主“数据获取”显然对许多被分析国家来说是困难的和减分的，因为这与拥有能够提供数据的主权太空资产密切相关。美国、中国和俄罗斯得分最高（4.0），其次是欧洲和印度（3.0），然后是日本（2.0）。与航天同行相比，日本因依赖外国制造的通信卫星而获得特别的减分。其余国家的得分均为最低，因为这些国家的本土卫星数量较少，无法自主获取各种空间应用的数据。

另一方面，在“服务提供”方面，大多数国家的得分都相当高，平均得分为 3.36 分，只有韩国、巴西、印度、欧洲和以色列没有获得高分，其原因是没有自主提供与 SSA 相关的服务。造成这一总体结果的主要原因是，一旦一个国家能够获取数据——无论是自主获取还是通过第三方途径购买——就很容易确保提供基本服务，因为几乎所有国家都可能有政府机构、学术机构或私营公司有能力制作并交付卫星产品（作为一种服务）。

4.3.2 衡量软（政治）自主性

软（政治）自主性指数的数值由 18 个专家编制的指标汇总得出。构成该指数的每个指标的得分均由参与“航天强国”特别调查的受访者确定。

根据自主权的概念，评估涵盖了两个主要宏观领域，即“外部决策自主权”和“内部决策自主权”。在这两个宏观领域内，太空行为体的自主性是针对三个主要的影响力主体进行评估的：外国、国内军方和国内公司（国有或私营）。因此，我们的原始调查数据能够得出两个方面的结论：一方面，它能够确定是谁限制了国家的自主性（即影响力主体）；另一方面，它能够确定国家的自主权在哪些领域受到限制（即六个领域）。根据调查得出的得分分布情况，可以对太空行为体（国家）自主制定政策的能力得出一些初步结论。图 4－16 显示了软自主子维度的总体结果。

在软（政治）自主性子维度中，我们开始看到一种不同的、显然与直觉相反的情形。最引人注目的观察结果是，欧洲和美国等能力很强的行为体取得的结果很低，而中国和俄罗斯等实力雄厚的行为体也表现不佳。尤其是欧洲，它是在这一子维度中自主性水平最低的行为体。部分原因在于欧洲并非威斯特伐利亚意义上的民族国家，也不受单一权威的统治。然而，这一现象背后的原因是复杂的，应从被分析国家更广泛的决策过程中加以理解。这包括考虑它们与政体内部和外部有影响力的行为体之间的关系。

为了更好地解释这些结果，我们需要深入了解软自主性维度的宏观领域。

4.3.2.1 软自主性：外部决策

“外部决策”宏观领域衡量中被分析国家在国际太空领域的参与情况，主要但不限于在联合国和平利用外层空间委员会（UNCOPUOS）、裁谈会、国际通信联盟（ITU）、国际标准化组织（ISO）、空间碎片协调委员会（IADC）、全球导航卫星系统国际委员会（ICG）等多边组织和论坛中的参与情况。这一宏观领域主要包括三个领域：“加入与太空相关的协定和组织”“在与太空相关的多边组织内采取行动”和“遵守与太空相关的国际法”。更广泛地说，这一宏观领域旨在评估选定的国家在外交政策问题上是否以及在多大

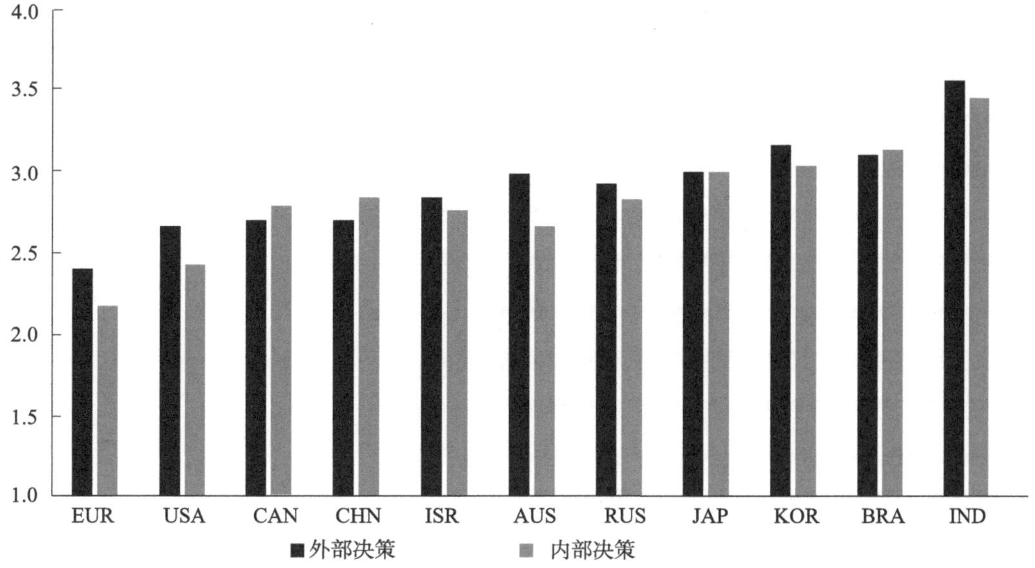

参考数据

	EUR	USA	CAN	CHN	ISR	AUS	RUS	JAP	KOR	BRA	IND
外部决策	2.4	2.7	2.7	2.7	2.8	3.0	2.9	3.0	3.1	3.1	3.6
内部决策	2.2	2.4	2.8	2.9	2.8	2.7	2.8	3.0	3.0	3.1	3.5
总体软自主性(平均)	2.3	2.6	2.8	2.8	2.8	2.9	2.9	3.0	3.1	3.1	3.6

图 4－16　软自主性一览

程度上能够自主确定其太空相关的利益。正如第 3 章所讨论的，这种能力可能受到政治体制内外影响力主体的不同限制。“外部决策”宏观领域的结果如图 4－17 所示。

在“加入与太空相关的条约和组织”领域，各国往往集中在中高值附近：得分分布从最低的 2.40 到最高的 3.39 不等。令人惊讶的是，美国的得分较低。这个国家得分较低的主要原因是国家军队的巨大影响力（详见下文）。俄罗斯和美国在第一个领域指标上的得分都很高，该指标旨在评估在决定加入与太空相关的双边和/或多边安排时独立于外国的自主性：这让人联想到两国都非常抵制外国压力，甚至可以说是在国际太空领域“占主导地位”，这意味着它们试图影响、胁迫或收买其他国家在太空相关问题上的决策。然而，这两个国家都缺乏独立于国内各种行为体的完全自主权。事实上，美国显然受到国家军队（1.67）和国内公司（2.33）的重大影响。

印度以 3.39 分遥遥领先，韩国紧随其后（3.33），在“加入与太空相关的条约和组织”领域，韩国几乎完全不受国家私人行为体的影响。

同样，“在与太空相关的多边组织中采取行动”领域的得分分布也集中在中高值附近。主要太空行为体印度（3.6）、韩国（3.3）以及巴西和俄罗斯（3.1）之间的最大差距仅为 0.5 分。紧随其后的是澳大利亚、以色列和加拿大（3.0）。

在“遵守与太空相关的国际法”领域，印度以 3.72 分的优异成绩在排名中遥遥领先，成为整体政治自主性调查中得分最高的国家。特别是，印度的得分比中国、加拿大、以色

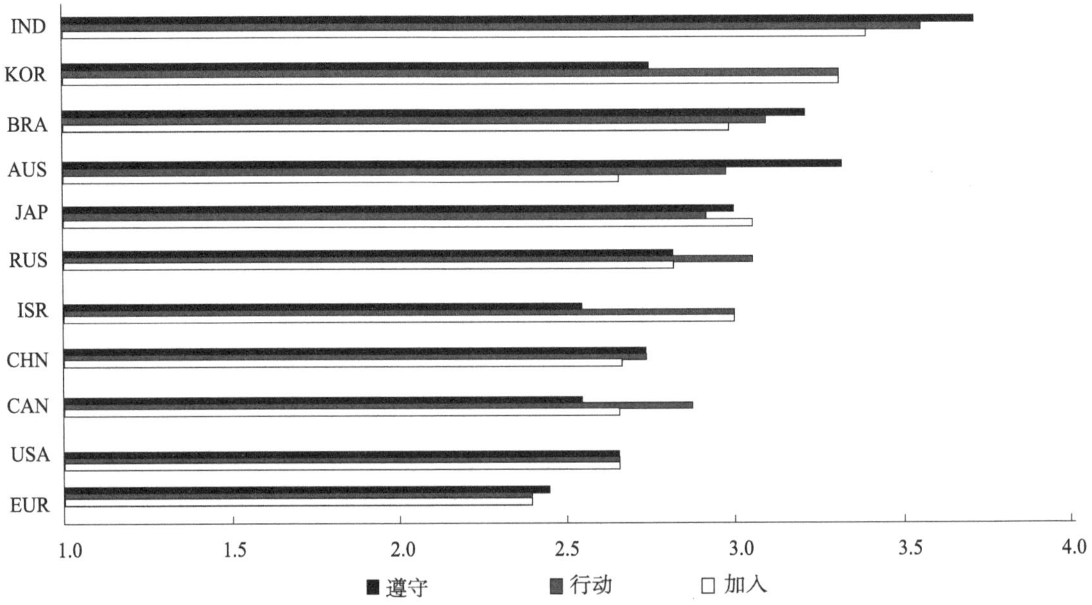

参考数据

	EUR	USA	CAN	CHN	ISR	RUS	JAP	AUS	BRA	KOR	IND
加入与太空相关的条约和组织	2.4	2.7	2.7	2.7	3.0	2.8	3.1	2.7	3.0	3.33	3.39
在与太空相关的多边组织中采取行动	2.4	2.7	3.0	2.7	3.0	3.1	2.9	3.0	3.1	3.3	3.6
遵守与太空相关的国际法	2.5	2.7	2.6	2.7	2.6	2.8	3.0	3.3	3.2	2.8	3.72
按决策类型划分的总体外部自主性(平均)	2.4	2.7	2.8	2.7	2.9	2.9	3.0	3.0	3.1	3.1	3.57

图 4－17　按决策类型划分的外部自主性

列、美国和欧洲都高出 1 分左右，欧洲在该领域的排名中位列最后。然而，加拿大（2.6）、欧洲（2.5）和以色列（2.6）的主要弱点是依赖外国，而美国似乎更容易受到军工复合体的影响。

总体而言，在“外部自主性”宏观领域，印度（3.57）、韩国（3.1）和巴西（3.1）是自主性最强的太空行为体。这意味着，这组国家在国际空间舞台上确定和追求与太空相关的利益时，对国内和国外利益都具有弹性。有六个行为体的得分略低于“3.0”的门槛：欧洲、美国、加拿大、中国、以色列和俄罗斯。分数的分布情况为上述假设提供了证据：与其他国家不同，俄罗斯、美国以及在较小程度上被公认为 21 世纪最杰出的太空行为体的中国几乎不受外国压力的影响。但无论如何，它们都会受到国家行为体尤其是军方的侵入性影响。

这就产生了一种与直觉相反的情形：虽然这些行为体（尤其是美国）被认为在国际太空领域发挥着主导作用，并对其合作伙伴/客户的外部自主权施加了严格限制，但它们制定自主政治偏好的能力却往往被大公司和军方等强大的影响力主体所“俘获”。我们可以通过研究各类影响力主体相关的外部自主性来进一步理解和证明这一观察结果（见图 4 - 18）。

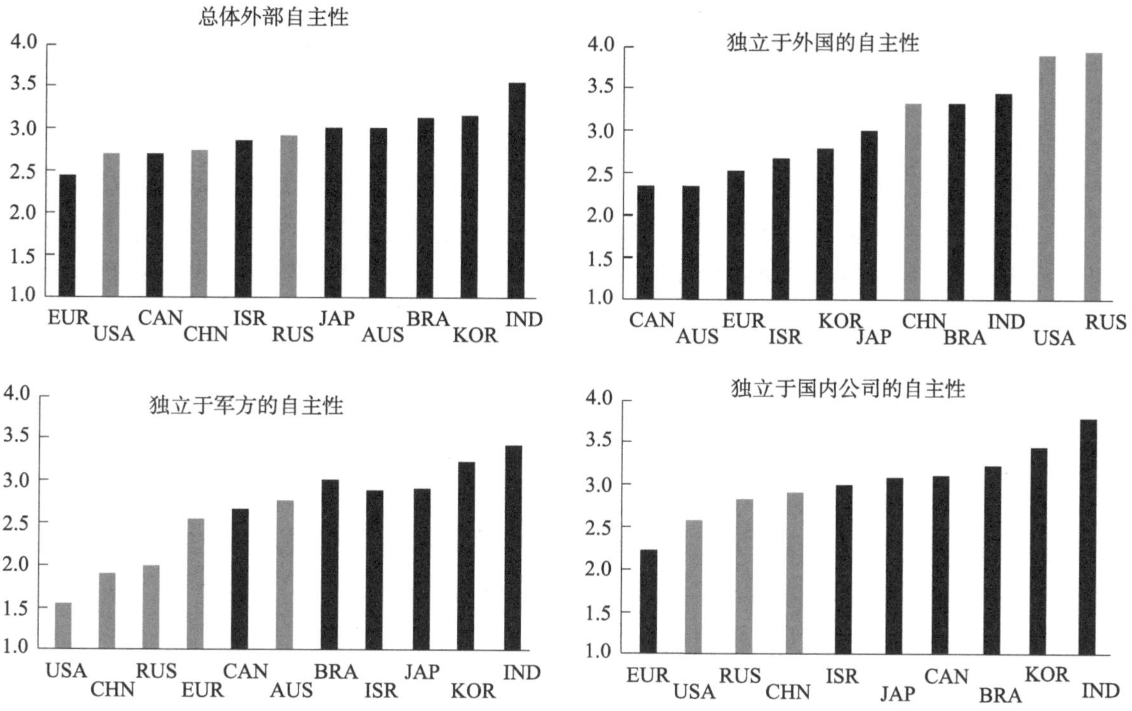

参考数据

	EUR	USA	CAN	CHN	ISR	RUS	JAP	AUS	BRA	KOR	IND
总体外部自主性	2.4	2.7	2.7	2.7	2.9	2.9	3.0	3.0	3.1	3.1	3.6
独立于外国	2.5	3.9	2.3	3.3	2.7	3.9	3.0	2.3	3.3	2.8	3.4
独立于军方	2.5	1.6	2.7	1.9	2.9	2.0	2.9	2.8	2.8	3.2	3.4
独立于国内公司	2.2	2.6	3.1	2.9	3.0	2.8	3.1	3.9	3.2	3.4	3.8

图 4 - 18　按影响力主体类型划分的外部自主性

从被分析的行为体在加入、实行和遵守与太空相关的国际法时所持有的“独立于外国影响的自主性”开始，加拿大、澳大利亚和欧洲是对第三国特别是美国的引诱或威胁最敏感的行为体。然而，以色列、韩国和日本的得分也相当低，它们同样表现出对美国的偏好特别敏感。

虽然在与太空相关的国际环境中没有出现过不当影响的重大案例，但可以观察到这些国家的国际立场与美国的国际立场之间存在着明显的、非巧合的一致性，特别是当在国际舞台上采取的政治行为决定直接影响到美国的利益和安全关切时。

例如，上述国家都是美国主导的《阿尔忒弥斯协定》[①] 和《反卫星试验禁令》[②] 的重要签署国，这绝非巧合。

在“独立于外国的自主性”排名方面，俄罗斯和美国在决定加入与太空相关的双边和/或多边条约和组织、在与太空相关的多边组织中采取行动或遵守与太空相关的国际法方面，都表现出几乎完全不受外国影响的自主性。

然而，在研究“独立于军方的自主性”时，我们看到的是一幅完全不同的画面。在这种情况下，美国、俄罗斯成为自主性较低的行为体，这意味着军方对这些国家的对外行为施加了重大的影响。鉴于太空计划的高度机密性，要确定俄罗斯军方对太空相关决策的影响几乎是不可能的，但不乏美国的相关研究，这些研究表明美国军方对美国政府在重大太空治理问题（包括与民用领域相关的问题）上的政治行为有影响。例如，Verspieren（2020）在其关于军方在与太空安全和可持续性相关的国内和国际决策中作用的研究中指出，在美国，军方对重大国际治理问题享有绝对的禁止性影响力，这意味着“如果军方反对一个关于太空安全和可持续性的立场，那么参与国内决策的其他机构就会认为这一立场是不可接受的”。研究表明，美国军方也享有强大的规定性影响力，这意味着“如果军方支持一个关于太空安全和可持续性的立场，那么参与国内决策的其他机构就会给予这一立场非常有利的评价”（Verspieren，2020）。

另一方面，事实证明印度在对外决策过程中最能不受军方影响。解释这一点的一个因素可能是印度外交政策机构的运作方式，特别是印度外交部（IFS）的结构，它催生了一个高度个人主义的决策过程（Aliberti，2018）。负责制定印度外交政策的三大政府机构——总理办公室、国家安全办公室和外交部——的最高职位都由印度外交部的官员担任。Chatterjee Miller 指出：“由于外交部官员被视为印度的精英，并接受过广泛的培训，他们每个人都被视为有能力承担巨大的责任。更重要的是，外交部的排他性录取政策意味着一小部分官员必须承担重大责任。除了顾问角色外，他们在制定政策方面也有很大的回旋余地。这种自主权反过来又意味着新德里很少对其长期外交政策目标进行集体思考，因为政府内部的大部分战略规划都是在个人层面上进行的”（Chatterjee Miller，2013）。

同样，在“独立于国内公司的自主性”排名中，印度再次被评为在国际太空领域做出政治决定方面最具自主权的国家。巴西、韩国、加拿大和日本紧随其后。相反，最引人注目的是欧洲、美国、俄罗斯和中国等主要太空行为体的得分非常低。这些行为体的共同点

---

① 《阿尔忒弥斯协定》是愿意参与美国阿尔忒弥斯计划的国家同意遵守的一套原则，共 7 页。根据国际法，《协定》不具有法律约束力，但代表了签署国强有力的政治承诺（ESPI，2020）。20 多个国家签署了该协定。虽然从名称上看，《协定》与阿尔忒弥斯计划有关，但其中的原则和规定超越了与阿尔忒弥斯计划有关的月球活动，适用于参与国在“月球、火星、彗星和小行星 ”上的活动。显然，未签署《协定》并不妨碍其他国家参与太空探索。但是，如果一个国家希望与美国合作，那么美国国家航空航天局就要求签署《阿尔忒弥斯协定》。这种通过接受太空治理原则来调节合作的做法突出表明，《阿尔忒弥斯协定》可被视为美国在国际太空治理问题上推动美国优先选择的外交工具（ESPI，2020）。

② 2022 年 4 月，美国成为第一个宣布自行禁止反卫星武器试验的国家。紧接着，美国政府开始研究如何将禁试“多边化”，鼓励其他国家，特别是其盟国，公开表示支持（Foust，2022）。加拿大于 2022 年 5 月、新西兰于 2022 年 7 月、德国和日本于 2022 年 9 月、韩国和英国于同年 10 月加入了暂停试验的行列。其他盟国表示支持，但没有加入。

是拥有强大而有影响力的航天公司——无论是私营还是国有——它们能够对外部决策过程施加重大影响。

欧洲和美国被评估为最不自主的行为体，最容易受到行业特殊利益的侵扰，在这两个国家，影响力往往是通过强大的行业协会来发挥的，这些协会代表着国内主要的卫星和发射提供商、运营商、制造商和供应商，如总部设在巴黎的 ASD - Eurospace 和总部设在美国的卫星产业协会（SIA）。由美国政府牵头并得到美国公司支持的 ISO 太空交通协调与管理（STCM）标准提案就是一个很好的例子，其中大部分要求都来自开放式结构数据存储库（OADR）。这一架构与欧盟目前的 SSA/SST 架构大相径庭，这也解释了为什么欧洲航天工业游说欧洲成员国的决策者拒绝接受这个拟议的标准，因为采用该标准会使美国公司在竞争中领先于欧洲公司，从而对后者的商业模式产生负面影响。

4.3.2.2　软自主性：内部决策

“内部决策”宏观领域侧重于 11 个选定太空行为体的国内航天政策，扩展了导致其确定和实施国家太空利益、战略和目标的政治决策过程。它包括三个突出领域：“制定国家太空政策”“确定国家太空计划”和“选择太空领域的合作伙伴”，旨在评估各国独立于其他国家、国内军方和公司，在国内太空政策方面是否能够以及在多大程度上自主制定自己的利益。结果如图 4 - 19 所示。

在“制定国家太空政策”领域，印度得分最高，巴西、中国和以色列紧随其后。得分分布趋向于 1～4 分范围的上限，日本（2.95）略低于 3 分的临界值，而美国和欧洲则相差甚远（分别为 2.2 分和 2.3 分）。重要的是，美国在第二个指标得分最低，该指标旨在评估相对于军方的自主权。换句话说，根据太空领域著名专家的说法，在制定国家太空政策时，美国军方几乎对决策过程施加了全面的影响。

印度在“确定国家太空计划”方面排名第一，得分是接近完美的 3.4，只有在独立于国家军方的自主权（3.17）方面面临小问题。其次是以色列（3.2）和加拿大（3.1）。中国（2.94）和欧洲（2.3）的得分均低于 3 分，尽管面临的限制因素截然不同：欧洲主要缺乏相对于经济强国的自主权（2.67）。同样，美国（2.3）排名最后（与欧洲并列），主要受到来自军方（1.33）和国内公司（2.00）的巨大压力。

最后，印度（3.4）在“选择太空领域的合作伙伴”方面得分最高，紧随其后的是日本（3.2）、巴西（3.1）和韩国（3.1）。以色列和欧洲排名最后（2.0），澳大利亚（2.9）、加拿大和美国（2.8）略低于 3 分的门槛。值得注意的是，在选择实施航天政策议程的合作伙伴（如技术或原材料供应商）时，俄罗斯表现出对国家军方的严重依赖（1.75），在同一指标上，只有以色列得分更低（1.67），而澳大利亚在所研究的国家中得分最高（3.67）。

总体而言，在“内部决策”宏观领域，得分分布明显集中在 3 分附近，印度（3.4）作为最自主的行为体遥遥领先。巴西（3.1）、日本（3.0）和韩国（3.0）紧随印度之后，尽管面临的情况截然不同：巴西在一定程度上受到来自国家军方的压力；日本似乎相对容易受到其国内工业综合体的影响。美国获得了第二差的分数（2.4），仅优于欧洲（2.2）。

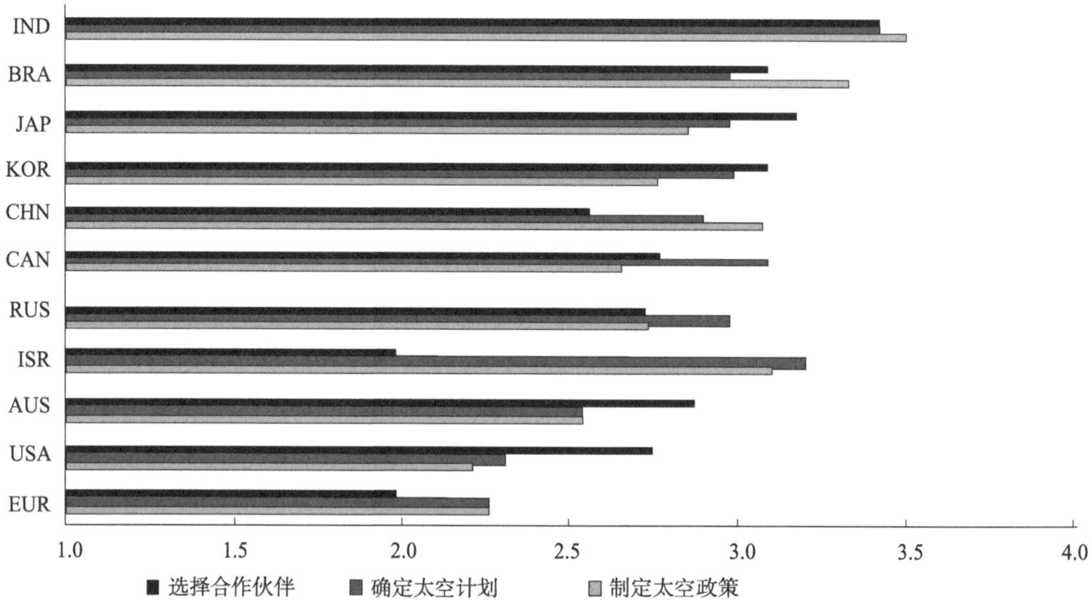

参考数据

	EUR	USA	AUS	ISR	RUS	CAN	CHN	KOR	JAP	BRA	IND
制定国家太空政策	2.3	2.2	2.6	3.1	2.7	2.7	3.1	2.8	2.95	3.3	3.5
确定国家太空计划	2.3	2.3	2.6	3.2	3.0	3.1	2.94	3.0	3.0	3.0	3.4
选择太空领域的合作伙伴	2.0	2.8	2.9	2.0	2.7	2.8	2.6	3.1	3.2	3.1	3.4
按决策类型划分的内部自主性(平均)	2.2	2.4	2.7	2.8	2.8	2.9	2.9	3.0	3.0	3.1	3.4

图 4－19　按决策类型划分的内部自主性

同样，美国虽然几乎不受外国压力的影响，但在军方和国内公司面前缺乏自主性。

同样，从影响力主体而非具体问题领域的角度来看待调查结果，可以更好地解释和理解内部自主性宏观领域的结果（见图 4－20）。

在“独立于外国影响的自主性”领域，澳大利亚、加拿大和欧洲再次成为最容易受到外国邀请或压力，特别是来自其最亲密盟友美国的邀请或压力的行为体。事实证明，这种敏感性与渗透到太空活动（包括民用太空活动）中的安全和国防问题密切相关。

除了这个具体例子外，值得注意的是，即使是较高自主性的国家（即韩国、巴西、日本和以色列）也会受到外国的胁迫和引诱。例如，在国家太空政策制定方面，美国经常对日本施加影响，使其太空政策和法规更加符合美国的利益（Aoki，2009；Kallender，2016；Zeng，2004）。关于国家太空计划的制定，特别有说服力的是，美国担心运载火箭计划会加速导弹扩散，通过外交压力和报复威胁，长期阻止韩国和巴西发展国内发射能力（Moltz，2012；Newberry，2003）。

另一方面，俄罗斯和美国在这一特定排名中遥遥领先，这一点并不令人惊讶，因为它们在决策过程中基本上不受外国的影响。

另一方面，柱状图显示，印度和日本相对于军方而言是最有弹性的行为体。这是因为

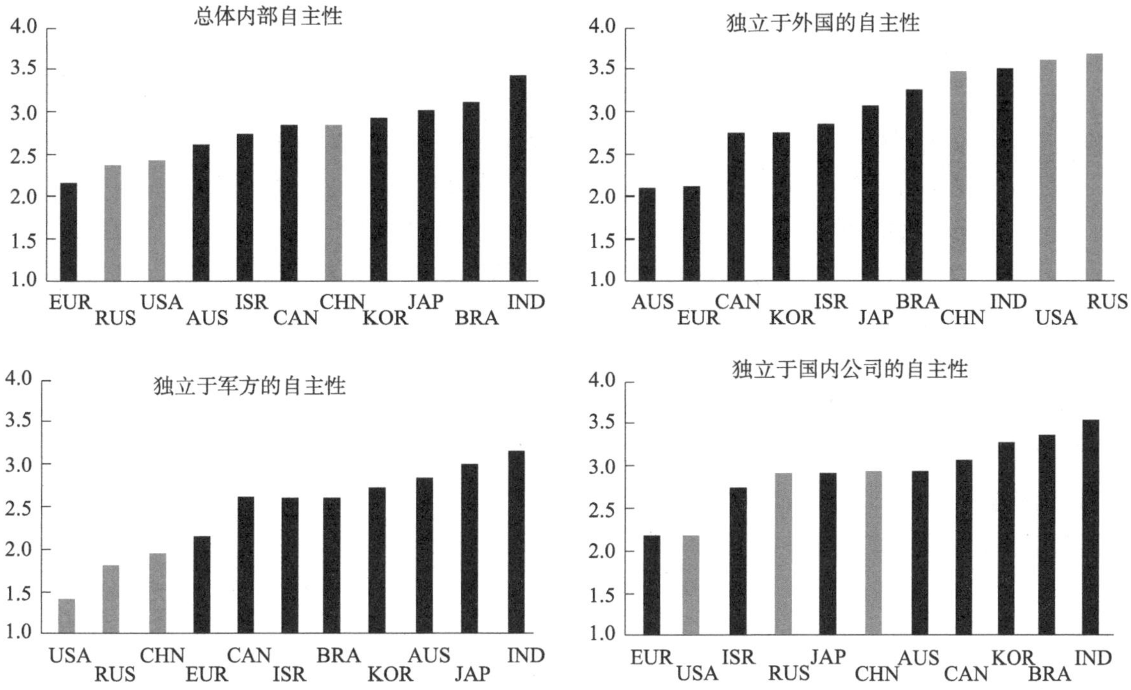

参考数据

	EUR	RUS	USA	AUS	ISR	CAN	CHN	KOR	JAP	BRA	IND
总体内部自主性(平均)	2.2	2.4	2.4	2.7	2.8	2.9	2.9	3.0	3.1	3.1	3.5
独立于外国	2.1	3.8	3.7	2.1	2.9	2.8	3.6	2.8	3.1	3.3	3.6
独立于军方	2.2	1.83	1.44	2.9	2.7	2.7	2.0	2.8	3.1	2.7	3.2
独立于国内公司	2.2	2.9	2.2	3.0	2.8	3.1	3.0	3.3	3.0	3.4	3.6

图 4－20　按影响力主体类型划分的内部自主性

日本和印度的国家航天计划从一开始就非常注重民用。

就印度而言，直到过去十年，军方对国家太空活动的参与一直很少，无法获得专用图像、卫星通信或数据服务。相反，他们不得不依赖外国资产，如从美国公司和以色列政府等渠道购买图像。其太空活动的管理完全委托给了民用的印度空间研究组织（Aliberti，2018）。有一种观点认为，政府决定将任何军事部分与该计划的管理隔离开来的原因是，如果印度的太空计划是一个军事和民用相结合的方案，那么它就会不必要地放慢速度；如果印度拥有一个军事太空计划，那么就不可能与其他国家进行合作。

就日本而言，半个世纪以来，由于对《外层空间条约》中关于和平利用外层空间原则给出的非军事解释，日本军方使用太空技术一直受到限制（Aliberti 和 Hadley，2020）。日本国会于 1969 年批准了这一解释，禁止军方参与或探索太空机会，即利用太空进行侦察、监视、通信和预警（Peoples，2013）。它还阻止商业行为体开发具有明确军事目的的太空技术（Suzuki，2015）。

虽然印度和日本的太空政策态势在过去十年中发生了巨大变化，而且仍在发生变化，军方在该领域的参与也越来越多，但军方对两国太空政策的制定总体影响仍然很小。

在研究“独立于公司的自主性”时，结果再次表明，国家航天工业对国内太空政策进程的重大影响并不陌生，美国、中国、俄罗斯和日本等能力较强的行为体平均得分较低就说明了这一点。柱状图更具体地表明，商业航天产业更加强大的国家，在阐明国内航天政策决定和确定计划活动时，往往独立于公司利益的自主性较低。事实上，在欧洲（2.2）和美国（2.2），国内公司是最具影响力的权威。研究表明（经合组织，2021；Mazzucato等，2016；Tugnoli 和 Wells，2019），这些国家的公共机构越来越依赖私人行为体来完成其使命。这种依赖具有不可否认的好处，因为它使空间机构和其他公共机构能够优化资源分配，重新专注于新兴科学技术的开发和完善，同时将成熟技术留给产业界。归根结底，工业活力的增强增加了太空硬能力和软能力，使各国能够宣称自己是航天强国。但与此同时，这种依赖也给公共行为体带来了不可忽视的代价。更具体地说，更强的工业活力越来越多地与日益增长的影响力联系在一起，从而降低了政治自主水平。

另一方面，印度似乎享有几乎完全的决策自主权，不受国内公司的影响。与美国和欧洲相比，私营企业在印度航天计划中的参与程度和能力仍然相当有限。事实上，在印度航天工业的上游和下游领域，公共行为体的角色都是准垄断性的，印度空间研究组织及其下属实体是航天产品的主要制造商/提供商，也是航天相关服务商业化的主要运营商（Aliberti，2018）。印度的航天部门拥有 500 多家企业（中小型和大型）。据报道，许多卫星系统的生产几乎完全外包给了工业界，但现实情况是，目前空间基础设施开发和利用的供应链仍然以印度空间研究组织为中心（Prasad，2016a）。在当前的行业参与模式下，印度大多数私营企业仍然为印度空间研究组织提供二级/三级产品和服务（主要是子系统组件以及设备和工程服务）。工业生态系统中只有少数一级航天公司（提供完整的子系统），这一角色仍属于印度空间研究组织。航天器和运载火箭的最终组装、集成和测试（AIT）也由印度空间研究组织进行（Prasad，2016b）。总体而言，这使得企业在印度决策过程中的影响力微乎其微。

4.3.3 构建自主性指数和矩阵

在获得技术自主性和政治自主性的分数后，现在可以根据第 3 章所述的框架，将其汇总并计算出每个选定国家的总体自主性数值。

各国在太空活动中的自主性显现出来了，硬子维度和软子维度描绘了两幅截然不同的画面。

图 4-21 显示了本研究中所有 11 个国家在自主性矩阵中的位置。硬自主性和软自主性这两个维度以相当不同的方式影响着各国在图中的定位。除日本外，大多数国家在这两个维度之间存在反向关系。此外，对于那些非航天强国来说，这种关系往往是：硬自主性水平越低，软自主性水平越高。而三个航天强国（和欧洲）的情况恰恰相反：硬自主性水平越高，软自主性水平越低（见图 4-22）。

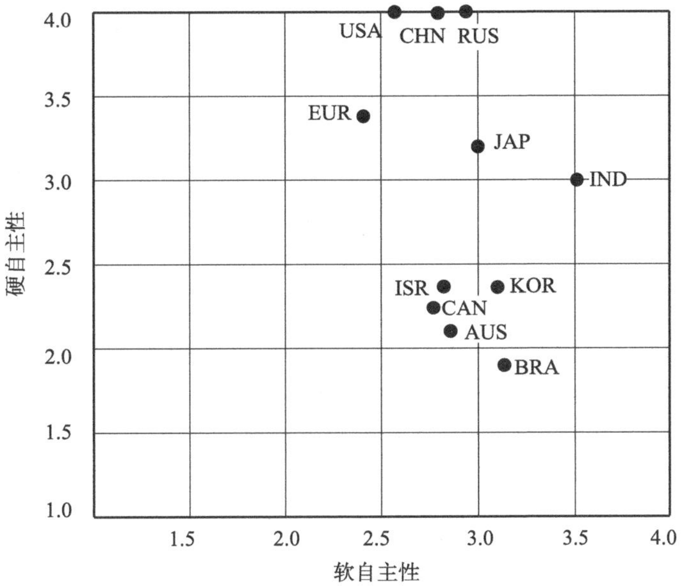

图 4－21　自主性矩阵

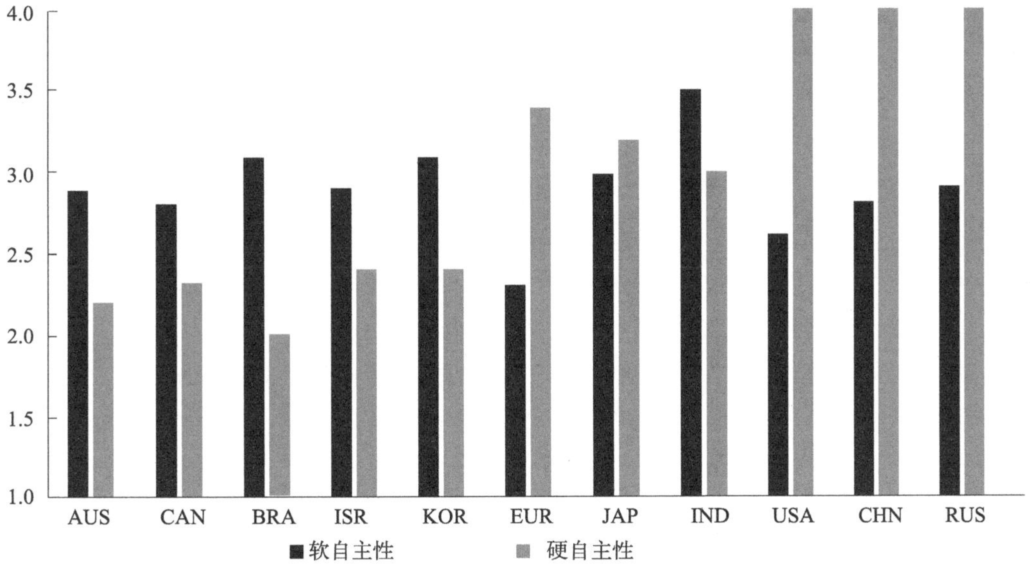

参考数据

	AUS	CAN	BRA	ISR	KOR	EUR	JAP	IND	USA	CHN	RUS
软自主性	2.9	2.8	3.1	2.9	3.1	2.3	3.0	3.5	2.6	2.8	2.9
硬自主性	2.2	2.3	2.0	2.4	2.4	3.44	3.17	3.0	4.0	4.0	4.0
自主性指数(平均)	2.6	2.6	2.6	2.7	2.8	2.9	3.1	3.2	3.3	3.4	3.5

图 4－22　硬自主性和软自主性的比较

正如已经讨论过的载人航天飞行和载人操作的情况，但亦可扩展到整个太空技术领域，太空活动仍然没有转变成为任何国家都可以简单购买的完全商业化的解决方案，可以预计，硬能力和技术自主性将密切相关。这反映在“硬（技术）自主性”的得分上，即最有能力开展太空活动的国家也是技术自主性较高的国家。美国、中国和俄罗斯得分最高（4.0），其次是欧洲（3.44）、日本（3.17）和印度（3.0）。其他国家明显落后，平均为2.23分。

深入研究“软（政治）自主性”，会发现各国的得分存在明显的反差。根据受访专家的反馈，在这一维度上得分高于3.0的国家依次是印度、巴西、韩国和日本。值得注意的是，俄罗斯、加拿大、中国、以色列紧随其后，而欧洲的“政治自主性”得分最低（2.3）。美国在这一领域的表现有限，尤其是在国内影响力主体方面，这与第2.2节中关于游说和监管俘获的研究相一致。这也可能与民主社会中预期的政策过程的复杂性有关。参与决策周期的利益攸关方数量过多，以及美国国家社会对太空计划的不断审查，可能是得分相对较低的原因。

在计算“自主性指数”时，如第3章所述和图4-22所示，俄罗斯（3.5）和中国（3.4）成为两个领先国家，其次是美国（3.3）、印度（3.2）、日本（3.1）和欧洲（2.9），除印度外，所有这些国家的政治自主性得分都低于技术自主性得分。其余国家的情况恰恰相反，技术自主性得分较低。

4.4 衡量太空力量和确定航天强国

图4-23比较了本分析中所有11个太空行为体的自主性指数和能力指数。它清楚地表明，自主性指数一般都高于能力指数；只有美国和欧洲，自主性指数的平均值低于能力指数。中国和欧洲在这两个方面的比例最为均衡，前者的自主性略高于能力，后者的能力略高于自主性。我们的大部分太空行为体（即澳大利亚、巴西、加拿大、印度、以色列、日本和韩国）都可以被定义为“自主太空国家”，即自主水平高于能力水平。在所分析的所有案例中，印度在这两个维度的平衡性最差，自主水平高而能力水平相对较低。

根据图4-23所示的得分，太空行为体最终可以映射到太空力量矩阵中，并进行相互比较评估。在图4-24中，我们再次将确定被分析者的相对位置的太空力量矩阵可视化。

在沿着这两条轴线绘制出各种太空行为体的分布图之后，就可以分析和讨论它们在第2章提出的太空力量分类矩阵中的分布情况了。

图4-25显示，我们分析中考虑的11个太空行为体分为3组。第一组包括美国、中国和俄罗斯这三个世界上最大的航天强国。与我们分析中的其他太空行为体（或世界上任何其他太空行为体）相比，这三个国家处于一个完全不同的层次。它们将高水平的能力和高水平的自主性独特地结合在一起，目前没有任何其他国家可以与之媲美。在这第一组国家中，美国的能力略高于中国和俄罗斯，但自主性也稍逊于中国和俄罗斯。第二组包括欧洲、日本和印度。虽然欧洲的能力大大高于其他两个国家，但其自主性水平也低得多。第

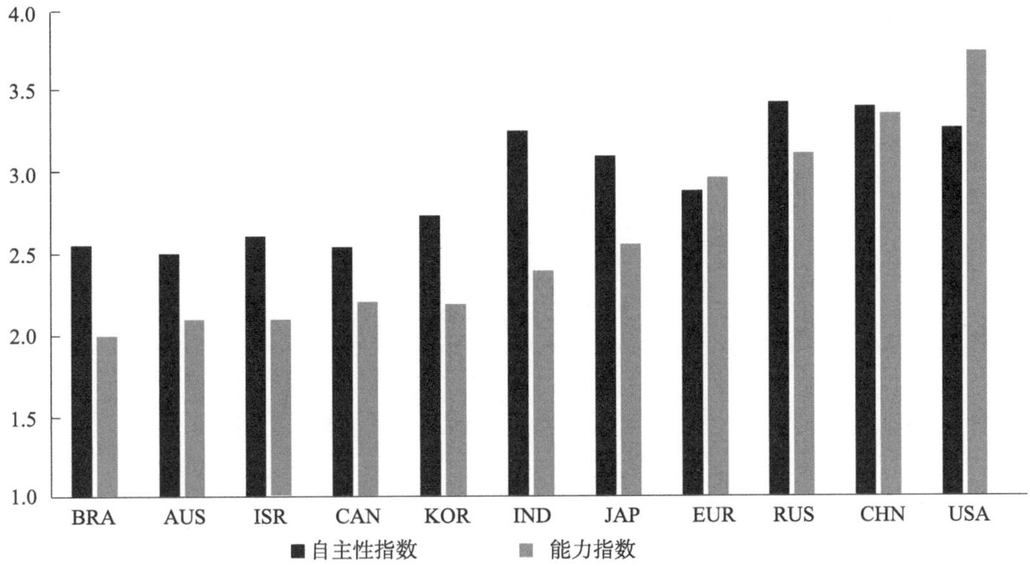

参考数据

	BRA	AUS	ISR	CAN	KOR	IND	JAP	EUR	RUS	CHN	USA
自主性指数	2.5	2.5	2.6	2.5	2.7	3.3	3.1	2.9	3.4	3.4	3.28
能力指数	2.0	2.1	2.1	2.2	2.2	2.4	2.6	3.0	3.1	3.4	3.8

图 4－23　能力和自主性比较

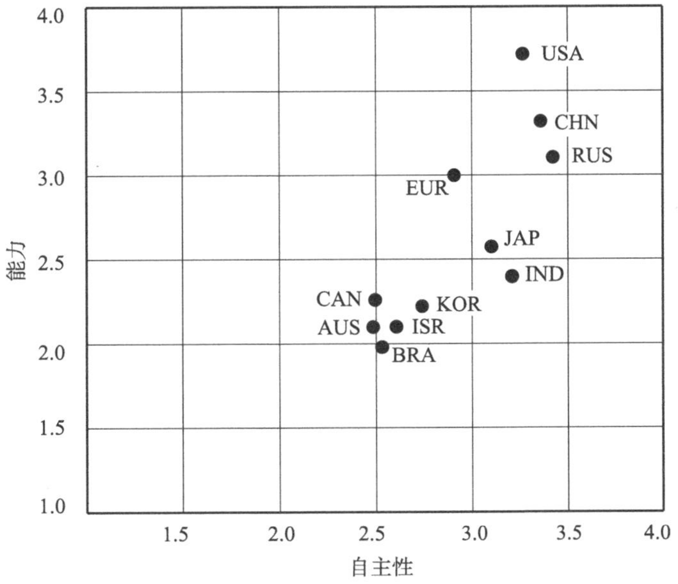

图 4－24　太空行为体在太空力量矩阵中的定位

三组，也是最后一组，包括澳大利亚、巴西、加拿大、以色列和韩国。所有这些国家在能力和自主性方面都有相当大的提升空间，尤其是与日本这样的国家相比。接下来，我们将对结果逐国进行简短分析。

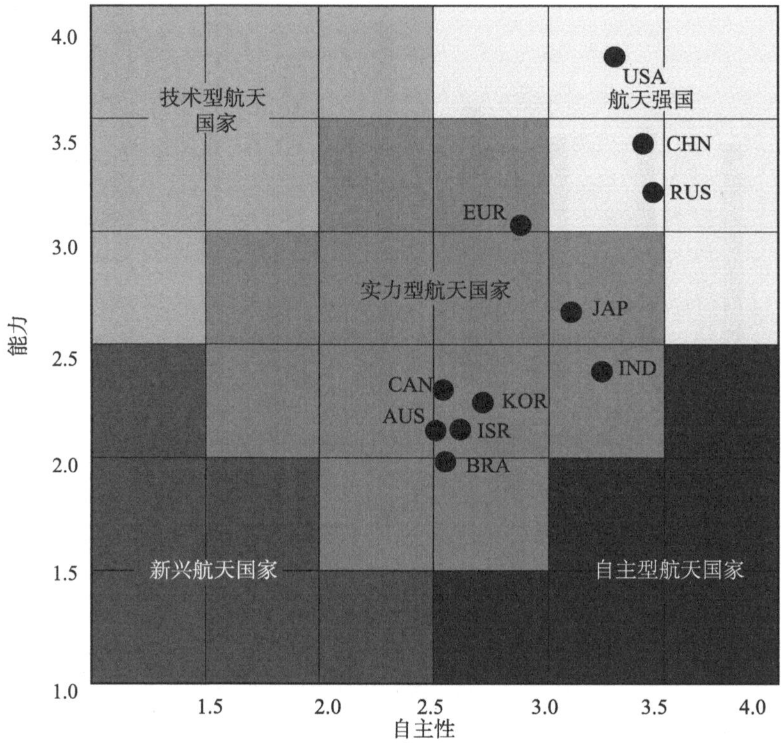

图 4-25 太空力量矩阵中行为体的分类定位

4.4.1 国家简析

4.4.1.1 美国

美国是能力得分最高的国家（3.8）。在 2011—2020 年期间，美国在所分析的全域太空力量方面巩固了其领先地位。在过去十年中，美国通过一系列模式转变（从基于可重复使用发射器创建进入太空的新商业模式，到开发用于宽带连接的巨型星座等新概念）以及商业太空行为体日益增强的相关性，继续引领全球太空领域。特别是私营航天公司已经达到了惊人的先进水平，进入了载人航天这样的领域，而这些领域长期以来一直被认为几乎是政府机构的专有特权。SpaceX 公司于 2020 年 5 月完成的首次载人航天任务，是这些新的前沿领域的一个生动示例。从自主性来看，美国的总体自主性指数（3.28）略低于其他航天强国，原因是其政治自主性水平明显较低。在我们的样本中，就外国影响力而言，美国和俄罗斯是自主性最强的国家。然而，在外部和内部决策领域，就国内影响因素而言，美国在军方影响方面排名最低，在独立于商业公司的自主性方面排名倒数第二（见图 4-18 和图 4-19）。这反映出军工复合体在与太空相关的决策过程中对各种问题施加了强大的影响。自美国太空之旅开始以来，军方对美国太空活动的参与就显而易见，美国太空文献中以军事为导向的研究几乎占据了主导地位（见第 2.3.1 节）。在当今极具挑战性的安全环境中，美国对天基能力的依赖大大增加，这使得美国国防机构在决策过程的各个层面都特别有影响力。美国为保持其在太空的主导地位和确保对其有利的领域稳定所做的努力，对国家政策议程的制定产生了巨大影响。反过来，私营公司对制定国家太空政策、法规和太空计划的基本参数也有重大影响。

在我们的抽样调查中，美国（以及欧洲）在内部决策中独立于国内公司的自主性方面得分最低，为 2.2 分。这也与第 2.2.2 节中探讨的美国游说和监管俘获的大量文献相吻合。这并不奇怪，因为航空航天业是华盛顿最具影响力的游说团体之一。这一调查结果与我们早先将美国的国家-企业关系描述为一种特殊形式的“竞争共生”关系是一致的，在这种关系中，企业精英往往占上风。我们对太空政策的分析进一步证实了这一观点，强调了权力和国家地位本质上并不是同义词。一个国家即使在国家地位相对较低的情况下，也可能拥有一个强大的政府。

4.4.1.2　中国

作为 21 世纪第二大的航天强国（3.36），中国在过去二十年的太空领域实现了一系列令人难以置信的壮举和成就。从 2011 年到 2020 年，中国投入使用了多型运载火箭，使两个载人空间实验室在轨道上运行，建成了最先进的全球导航卫星系统（即北斗导航卫星系统），使机器人探测器在月球和火星上着陆，并在这十年结束时开始部署一个新的模块化空间站（天宫号），其规模可与苏联的和平号媲美。中国在太空领域取得的成就也为其更广泛的社会经济政策、安全和国防战略以及外交倡议做出了重要贡献。此外，在国内背景下，这些成就是对中国政治制度和执政党的重要肯定，同时也是实现中华民族伟大复兴这一备受期待的中国梦的具体体现（Aliberti，2015；Pollpeter 等，2015）。

除了高水平的硬能力和软能力之外，中国在总体自主性指数（3.4）方面也比美国略高。

4.4.1.3　俄罗斯

在 2011—2020 年期间，俄罗斯继承了苏联的太空能力，其太空力量潜力的一些主要方面有所下降。在能力维度，俄罗斯（3.1）已被中国超越。具体而言，俄罗斯在空间科学与探索等活动方面已经失去了优势，十年来俄罗斯没有一个任务离开地球轨道。这种局面是根深蒂固的问题持续存在，再加上俄罗斯航天当局无法直接控制的一系列负面外部因素作用的必然副产品。这些因素结合在一起，给俄罗斯航天计划造成了一系列重要后果，其中最突出的是几个计划的推迟/取消（如用于行星探索的 Venera - D、Venera - Glob 和 Phobos - Grunt）；2010 年至 2020 年期间连续发生了一系列发射失利和航天器故障；航天预算大幅削减；以及在商业市场上的存在减少。

尽管存在这些显著的缺陷，俄罗斯在太空力量的自主性方面仍然证明了自己的实力：它是接受评审的 11 个国家中自主性最强的国家（3.4）。俄罗斯在国际太空论坛上展示其领导力和独立决策能力的同时，也开展了多项在轨演习。值得再次指出的是，俄罗斯与美国一样，在硬自主性子维度和不受外国影响的政治自主性方面得分最高。与其他航天强国一样，俄罗斯在太空领域也是自给自足的。然而，与美国类似，在国家相对于军方和商业公司的自主性方面，情况发生了变化。事实上，俄罗斯表现出了自己的"碎片化威权主义"。正如第 2.2.2 节所述，即使在普京时代，"执政党"和政府也会受到各方的广泛游说。同时，俄罗斯国家在结构上依赖于私人资本和资本持有者。总体而言，许多团体都参与了政策制定过程，包括政府官僚机构、国有企业领导层、军队和所谓的寡头。这种权力相对分散的情况在不同部门和政策领域可能会有很大不同，在航天政策方面可能不那么明显。这与我们对俄罗斯"竞争共生"的描述相吻合，即政治精英往往压倒不同的势力和利益。然而，有证据表明，在太空政策领域，竞争性利益确实在竞相影响政策的制定过程。在我们的 11 个国家样本中，俄罗斯在国家独立于军方的自主性方面排名倒数第三，在独立于公司的自主性方面排名倒数第四（见图 4－18）。

4.4.1.4 欧洲

尽管欧洲的能力得分（3.0）略低于中国、俄罗斯和美国，但欧洲在广泛的活动中展示了最先进的能力。欧洲大陆是国际舞台上最有经验的行为体之一，并实施着一项备受赞誉的太空计划。通过其不同的组成部分——欧盟、欧空局、欧洲气象卫星组织及其成员国——欧洲掌握了广泛的能力，并在突破性任务和计划方面取得了许多成功，如欧空局领导的罗塞塔和贝皮科伦坡任务、欧盟的哥白尼和伽利略计划，以及世界领先的通信和发射服务商业解决方案（Aliberti 等，2020）。尽管如此，欧洲在一些关键领域（如 SSA 和太空军事与安全应用）仍然落后于著名的"航天强国"，一些软能力得分对其整体太空力量表现产生了负面影响。同样，它在全域太空能力方面（如载人操作）尚不具备技术自主性。总体而言，欧洲在技术自主性子维度上的得分（3.4）被政治自主性子维度上微弱的 2.3 分所抵消，自主性总值为 2.9 分。虽然与美国和俄罗斯相比，欧洲在独立于军方的自主性相对较高，但相对于国内公司，欧洲缺乏完全的政治自主性，在外部和内部决策方面都很容易受到外国行为体的诱导。事实证明，当前政治环境中蕴含的依赖性是欧洲政体的一大特点。由于错综复杂的关系、制度和多层次的权限共享，整个欧洲确实缺乏太空事务自主性的基本特征。具体而言，国家、政府和共同体框架之间的相互作用造成了体制上的错位，使决策过程本身就很烦琐。然而，这个问题比欧洲层面存在的"平行"权力结构更为根本。事实上，即使欧洲机构被赋予了正式的权力，制定泛欧政策的实际权力最终仍掌握在各个国家实体手中。因此，欧盟和欧空局在确定其航天计划和政策时，最终都要依赖其成员国的"绿灯"，这反过来又会阻碍欧洲重大倡议的制定，并最终损害欧洲为未来制定明确而连贯的战略的能力（Aliberti，Cappella 和 Hrozensky，2019）。总体而言，94 个指标的数值表明，欧洲在太空力量的"硬"要素方面相对更加坚固。

4.4.1.5 日本

日本也是一个主要的太空行为体，与欧洲相差不大。近五十年来，日本一直是亚洲鲜少被提及的太空领导者，在过去的十年中，日本不断建设先进的太空能力，特别是在"应用卫星"和"使能与支持"等战略性宏观领域。值得注意的是，日本的软能力得分与其硬能力得分大致相当，其中“环境与资源”指标（例如，将空间技术融入农业和气象等地面活动）的分值最高。然而，日本的总体能力得分（2.6）在未来数年内仍有战略改进的空间，并敦促其加强太空力量的硬能力组成部分。虽然在各个宏观领域（如安全和防卫）追求端到端能力和制定更复杂的计划的工作已经在进行中，但不可否认的是，日本太空计划的相对规模将越来越重要，尤其是当日本的太空努力与美国、中国甚至欧洲等洲级规模（continental - size）的行为体所领导的太空努力相比较时（Aliberti 和 Hadley，2020）。随着抱负的增大，这些国家不断增加用于太空活动的资源，日本将很难跟上它们的发展步伐，并在所有活动领域保持竞争优势（在太空力量矩阵中占据有利地位）。事实上，尽管日本正在其计划的各个方面建立显著的协同效应，但只要专用资源保持在同一数量级，日本就很难有效地实现其所有的雄心壮志。这意味着，日本将不可避免地面临两个问题：一是需要确定不同目标的优先次序，二是在加强合作带来的好处与它希望或能够实现的独立水平之间取得适当的平衡。

关于自主性维度更具体的结果是，日本在总体自主性指数中获得了高于平均水平的 3.1 分，在“技术自主性”子维度上的表现略好于“政治自主性”子维度。具体来说，调查结果表明，日本在太空政策领域制定政策和选择合作伙伴时缺乏充分的政治自主性（主要但不仅限于外国影响，据称这些影响来自其最可靠的合作伙伴美国）。在独立于商业公司的自主性方面，日本在样本中处于中等水平。在这方面，正如第 2.2.2 节所述，对日本的国家-企业关系的研究表明，国家被商业公司俘获的程度因政策领域或部门的不同而有很大差异。根据我们的数据，与其他领域相比，可以发现在太空政策领域，日本似乎表现出更大的独立于商业利益的自主性。展望未来，可以预计日本的国际太空合作将继续深化，尤其是与美国的合作，但也会与其他志同道合的伙伴（如欧洲的国家和机构，以及澳大利亚和印度）合作，这些伙伴可能会为日本提供替代解决方案，并帮助日本解决长期以来对美国诱骗和抛弃的担忧。

4.4.1.6　印度

印度的总体能力得分（2.4）与一个快速增长但仍在发展中的太空行为体的演变轨迹相一致：其主要弱点在于硬能力子维度。具体来说，印度需要在一些关键的宏观领域加强其太空力量，包括“太空安全与防卫措施”，印度在这一领域的得分仅为 1.3（满分 4 分），“科学与探索”，尤其是载人航天技术，获得 1.4 分。目前，其软能力得分（2.7）比硬能力得分（2.1）高出 0.6 分。开发下游应用并将太空资产纳入国家政策和基础设施（特别是“社会经济政策”宏观领域），确实是印度太空活动自 20 世纪 60 年代开始以来最显著的特征之一。

尽管如此，值得注意的是，在本研究提出的实证评估中，印度的政治自主性得分最高（3.6），这表明印度在内部和外部决策方面都是最自主的国家之一。这引发了进一步的观察。与其他能力水平较低的国家类似，印度拥有相对较高的自主性；印度的政治自主性也高于技术自主性。换句话说，政治自主似乎可以弥补其他领域的不足。这与第 2.2.1 节的研究相吻合，特别是 Peter Evans 将印度描述为从沉浸到隔绝的国家-社会关系连续体上的一个中间案例：在太空政策方面，天平倾向于隔绝。此外，需要注意的是，由于我们将印度归类为企业与国家之间“互惠共生”的案例，总的来说，互惠共生如今是在更强的国家控制下发生的，尤其是在莫迪政府时期。这一积极态势预示着印度作为航天强国的潜力，正被定义为一个未来将走向成熟的航天强国的“实力型航天国家”。

4.4.1.7 韩国

韩国在矩阵中的总体定位与一个仍在崛起但发展迅速的太空行为体的雄心壮志是一致的。虽然韩国在太空基础设施等少数战略性宏观领域表现出色，但其硬能力指数仅为1.52分，技术自主性指数为2.4分。韩国的硬能力得分较低（1.6），尤其是在“太空安全与防卫措施”“科学与探索”以及“使能与支持”等宏观领域，韩国受到了严重影响。虽然负责民用航天计划的韩国航空航天研究所（KARI）于2010年开始了Nuri发射器（又称KSLV－Ⅱ）的研发，但在所考虑的时间范围内没有进行过成功的轨道发射，这也是由于与俄罗斯和美国的预期合作出现了一些问题（Aliberti等，2021）。

尽管目前得分较低，但由于韩国在扩大国家太空活动方面的政治承诺不断增强，而且拥有坚实的科技工业基础，因此总体而言，韩国是一个具有强大发展潜力的国家。韩国政府的规划，如“KARI未来愿景2050”和“促进太空发展基本计划”（Aliberti等，2021）都证明了韩国日益增长的太空雄心。在激励人民、促进工业和就业、推动战略领域的发展以及为国家利益做贡献这四个总体目标的推动下，后一份文件阐明了重要目标，包括启动和进一步提升国内发射能力（KSLV－Ⅱ）；到2027年研制一颗公共多用途地球同步轨道通信卫星；到2030年用国内运载火箭发射登月航天器；以及到2035年建立韩国定位系统（KPS）。

除能力维度外，韩国对国内和国际压力表现出了相当大的弹性，其总体政治自主性得分为3.1。为了更好地理解这一观点，必须将其与背景情况结合起来。作为“亚洲四小龙”之首，韩国以其作为发展型国家的成功而闻名。正如第2.2.1节所述，韩国代表了“嵌入式自主”概念的缩影，即一个结构合理、协调一致的国家通过制度化渠道与国内商业界紧密联系，就目标和政策进行持续协商。这有助于说明韩国在太空政策领域表现出的高度自主性。事实上，虽然韩国的第一枚KSLV－Ⅰ火箭“Naro”是在俄罗斯的协助下于2013年研制并发射的，但韩国人一直在努力提高其技术自主性（自给自足），直到2022年夏天独立研制并发射了KSLV－Ⅱ火箭“Nuri”和KPLO月球轨道飞行器“Danuri”。这些成功进一步巩固了韩国航天工业领导人长期以来向政府提出的要求，他们呼吁建立一个国家航空航天机构，以帮助简化决策流程，加强包括政府机构、研究机构和私营公司在内的各利益攸关方之间的协同合作。2022年11月，韩国新当选总统尹锡悦宣布计划在2023年下半年成立韩国航空航天局（KAA）。总体而言，韩国国家与航天工业之间的高度嵌入性或“互惠共生”促成了目前计划中的活动，这必将有助于韩国大幅提升其硬能力和软能力，最终从目前的“实力型航天国家”向“航天强国”迈进的过程中赶上日本和印度。

4.4.1.8　加拿大

尽管加拿大在技术自主性子维度中的“基础设施”方面获得了满分 4 分，并在政治自主性方面有一些不错的表现，特别是在独立于军方的影响上，但加拿大在自主性和能力两个维度上的得分都低于平均水平（2.63 和 2.26）。此外，与包括加拿大航天局（CSA）在内的政府机构的定期磋商，以及航天部门内广泛的公私伙伴关系，为加拿大航天工业特别是国防承包商创造了大量机会，使其能够积极参与游说活动，以促进其利益和优先事项。然而，由于加拿大专门从事利基空间产品的研发，如加拿大臂（Canadarm）对国际空间站计划的贡献和天基雷达系统，加拿大一直主要依赖其他行为体的太空能力：出乎意料的是，加拿大对外部代理人的依赖严重削弱了其总体自主性。事实上，加拿大的政治自主性得分为 2.94 分，特别容易受到外国的邀请和干预。

自 1962 年加拿大将自己的 Alouette-1 实验卫星送入轨道，成为世界上最早的航天国家之一以来，加拿大一直与美国在空间科技、安全和国防领域保持着密切的双边合作。这自然使得加拿大的政策制定过程对美国的偏好特别敏感，美国和欧空局仍然是加拿大在太空领域最可靠的合作伙伴。对与美国合作的严重依赖既是一种资产，也可能成为加拿大未来国家太空战略发展的障碍。

4.4.1.9　以色列

以色列的总体能力指数为 2.1，自主性指数为 2.6，从评估中脱颖而出，它是一个实力型航天国家。与韩国一样，以色列未能在“太空探索”和“太空安全与防卫措施”等几个宏观领域发展最先进的能力，总体硬能力为 2.17 分。

这主要是因为以色列的太空计划是在 20 世纪 80 年代初为满足国内机构在通信和遥感领域的需要而设立的，其重点仍然是开发和发射基于国家运输系统的本土侦察和通信卫星。在这一特定领域，以色列在过去十年中从 Palmachim 发射基地进行了几次成功的发射，同时还努力通过小型化和电推进技术的进一步发展，使卫星系统的有效载荷尺寸适合其小型 Shavit 发射器。近年来，以色列太空计划的重点有所扩大，通过 Beresheet 月球着陆器项目首次涉足太空探索领域。

在自主性方面，以色列的硬（技术）自主性得分为 2.4 分，在软（政治）自主性方面表现稍好（2.9 分）。虽然国家太空政策由民用的以色列航天局（ISA）制定，但军方通过其在开发中的主导作用发挥着重要影响。以色列航空航天工业公司（IAI）和拉斐尔先进防御系统公司等国防承包商积极参与开发和制造与太空相关的技术、卫星和发射系统。这些公司的利益与国家安全考虑密切相关，包括军方对天基资产和技术的需求。私营公司与国家安全之间的这种共生关系在以色列的太空政策决策中起着举足轻重的作用。

4.4.1.10　澳大利亚

关于澳大利亚在太空力量矩阵中的位置（2.5，2.35），值得注意的是，澳大利亚在太空力量的软（政治）维度上的表现比硬（技术）维度要好得多。特别是，澳大利亚在政治自主性专项排名中位居第二，获得 2.9 分。澳大利亚对外来压力，尤其是来自国内企业的压力表现出很强的弹性。此外，澳大利亚的软能力超过了2.5分的门槛（2.8分），得分最高的领域包括“安全”和“环境与资源”。总体而言，澳大利亚在硬自主性（2.2）和硬能力（1.4）方面的得分相对较低。

尽管澳大利亚很早就参与了太空活动（1967年在伍默拉试验场发射了WRESAT号卫星，1970年部署了Australis-OSCAR 5卫星，并利用Parkes射电望远镜天文台为阿波罗11号任务做出了重要贡献），但自20世纪80年代初以来，澳大利亚的太空之旅经历了一段相对停滞的时期，从未真正起飞。由于资金有限和战略方向不确定，一些太空开发工作被取消。因此，澳大利亚在太空历史的大部分时间里都依赖于外国资产，尤其是美国的资产，来发展本国的软实力。然而，近年来，该国的活动朝着新的方向重生，现在面向了工业以及新的机构计划（包括民用和军用）：从建立新的政府实体，如澳大利亚航天局（ASA）和支持私营公司，到改革立法和政策，以及发展新的国防活动（Aliberti等，2021）。新的重点是将商业航天产业作为就业和经济增长的驱动力。在这方面，《2019—2028年澳大利亚民用太空战略》认识到航天工业在经济多样化、发展国家能力以及激励和改善所有澳大利亚人生活方面的重要性。该战略宣布的目标是，到2030年，将太空部门的规模扩大两倍，从39亿澳元增至120亿澳元，并将该部门的工作岗位从约10 000个增加到30 000个，预计外溢效应将进一步创造就业机会和促进经济增长（ASA，2019）。澳大利亚航天局的成立正是为了回应一个特定的信念，即让工业界能够提供创新的解决方案，而不是管理太空活动。发展适当的内部太空能力，无论是行业还是政府主导的，都有望将澳大利亚推向矩阵的右上象限，与日本、印度和欧洲等著名的太空行为体相距不远。

4.4.1.11 巴西

巴西的能力指数为2.0，自主性指数为2.6，似乎特别受到能力-自主性耦合的影响。尽管巴西的航天活动可以追溯到20世纪60年代，但却从未完全起飞，历来都是在社会经济条件往往不稳定的情况下，以有限的预算投入开展的。在硬能力子维度上，值得强调的是，巴西过去曾实施了一项发射器计划，但在过去十年中未能成功发射。此外，巴西还启动了备用卫星计划，但在2011年至2020年期间建设重大能力（包括硬能力和软能力）方面没有显著进展。巴西在政治自主性子维度的得分（3.1）高于平均水平，这在一定程度上弥补了其在硬（技术）自主性方面的不佳表现（2.0）——在发射和载人操作等领域存在显著弱点。值得注意的是，在硬能力子维度（1.2），巴西是评估中能力最弱的国家。即使在今天，巴西的航天计划仍然是由当地需求驱动的，侧重于卫星应用，特别是用于监测广阔国土的遥感和用于连接农村地区的卫星通信。这种定位重点解释了为什么巴西在其他硬能力指标（如“科学与探索”和“太空安全与防卫措施”）上表现不佳。

4.4.2 比较结果

综上所述，当我们将数据合并成一个单一的综合指数时，只有三个行为体成为成熟的航天强国，它们依次是美国、中国和俄罗斯，欧洲则相距甚远。

美国（3.28，3.8）拥有极高的自主性和能力，成为太空霸主，非常接近航天强国的完美标准。这些数据证实了俄罗斯的衰落（与苏联时期相比）和中国的崛起，中国在过去十年中实现了一系列令人难以置信的壮举和成就，这将使其在下一个十年中追求更大的太空抱负。

中美之间的竞争成为主流。中国为实现其“民族复兴”的雄心壮志，将不可阻挡地继续追求和扩大其在太空的利益，在战略上稳步追赶美国所取得的成就。值得注意的是，美国在政治自主性这一维度上得分最低，这主要是由于军方和国内企业对决策过程的影响。把这一点与政治体制的差异联系起来似乎很有诱惑力（尽管不是决定性的），然而，这未免过于简单化了。事实上，这种区别似乎证实了国家在追求航天强国地位的过程中可以采取不同的战略和路径。不可否认，实现高度的自主性和能力对于跻身“太空强国俱乐部”并保持其成员身份至关重要，但这一目标可以通过软硬因素的不同组合来实现，其中某一方面的相对不足可以通过其他方面的相对优势来弥补。

在比较美国和欧洲时，我们的研究结果也值得深思，前者在航天强国圈子中仍然是无可争议的领导者，而欧洲则远远落在后面。虽然美国在政治自主性方面的得分相当低，但它之所以能保持领先地位，是因为它在所有其他子维度上都拥有巨大的实力。另一方面，欧洲之所以处于相对较低的位置，是因为它在两个软维度上的负面得分：要赶上美国和其他成熟的航天强国，欧洲需要在软能力和政治自主性两个方面提高自己的地位。

至于样本中的其他国家，需要密切关注其能力和自主性表现的是日本（3.1，2.6）和印度（3.3，2.4），这两个国家都在提高太空能力（硬能力和软能力），同时在自主性方面，特别是技术自主性方面保持相对较好的分数。

有趣的是，在我们的样本中，没有一个国家符合“技术型航天国家”这一象限（自主性有限但能力很强的太空国家）。相反，大多数国家的自主性（尤其是在硬自主性领域）似乎都比能力更强，因此属于“自主型航天国家”象限。在属于这一象限的太空行为体中，可以观察到一个总体趋势：硬能力得分较低的同时，技术自主性得分往往也较低。硬能力与技术自主性之间的强相关性可以用这两个子维度的“耦合”来解释。随着世界太空活动向更具商业驱动力的方向过渡，越来越多的国家将能够通过简单地购买硬件和服务来获得能力，从而使能力和自主性特征脱钩。在此之前，不投资发展内生能力的国家不太可能自主，反之亦然。

参考文献

Al -Ekabi, C. (2016). The Future of European Commercial Spacecraft Manufacturing (ESPI Report 58). European Space Policy Institute.

Aliberti, M. (2015). When China Goes to the Moon… Springer.

Aliberti, M. (2018). India in Space—Between Utility and Geopolitics. Springer.

Aliberti, M., & Hadley, S. (2020). Securing Japan. An assessment of Japan's strategy for Space (ESPI Report 74). European Space Policy Institute.

Aliberti, M., Cappella, M., & Hrozensky, T. (2019). Measuring Space Power: A Theoretical and Empirical Investigation on Europe. Springer.

Aliberti, M., Hrozensky, T., & Bataille, M. (2020). European Space Strategy in a Global Context (ESPI Report 75). European Space Policy Institute.

Aliberti, M., Renčelj, M., Poirier, C., Hallet, L., & Hermes, M. (2021). Emerging Spacefaring Nations. Review of Selected Countries and Considerations for Europe (ESPI Report 79). European Space Policy Institute.

Aoki, S. (2009). Current Status and Recent Developments in Japan's National Space Law and its Relevance to Pacific Rim Space Law and Activities. Journal of Space Law, 35, 363 - 438.

ASA. (2019). Advancing Space, Australian Civil Space Strategy 2019 - 2028. Australian Space Agency. https://bit.ly/3xlvVPy (Accessed on 21 May 2022).

Besha, P. (2010). Policy making in China's space program: A history and analysis of the Chang'e lunar orbiter project. Space Policy. 26 (4), 214 - 221.

Bowe, A. (2019). China's Pursuit of Space Power Status and Implications for the United States. U. S. - China Economic and Security Review Commission.

Brødsgaard, K. E. (Ed.). (2016). Chinese Politics as Fragmented Authoritarianism: Earthquakes, Energy and Environment. Routledge.

Casarini, N. (2009). The Remaking of Global Order. The Evolution of Europe - China Relations and its Implications for East Asia and the United States. Oxford University Press.

Chatterjee Miller, M. (2013). India's Feeble Foreign Policy. Foreign Affairs, 92 (3), 14 - 19.

Clark, S. (2017). Soyuz Rocket Lifts Off with 73 Satellites. Spaceflight Now. https://spaceflightnow.com/2017/07/14/soyuz - rideshare - launch/ (Accessed on 30 May 2022).

CSIS. (2019). Spaceports of the World. Aerospace Security Project. Center for Strategic and International Studies. https://aerospace.csis.org/wp - content/uploads/2019/03/190313 _ SpaceportsOfTheWorld.pdf (Accessed on 10 May 2022).

D - Orbit. (2021). Satellite Launch and Deployment. D - Orbit. https://www.dorbit.space (Accessed on 30 May 2021).

ESA. (2020) . SSMS Inaugural Flight on Vega. European Space Agency. http://www.esa.int/ESA_Multimedia/Videos/2020/06/SSMS_inaugural_flight_on_Vega (Accessed on 10 June 2021).

ESA. (2021a) . European Service Module. European Space Agency. http://www.esa.int/Science_Exploration/Human_and_Robotic_Exploration/Orion/European_Service_Module (Accessed on 30 May 2021).

ESA. (2021b) . Rosetta. European Space Agency. https://www.esa.int/Enabling_Support/Operations/Rosetta (Accessed on 30 May 2021).

ESPI. (2020) . Artemis Accords: What Implications for Europe? (ESPI Executive Brief 46) . European Space Policy Institute.

European Commission. (2022) . An EU Approach for Space Traffic Management. For a Safe, Secure and Sustainable Use of Space. Defence Industry and Space—European Commission. https://defence-industry-space.ec.europa.eu/eu-space-policy/eu-space-programme/eu-approach-space-traffic-management_en (Accessed on 10 August 2022).

EUSPA. (2021) . EU Space on a New Trajectory with Launch of EUSPA. European Union Agency for the Space Programme. https://www.euspa.europa.eu/newsroom/news/eu-space-new-trajectory-launch-euspa (Accessed on 10 August 2022).

Fournier, M., et al. (2018) . Past, Present, and Future of the Satellite-Based Automatic Identification System: Areas of Applications (2004-2016) . WMU Journal of Maritime Affairs, 17 (3), 311-345.

Foust, J. (2021) . Europe Considering Concepts for Human Spaceflight. SpaceNews. Available at: https://spacenews.com/europe-considering-concepts-for-human-spaceflight/ (Accessed on 10 August 2022).

Foust, J. (2022) . U.S. Looking to Encourage More Countries to Join ASAT Testing Ban. Space News. https://spacenews.com/u-s-looking-to-encourage-more-countries-to-join-asat-testing-ban/ (Accessed on 29 October 2022).

Hayward, K. (2011) . The Structure and Dynamics of the European Space Industry Base (ESPI Perspectives 55) . European Space Policy Institute.

IDA. (2020) . Measuring the Space Economy. Estimating the Value of Economic Activities in and for Space. Institute for Defense Analyses.

ISRO. (2021) . PSLV-C37 Successfully Launches 104 Satellites in a Single Flight. Indian Space Research Organisation. https://www.isro.gov.in/pslv-c37-successfully-launches-104-satellitessingle-flight (Accessed on 30 May 2021).

JAXA. (2021) . JAXA Hayabusa 2 Project. Japan Aerospace Exploration Agency. https://www.hayabusa2.jaxa.jp/en/ (Accessed on 30 May 2021).

Johnson-Freese, J., & Erickson, A. S. (2006) . The Emerging China-EU Space Partnership: A Geotechnological Balancer. Space Policy, 22 (1), 12-22.

Jones, A. (2021) . Astronauts Complete First Chinese Space Station Spacewalk. SpaceNews. https://spacenews.com/astronauts-complete-first-chinese-space-station-spacewalk/ (Accessed on 10 August 2022).

Kallender, P. (2016) . Japan's New Dual-Use Space Policy. The Long Road to the 21st Century. Asie Visions, 88 (1).

Krebs, G. D. (2021) . Kosmos 2519 / Kosmos 2521 / Kosmos 2523. Gunter's Space Page. https: //space. skyrocket. de/doc _ sdat/kosmos - 2519. htm (Accessed on 30 May 2021).

LINZ. (2022) . Satellite - Based Augmentation System. Land Information New Zealand. https: //www. linz. govt. nz/data/geodetic - services/satellite - based - augmentation - system (Accessed on 30 May 2022) .

Logsdon, J. M. (2021) . Space Commercialization during the Reagan Administration. NASA History Symposium: NASA and the Rise of Commercial Space. Virtual Symposium held on 13 April 12021.

Martin, M. , Pfrang, K. , & Weeden, B. (2021) . Chinese Military and Intelligence Rendezvous and Proximity Operations. Secure World Foundation. https: //swfound. org/media/207179/swf _ chinese _ rpo _ fact _ sheet _ apr2021. pdf (Accessed on 30 May 2022).

Mazzucato, M. , Douglas, Robison, K. R. (2016) . Lost in Space? NASA and the Changing Public - Private Eco - System in Space (Working Paper Series) . University of Sussex.

MEA. (2019) . Frequently Asked Questions on Mission Shakti, India's Anti - Satellite Missile Test Conducted on 27 March, 2019. Ministry of External Affairs, Government of India. https: //www. mea. gov. in/press - releases. htm? dtl/31179/Frequently _ Asked _ Questions _ on _ Mission _ Shakti _ Indias _ AntiSatellite _ Missile _ test _ conducted _ on _ 27 _ March _ 2019 (Accessed on 11 July 2022).

Moltz, J. C. (2012) . Asia's Space Race. National Motivations, Regional Rivalries, and International Risks. Columbia University Press.

NASA. (2021a) . Phobos - Grunt. National Aeronautics and Space Administration. https: //solarsystem. nasa. gov/missions/phobos - grunt/in - depth (Accessed on 11 July 2021).

NASA. (2021b) . On - Orbit Servicing, Assembly, and Manufacturing (OSAM) . National Aeronautics and Space Administration. https: //nexis. gsfc. nasa. gov/osam (Accessed on 11 July 2021).

NASA. (2021c) . Landsat Homepage: Landsat Science. National Aeronautics and Space Administration. https: //landsat. gsfc. nasa. gov/ (Accessed on 13 July 2021).

Newberry, R. D. (2003) . Latin American Countries with Space Programs: Colleagues or Competitors? Air & Space Power Journal, 17 (3), 39 - 48.

O'Callaghan, J. (2020) . Europe's First Mars Rover Delayed by Two Years. Nature. March 12, 2020.

OECD. (2021) . Public - Private Relations in the Space Sector Lessons Learned for the Post -Covid -19 Era. OECD Science, Technology and Industry Policy Papers 114. Organisation for Economic Co - operation and Development.

Park, S. (2021) . South Korean Leader Vows 'Landing on the Moon by 2030. ' SpaceNews, https: //spacenews. com/south - korean - leader - vows - landing - on - the - moon - by - 2030/ (Accessed on 20 July 2022).

Peoples, C. (2013) . A Normal Space Power? Understanding 'Security' in Japan's Space Policy Discourse. Space Policy, 29, 135 - 143.

Pollpeter, K. , et al. (2015) . China Dream, Space Dream: China's Progress in Space Technologies and Implications for the United States. Institute on Global Conflict and Cooperation.

Prasad, N. (2016a) . Demystifying space business in India and issues for the development of a globally competitive private space industry. Space Policy, 36, 1 - 11.

Prasad, N. (2016b). Industry Participation in India's Space Programme: Current Trends & Perspectives for the Future. Astropolitics: The International Journal of Space Politics and Policy, 14 (2 - 3), 234 - 255.

Robinson, J. (2019). State Actor Strategies in Attracting Space Sector Partnerships: Chinese and Russian Economic and Financial Footprints. Prague Security Studies Institute.

Seedhouse, E. (2023). The Growing Chinese Space Threat. SpaceNews. Available at: https://spacenews.com/the-growing-chinese-space-threat/ (Accessed on 1 March 2023).

Sheehan, M. (2007). The International Politics of Space. Routledge.

Silk, M. (2021). China Is Evolving a Distinct Space Culture. The Diplomat. https://thediplomat.com/2021/03/china-is-evolving-a-distinct-space-culture/ (Accessed on 15 July 2021).

Stokes, M., et al. (2020). China's Space and Counterspace Capabilities and Activities. US - China Economic and Security Review Commission.

Suzuki K. (2015). Space Security in Japan. In K. U. Schrogl, P. Hays, J. Robinson, D. Moura, C. Giannopapa (Eds.), Handbook of Space Security. Springer.

Swilley, S. F. (2011). Space Power: A Theory for Sustaining US Security Through the Information Age. School of Advanced Military Studies.

The Planetary Society. (2021a). Chang'e - 4. The Planetary Society. Available at: https://www.planetary.org/space-missions/change-4 (Accessed on 30 May 2021).

The Planetary Society. (2021b). Chang'e - 5: China's Moon Sample Return Mission. The Planetary Society. https://www.planetary.org/space-missions/change-5 (Accessed on 10 July 2021).

The Planetary Society. (2021c). Beresheet 2, A Private Israeli Moon Mission. The Planetary Society. https://www.planetary.org/space-missions/beresheet (Accessed on 10 July 2021).

The Planetary Society. (2021d). Tianwen - 1 and Zhurong, China's Mars Orbiter and Rover. The Planetary Society. https://www.planetary.org/space-missions/tianwen-1 (Accessed on 30 May 2021).

Tugnoli, M., & Wells, L. (2019). Evolution of the Role of Space Agencies (ESPI Report 70). European Space Policy Institute.

UCS. (2021). Satellite Database. Union of Concerned Scientists. https://www.ucsusa.org/resources/satellite-database (Accessed on 5 July 2021).

US Congress. (2011). 112th Congress Public Law 10. U.S. Government Printing Office. https://www.congress.gov/112/plaws/publ10/PLAW-112publ10.htm (Accessed on 10 October 2022).

USCC. (2019). Hearing on "China in Space: A Strategic Competition?" US - China Economic and Security Review Commission. https://www.uscc.gov/hearings/china-space-strategic-competition (Accessed on 20 October 2022).

Van Wagenen, J. (2015). Effective Space Solutions Secures Downpayment Funding for First Two In - Orbit Servicing Spacecraft. Satellite Today. https://www.satellitetoday.com/innovation/2015/07/23/effective-space-solutions-secures-downpayment-funding-for-first-two-in-orbit-servicing-spacecraft/ (Accessed on 10 July 2021).

Verspieren, Q. (2020). A Reluctant Space Safety Services Provider: The Role of the Military in Space Traffic Management. University of Tokyo.

Wallace, W. (2005) . Post - sovereign governance: The EU as a partial polity. In: Wallace, H. , Wallace, W. , and Pollack, M. A. (Eds.) . Policy - making in the European Union. Oxford University Press: 483 - 503.

Whitford, G. (2019) . Trouble in the Stars: The Importance of US - China Bilateral Cooperation in Space. Harvard International Review. https: //hir. harvard. edu/trouble - in - the - stars - the - importance - of -us - china - bilateral - cooperation - in - space/ (Accessed on 20 July 2021).

Zeng, K. (2004) . Trade Threats, Bargaining, Retaliation, and American Coercive Diplomacy. University of Michigan Press.

Zhang, Y. (2013) . The Eagle Eyes the Dragon in Space—A Critique. Space Policy, 29 (2), 113 - 120.

第5章　结　论

本书试图从绝对和相对的角度来理解国家行为体在太空领域的实际地位。为实现这一目标，本书概述了一个概念框架（第2章），根据所提出的概念设计了一个衡量模型（第3章），并利用经验数据对11个国家在2011年至2020年间的太空力量进行了比较分析（第4章）。分析结果就是这个太空力量矩阵（见图5-1），该矩阵以能力和自主性为指导标准，在二维空间中对研究的所有国家进行定位和排名。我们的概念框架和衡量模型具有灵活性，可用于任何国家和任何时期。这样就可以对特定时间点的太空行为体进行动态比较，并有助于解释太空行为体走向或远离航天强国圈子的轨迹。虽然本书主要对大量案例进行了比较分析，但利用本书的方法亦可对具体国家进行深入分析，甚至确定需要投资的领域，以增强特定国家行为体的太空力量。通过衡量模型的级联性质，可以深入到94个单项指标的层面，例如，这可以揭示出一个特定国家的资源可能更适合用于改善卫星数据的自主获取和增加技术演示任务的数量，而不是提高其运载发射的可靠性。实际上，这意味着从业人员和政策制定者现在有了一个工具包，可以为他们发展国家太空力量相关的决策过程提供支持。

我们的基本假设是，太空力量是一种国家权力。因此，我们的分析首先对有关国家权力概念的学术文献进行了批判性评估，并将其划分为两个基本维度，这两个维度在分析时有着不同的作用：1）能力，这是目前研究最为广泛的维度，涉及国家执行法律、实施政策和实现目标的能力；2）自主性，这曾是文献中的一个突出主题，但最近在分析国家权力和航天强国时被忽视了。自主性是指一个国家独立于甚至违背外部利益集团的意愿而制定政策和目标的能力。从本质上讲，国家能力概念的普及导致了对国家自主性这一固有政治概念的忽视。然而，按照现代标准，一个执行非自主决策的政治实体很难被视为“国家”。同样，如果一个国家只有在外国、本国军方或国内公司等其他行为体允许的情况下才能参与太空领域的活动，那么这个国家就永远不会真正成为航天强国。因此，我们认为，应将太空力量全面理解为一个与拥有高度自主权和执行能力的政治行政实体有关的多维度结构，并对其进行实证衡量。我们注意到，有关航天强国的文献与有关国家权力的研究有着惊人的相似之处。在概念上，它主要侧重于能力，而对太空事务中的政治自主性这一关键问题关注不够。在方法论上，它对衡量什么以及如何比较评估结果缺乏共识。此外，在操作上，为决策者提供有用信息和指导的能力有限。

为了克服这些缺陷，我们以多维矩阵的形式引入了太空力量的新概念，该矩阵考虑了两个基本维度之间复杂的相互作用：一国在太空相关事务上自主决策的能力，以及执行这些决策和实现相关目标的物质能力。航天强国的概念是针对这一衡量过程的结果，并被定

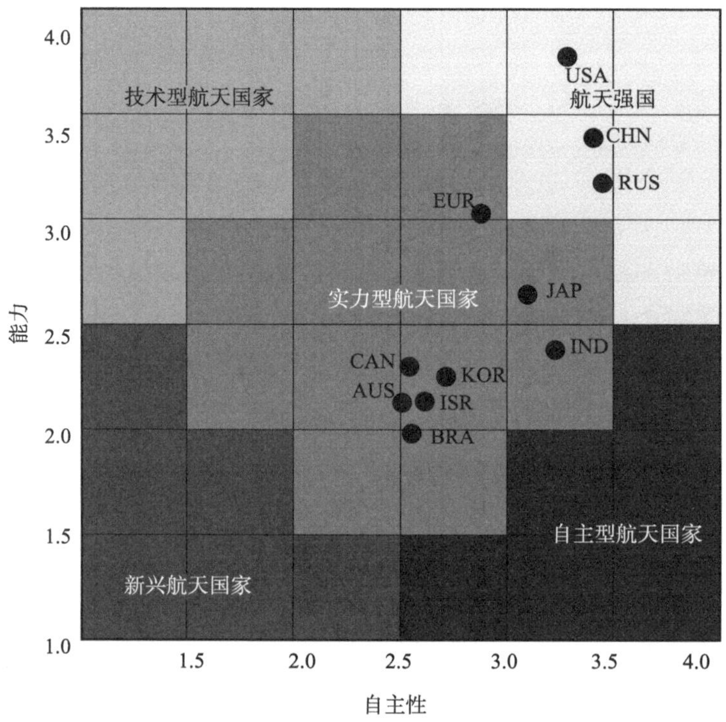

图 5－1　太空力量矩阵

义为拥有特定太空力量水平的国家所独有的一种特殊地位，其高度的能力与高度的自主性相得益彰。

太空力量矩阵（见图 5－1）显示了每个行为体在特定时间点的相对位置，并通过确定五种不同类型的太空行为体来帮助解释其发展轨迹：1）航天强国；2）新兴航天国家；3）技术型航天国家；4）自主型航天国家；5）实力型航天国家。我们认为，一个国家要想成为“航天强国”，就必须在能力和自主性两方面都达到较高水平，仅在其中一个方面表现出色是不够的。此外，我们的框架还为所谓的“航天国家”提供了亟需的细节，这些国家有一定的太空参与度，但不具备足够的能力和/或自主权来宣称自己是航天强国。我们认为，如果这些国家表现出很强的能力，但自主程度很低，则应将其归类为“技术型航天国家”。这可能是一个仅通过向外国伙伴（无论是其他国家还是私营企业）购买技术来参与太空活动的国家的情况。同样，如果一个国家尽管对与航天相关的决策和活动保持相当大的控制，但其太空能力仍然局限于极少数宏观领域，那么这个国家就应被归类为“自主型航天国家”。虽然我们分析的国家中没有一个属于这两类，但最近的发展，特别是商业航天活动的扩大，表明其他国家已经或将来会这样做。本书分析的大多数国家都被归类为“实力型航天国家”。从许多方面来看，这是我们矩阵中最有趣的一类太空行为体：一个初具规模的航天国家在能力和自主性方面都达到了“可观的”水平，这意味着它可能正在成为一个航天强国。

为了使这一方法具有可操作性，并准确界定行为体在矩阵中的位置，我们开发了一种方法，将太空力量分解为能力和自主性两个维度，并进一步将其分为四个子维度：硬能力、软能力、硬（技术）自主性和软（政治）自主性。我们还详细介绍了每个子维度的指标，并解释了指标背后的衡量模型。具体而言，在衡量硬能力和硬自主性这两个子维度时，使用了一些专门来源的定量数据。而对于软能力和软自主性这两个子维度，我们则通过所研究国家的大量学者和具有专业知识的太空专业人员的调查问卷进行了总结。我们将从所有这些来源收集到的数据合并成四个太空力量综合指数，并以矩阵的形式呈现，该矩阵对太空行为体进行了非等级分类。这些指数（硬能力指数和软能力指数，以及技术自主性指数和政治自主性指数）的启发性和分析性效果在于它们收集、处理和汇总了大量不同的数据，并为确定、衡量和比较不同太空行为体的优缺点提供了重要工具。

从我们的理论和方法框架的实证应用中，得出了几个有趣的结果。更具体地说，今天只有美国、中国和俄罗斯符合成熟的航天强国的标准，因为它们拥有高水平的能力和自主性。

在总体评估中，欧洲、日本和印度在两个方面都取得了相对较好的成绩，但这一成绩不应滋生自满情绪或无所作为。由于技术发展的结果，与获得或保持航天强国地位相关的要求不断变化，这三个行为体迫切需要在不忽视其政治和技术自主水平的情况下，进一步改善其能力优势方面的工作。空间技术不断变化、适应和发展，最终会产生新型航天活动、现有活动的新方法（成本更低、速度更快、更具弹性……）以及应用和服务的新机会。因此，这些行为体必须跟上太空领域迅猛发展的技术趋势，才能避免落后的风险。然而，我们的研究结果也表明，这三个行为体可能需要在战略规划和资源分配方面探索不同的方法。欧洲已经非常接近成为一个成熟的航天强国，它需要优先考虑提高自主性，而不是加强能力建设。与此相反，印度和日本已经拥有足够的自主性，应将重点放在提高能力方面。

我们衡量的其余五个国家（澳大利亚、巴西、加拿大、以色列和韩国）主要属于中低能力和中等自主范围，是相对自主的航天国家。它们面临的挑战是以协调的方式大幅提高能力和自主性，以获得航天强国的地位。更具体地说，这需要：1）确保持续发展硬能力（如通过升级现有资产或发展新型活动），同时将其纳入国家政策和基础设施；2）保持其政治自主水平，同时扩大技术自主性，以便能够在不寻求外部行为体许可的情况下开展独立的活动。

对于所有被考虑的国家，今后应用本书的概念和方法框架仍然能够帮助我们跟踪它们在矩阵中的位置变化，并解释这些变化的轨迹。通过进行长期的比较评估，我们将能够把握每个国家的变化方向，无论是单独的变化还是与其他国家相比的变化。换句话说，我们可以确定一个国家是否正在成为或有可能成为航天强国，若不然，需要明确采取哪些措施来扭转这一局面。这可以为学者、航天专业人士和政策制定者提供宝贵的见解，帮助他们在日益拥挤和竞争激烈的国际太空舞台上评估和提高自己的相对地位。

未来的研究应扩大这一框架的应用范围，使其适用于更广泛的情况。对于那些刚刚开始涉足太空活动的国家，分析其目前的定位和未来的发展方向特别有意义。在本书中，我们特意选择了 11 个在太空领域颇有建树的国家作为研究对象，这意味着我们的所有案例要么已经是航天强国，要么正在成为航天强国的道路上（实力型航天国家）。不过，我们的框架也可以成为帮助新兴航天国家制定和执行国家航天战略的宝贵工具。若能重复进行此类分析也会比较有趣，以此深入了解这 11 个国家达到目前地位的轨迹。特别是，对中国跻身航天强国行列的过程进行更详细的研究，很可能会得出非常有趣的结果。

更广泛地说，该框架旨在丰富目前关于太空政策和战略的讨论，深入探讨航天国家如何提高其作为太空主要战略行为体的地位。这包括发展、预测和维持国家能力，以塑造其在全球太空舞台上的角色和地位。最终，该框架旨在支持基于证据的决策。因此，我们希望本研究中提供的信息、数据和材料将有助于那些参与设计政策战略和为决策者提供政策建议的人。